全 世 界 无 产 者 ， 联 合 起 来 ！

邓小平文集

（一九二五——一九四九年）

上 卷

人民出版社

出　版　说　明

　　邓小平是伟大的马克思主义者，伟大的无产阶级革命家、政治家、军事家、外交家，中国社会主义改革开放和现代化建设的总设计师，中国特色社会主义道路的开创者，邓小平理论的主要创立者。他最主要的著作已经编入《邓小平文选》第一至三卷，但还有大量的文稿没有编辑出版。为此，二〇一四年邓小平诞辰一百一十周年之际，我们编辑出版了《邓小平文集（一九四九——一九七四年）》。今年是邓小平诞辰一百二十周年，经中共中央批准，我们又将二十世纪二十年代中期至新中国成立前的一批重要文稿，选编成《邓小平文集（一九二五——一九四九年）》出版。

　　这部《文集》分为三卷。上卷编入一九二五年至一九四二年的文稿八十篇。中卷编入一九四三年至一九四六年的文稿五十七篇。下卷编入一九四七年至一九四九年九月的文稿七十篇。其中大部分文稿是第一次公开发表。

　　编入《文集》的文稿，包括讲话、报告、谈话、文章、电报、命令、书信、题词等。已公开发表过的，作了文字、标点、史实订正。第一次公开发表的，凡有手稿的按手稿编入。对讲话、报告、谈话记录稿作了必要的文字整理。对有些文稿拟了题目。对文稿涉及的重要事件、人物、文献、地名等，作了简要的注释。

中共中央党史和文献研究院

二○二四年八月

目　　录

请看国际帝国主义之阴谋[*]

（一九二五年一月）

关于国际帝国主义以统治德国的道威斯计划[1]来统治中国一事，《赤光》前期已说及了。现在此事之发展情形如何？请看下列消息（法帝国主义报纸所未载的）：

（一）《人道报》[2]十二月四日载云："全世界帝国主义对于中国情势日益挂念，声传它要预备一强大外交会议于北京，讨论中国政治经济问题，此会议将予以财政的援助于中国将来首先成立之强有力的政府。又，人谓此会议将由法国办理"。

（二）《人道报》十二月十一日转载云："虽然帝国主义者现在不谈及此会议（指帝国主义报纸不载此项消息而言），俄报通讯员自北京传来消息，谓英美日法外交会议在这几日内已举行了。他们的计划是由中国政府请求（列强）组织专家委员会入手。此委员会将在华府会议[3]以前组织成功，负有审查中国政治经济情形及整理中国债务之责。英美日法政府已接受了此新的道威斯计划。中国政府还未正式接受。但梁士诒[4]曾声明中国处于财政极困难的状态中，必向美

---

* 这是邓小平发表在旅欧中国共产主义青年团机关刊物《赤光》第二十一、二十二期合刊上的文章。邓小平当时任旅欧中国共产主义青年团宣传部副主任。

国借二千二百五十万元（美币）。因为帝国主义者严守秘密，还没有人知此道威斯计划之仔细，他们想使人相信这是中国自己请求设立专家委员会来为它拟定道威斯计划。为免人反对，所以想宣布早了不好，但要预见其目的之所在是不难的。帝国主义者，尤其是美英，想一方面改变包有四万万居民的大国为殖民地，另一方面从苏联势力中把中国拔出来，再用经济封锁来从经济上扑灭那正在充分发展的地方（苏俄）。全世界的无产阶级要空前地大叫：勿犯中国。"

（三）《人道报》十二月十七日又载云："《晨报》、《时报》（俱伦敦大报）反对臆说的孙中山方面之布尔塞维克宣传的文字攻击很有系统而且还在继续，他们想预备一个在最近的将来英美干涉中国的口实。这种文字攻击中还有许多相片来描写孙中山的权能，如像一群强盗样子……"

这是最近国际帝国主义对于中国之阴谋！其实中国自四国银行团到新银行团之包办借债，关税盐税之外人管理，铁路航路之利权丧失，……早已在比统治德国的道威斯计划还十分厉害的道威斯中了。现在它还要用新的道威斯计划来统治中国，这简直是要把穷乡僻壤都殖民地化！简直是要想吸尽全中国人民最后的那一点血！

全中国人民反抗起来啊！

打倒国际帝国主义！

注　释

〔1〕道威斯计划，指第一次世界大战战胜国处置德国赔款的计划，于一九二四年由以美国银行家道威斯为首的国际专家委员会拟定。

〔2〕《人道报》，是法国共产党中央机关报。

〔3〕华府会议，即华盛顿会议，指美、英、日、法、意、中、荷、比、葡九国代表一九二一年十一月十二日至次年二月六日在美国华盛顿召开的会议。会议签订了"九国公约"，提出"中国之门户开放"、列强在华利益"机会均等"等共同侵略中国的原则。

〔4〕梁士诒，曾任北洋政府财政部次长、国务总理等。

我的自传[*]

（一九二六年一月）

1. 家庭经济地位

我的家庭经济地位是一个将破产的小资产阶级的地位。我的父亲是一个小官僚，是进步党[1]的党员。民国三年我的父亲曾任四川广安县警卫总办，所以家庭当时的生活，可谓丰满已极。其后进步党的势力在四川大失败，于是我的父亲亦随之下台，逃难在外约七八年之久。因之，家庭的经济亦随之而逐渐破产，直到现在，仍然继续处在逐渐破产的命运。不过现时中国军阀的势力还存在，小官僚还有依附军阀剥地皮的可能，所以我的家庭现在的生活可算是没有什么问题。

我的家庭除了我的父亲去捧军阀剥地皮得来的臭钱可以补助家庭的需用外，还有每年几十石租及几万株桑的收入。本来，这样的收入，如果过很俭约的生活，是很够了的。不过，我的父亲每每总要闹官派，以致家庭的经济往往发生困难。不过我两个兄弟的学费是不发生问题的。

至于我对于家庭的关系，以及家庭对于我的情感也可以

---

* 这是邓小平在莫斯科中山大学学习时撰写的自传。

说一说。我从母胎坠下来直到我十六岁出国时的生活都是过的很自由很丰富的生活——贵公子的生活。我的父母之爱我犹如宝贝一般。因为我自幼时资质就颇聪明，他们的爱我，自然是对我有很大的希望，希望我将来能够做官发财，光耀门庭。其后，我到了法国，我的环境使我发生了退婚的念头，尤其是我加入了共产主义的团体后，此念愈决。原来我在一岁的时候，我的父母为得要想早日养得孙儿，为要实行"不孝有三，无后为大"的格言，所以在我不知不觉中就给我定了一位地主唐家的女儿。我到法国后，"自由恋爱"的呼声，充满了我的耳鼓，触发了我的心事，于是我决定写信回家退婚了。不久我便加入了共产主义青年团，更觉得一个不识字、不相识而又毫无关系的女子，于我将来的革命工作实无补益且有障碍，于是又接连写了若干封信向我的父母请求退婚。不两月，父亲的回信到了，大骂我这种行为是不孝，是大逆，并且说"倘故意违拗，家庭与汝从此脱离关系任其所为可也"的忿怒话来。我怎么办呢？当然，只有两条路：一是受家庭的软化；一是与家庭脱离关系。于是又写了一封回去坚持退婚的主张。结果，他们以后的来信，也不说脱离关系的话了，也不提及退婚的事了。最近几月简直没有通信了，至于我以后呢，也不写信回家去正式脱离关系，不过以后我对于家庭，实际上可说是已经脱离清了关系了。

2. 个人的经历及思想的变迁

在第一项中我已经说过我的家庭对于我很放任，我对于封建社会的所谓伦理道德的旧观念很少浸染。我于五岁就开始入国民小学读书，毕业后，十岁升入高小校[2]，毕业后，十四岁升入中学校，入中学一年两月复去学，到重庆入留法勤工俭学预备校，一年卒业，即到法国。我从十岁到出国时（十六岁）的生活，都非常浪漫。那时除了好玩以外，可说是没有思想。不过将到法的时间，我的脑中不外是以为到了法国什么都解决了，一则可以求学，再则可以找钱。

谁知到法后，情势不大然，到法之初虽然入了五个月的学校，然自一九二一年初华法教育会与勤工俭学生脱离经济关系后，我便无法继续求学，只好出校到法国克鲁梭大铁工厂做散工，两月后便又到巴黎领中法监护委员会所发的维持费。直到这一个时期，我的生活仍然浪漫非常，至于思想更说不上。一九二二年初因生活的压迫，使我不得不到蒙达尔纪城做工钱极低的鞋工。那时我的生活虽仍浪漫为其他所谓"正经人"所不耻，不过我自觉那时是有进步的。因为我起初在看关于社会主义的书报了。最使我受影响的是《新青年》第八九两卷及社会主义讨论集。我做工的环境使我益信陈独秀[3]们所说的话是对的。因此，每每听到人与人相争辩时，我总是站在社会主义这边的。那时共产主义的团体在西欧已经成立了，不过因为我的生活太浪漫，不敢向我宣传。及到一九二三年五月我将离蒙达尔纪时，同志舒辉暲[4]才向我宣传加入团体。我同时又与汪泽楷[5]同志谈了两次话，到巴黎后又与穆清[6]同志接洽，结果，六月便加入了。

我自加入团体时的动机，当时还免不了一种趋新的弱点。这种弱点，直到我受了团体的相当训练后才打消。

我加入团体后，自信对团体的工作是未尝稍息的。

3. 加入团体及服务的经过

我自一九二三年六月加入中国共产主义青年团旅欧区后，曾在旅欧共青团执行委员会（支部）任了两届宣传干事，同时受了团体的命令与傅烈[7]同志为华工会办理《工人旬报》。一九二三年底因执行委员会书记部需人做事，我遂向工厂请假一月到书记部工作。一九二四年八月旅欧区第五届代表大会上，我被选为区执行委员会委员，在书记局担任财政及行政的工作[8]。第六届代表大会后一九二五年初，我又到里昂做工，复任宣传部副主任，并任青年团里昂支部训练干事。是年四月我又由中国共产党旅欧支部争取入党，并任党的里昂小组书记。六月初，因在巴黎的负责同志为反帝国主义运动而多被驱逐，党的书记萧朴生[9]同志曾来急信通告，并指定我为里昂克鲁梭一带的特别委员，负责指导里昂克鲁梭一带的一切工作。当时，我们与巴黎的消息异常隔绝，只知道团体已无中央组织了，进行必甚困难。同时又因其他同志的催促，我便决然辞工到巴黎为团体努力工作了。到巴黎后，朴生同志尚未被逐，于是我们商议组织临时执行委员会，不久便又改为非常执行委员会，我均被任为委员。同时又继续进行行动委员会的反帝国主义工作，我被团体指定为行动委员会中文书记。一九二五年八月第七届代表大会我又被选为区执行委员。同时又为中国国民党驻法总支部监察委员会书记，负责国民党一切工作，这也是团体指定的。一九二五年底第八届代表大会后我便设法来此了。以上便是我对团体服务的经过。

我加入团体是汪泽楷、穆清、舒辉暲三同志介绍的。

4. 来俄的志愿

我过去在西欧团体工作时，每每感觉到能力的不足，以致往往发生错误，因此我便早有来俄学习的决心，不过因为经济的困难使我不能如愿以偿。现在我来此了，我便要开始学习活动能力的工作。

我更感觉到而且大家都感觉到我对于共产主义的研究太粗浅。列宁说：没有革命的理论，便没有革命的行动；要有革命的行动，才能证验出革命的理论。由此，可知革命的理论于我们共产主义者是必须的。所以，我能留俄一天，便要努力研究一天，务使自己对于共产主义有一个相当的认识。

我还觉得我们东方的青年，自由意志颇为浓厚，而且思想行动亦很难系统化，这实于我们将来的工作大有妨碍。所以，我来俄的志愿，尤其是要来受铁的纪律的训练、共产主义的洗礼，使我的思想行动都成为一贯的共产主义化。

我来莫的时候，便已打定主意，更坚决地把我的身子交给我们的党，交给本阶级。从此以后，我愿意绝对地受党的训练，听党的指挥，始终为无产阶级的利益而争斗。

注　释

〔1〕进步党，一九一三年五月由民主党、共和党等合并组成，拥戴袁世凯，同国会中占多数席位的国民党相对抗。同年九月，该党熊希龄出任国务总理。一九一三年和一九一四年，袁世凯先后宣布解散国民党和国会，后该党自行

瓦解。

〔2〕邓小平一九一〇年入四川广安望溪乡初级小学堂读书,接受新式教育。一九一五年秋考入广安县立高等小学堂。

〔3〕陈独秀,五四新文化运动的主要领导人之一。一九一五年九月创办《青年杂志》(次年改名为《新青年》)。五四运动后,接受和宣传马克思主义,是中国共产党的主要创建人之一。在党成立后的最初六年中是党的主要领导人。

〔4〕舒辉暲,旅欧中国共产主义青年团团员。

〔5〕汪泽楷,旅欧中国共产主义青年团团员。

〔6〕穆清,旅欧中国共产主义青年团团员。

〔7〕傅烈,旅欧中国共产主义青年团团员。

〔8〕旅欧中国共产主义青年团第五次代表大会于一九二四年七月十三日至十五日在法国巴黎召开,邓小平当选为执行委员会委员。七月十六日,邓小平出席旅欧中国共产主义青年团第五届执委会第一次会议,当选为执委会书记局成员。根据中共中央有关规定,凡担任旅欧共青团执委会领导成员,即自动转为中国共产党党员。

〔9〕萧朴生,当时任中国共产党旅欧支部书记。

我一直就是相当共产主义的^{*}

（一九二六年一月）

　　受过中等教育，至于思想的变迁亦甚简单。我十六岁以前在中国，小孩子当然无思想可言。及到法国后，受了经济的压迫，致不得不转到工厂做工，变成了工钱劳动者。生活的痛苦，资本家的走狗——工头的辱骂，使我直接地或间接地受了很大的影响。最初两年对资本主义社会的罪恶虽略有感觉，然以生活浪漫之故，不能有个深刻的觉悟。其后，一方面接受了一点关于社会主义尤其是共产主义的知识，一方面又受了已觉悟的分子的宣传，同时加上切身已受的痛苦，于是遂于一九二三年加入了"中国共产主义青年团旅欧区"。总上所说，我从来就未受过其他思想的浸入，一直就是相当共产主义的。

---

　　* 这是邓小平在莫斯科中山大学填写的履历表的一部分。

七军工作报告[*]

（一九三一年四月二十九日）

一 八军的经过

（一）我去年由中央到龙州是二月七号，到后知道龙州已于本月一日成立左江革命委员会，八军全部正在出发会同七军攻南宁，我仅与留守后方的宛旦平[1]同志会面，得知八军及左江工作大略：1. 左江政权仍在动摇时期。2. 革委虽然成立，然尚无实际工作。3. 大军出发后，留守后方的是极靠不住的收编的队伍。4. 八军本身的基础完全在旧军官手中，甚至有好些同志都没有分配带兵的工作。根据中央不打南宁的决定及这些条件，乃停止了下南宁的行动，并电七军亦停止此行动，并指出从主客观的条件上来估计，攻南宁必遭一个失败的结果，特别是第八军本身更为危险，如到南宁打了败仗，有全军覆灭的可能。

（二）停止了攻南宁之行动的第三日即得到七军由右江

---

* 这是邓小平在上海给中共中央写的报告。一九二九年十二月，邓小平作为中共中央代表、中共广西前敌委员会书记，同张云逸等领导发动百色起义，创建了红军第七军和右江革命根据地。次年二月，又发动龙州起义，创建了红军第八军和左江革命根据地，任红七军、红八军政治委员。一九三一年三月初，邓小平受红七军团委的委派，从江西崇义赴上海向中央汇报工作。

来的电报，报告已在隆安失败，同时我们召集了一个干部（包括地方党部）会议，决定八军暂时组织一个前委，因为当时我的计划是与七军汇合后八军即取消，健全七军实力。在会议中我根据中央指示作了一个口头报告，决定了八军及左江工作方针：1. 以龙州为中心发动左江土地革命，一方面分配所有的同志到下层群众中去做实际的工作，反对机关的工作方式；一方面分发队伍到龙州附近几县游击，发动土地革命及建立苏维埃、农会等政权及群众的组织，我们是这样进行了。2. 八军的总方向是与七军汇合向外发展，应多方设法与七军联络，八军的发展方向应向右江推进。3. 加紧八军本身的改造，肃清旧的军官，分配同志以主要的工作。这一工作因作豫[2]同志执行不力发生了极大的困难。4. 迅速解决地方有反动可能的武装（因技术上不完善只解决了大半），武装农民（发了三百多支枪）好组织工人农民赤卫队，以为扩大红军之基础。5. 此外对于党、政权、红军的工作均有相当具体的决定。

（三）上面这些决定，在短期内作出了相当成绩，但因干部的缺乏（地方工作干部简直没有）收效仍然不多，发动群众方法完全不懂，不能回答群众的问题，斗不过敌人的把戏。

（四）同时我们注意到反帝国主义的工作，因为左江与法占地[3]接壤，一般群众反法的热情很高，"打倒老番[4]"的口号每一个群众都懂得都热烈地拥护。不过去反法的运动为流氓及封建势力所领导，所以我们将反法运动与土地革命，与苏维埃政权，与反帝、反国民党联系起来，作广大的宣传，收到了相当结果。在二月中旬群众大会中通过了没收海关、领事馆、教堂财产并驱逐法领事出境（当时并不懂得可以讲一讲外交政策），群众甚高兴，游行时亦甚热烈。我们并利用了无线电发英法文通电于全世界。后法政府曾派飞机一架到龙州附近之上金县侦察示威，适我军一营开往游击，当即号召了千余群众，口号之声震天，士兵开枪，司机慑群众威，致飞机跌下，得机关枪一挺、手枪几支、炸弹十余个。三法人，一死二重伤（住医院医治）。后阅报载，法政府曾将此事向南京政府抗议，结果不知。总之帝国主义对龙州赤色政权非常重视，特别是对安南[5]革命的影响，给法以极大之恐慌，故敌军之迫不及待地向龙州进攻，与法帝之催促有很大的关系。

（五）在龙州工作不久，即确知我七军已退出右江，何往不知，并得探报，桂系将以重兵犯龙州。我们当时考虑龙州是绝对不能守的，敌来必退，同时八军如不与右江七军联络将感极大之困难，故决定速下靖西，加紧龙州附近的群众工作，地方政权有相当基础时八军即全部向右江推进。决定后我即率一纵队攻靖西，因为与右江联络我自己去比较好，同时八军第一纵队的改造也要我自己去才有办法，靖西有电话，指挥龙州工作不成问题。

（六）攻靖西数日不下，适右江向都县委书记来到，报告右江沿岸还有果化在我们手中，故我决定带一连人去联络，转达中央指示。临行时电告龙州务须照前决定原则进行，如敌来即向右江前进，即敌不来，左江工作有相当基础时亦须照前决定迅速向右江推进，求得与七军整个的联络。

（七）我一连人冲到右江，始知沿岸完全为敌占领，七军已退入东兰一带，惟沿岸还有几个赤色乡村，故得偷渡右江，在一乡村（赤的）住了半月之久，始得机会冲到东兰，其时已是三月下旬了。

（八）到达东兰之第二日，适作豫派了两个卫队（东兰人）亦到，报告龙州已于我离靖西之第三日失败，因侦探不好，敌人到了城边还不知道是桂系主力，以为是土匪，及至接触了两小时后听到大炮机关枪声才懂得，但结果是被敌人冲散，全部无法退右江，只得逼退安南方向之凭祥，又受敌追兵打击（旦平同志即于此时牺牲），曾一度冲向右江但无效，乃又退回粤桂边企图去玉林一带工作（作豫家乡，过去有相当的基础），但中途即发生部队叛变（叛变官长是作豫始终不肯撤换的），作豫仅得几十卫队，曾一度冲向右江来联络不果，后闻将武装交给地方同志，只身到港遂被捕。攻靖西之第一纵队（龙州的为第二纵队）得到龙州失败的消息，乃经滇边向右江前进，企图到东兰与七军联络。到右江之凌云（接近苏区仅数十里），因技术上及侦探不好，受了敌人极大打击，损失三分之一，乃退贵州边界，受编于贵州一个土匪队伍（改组派收编的），仍与东兰设法联络，几次不成功，直到七军回右江才取得联络，更于七军第二次向外发展才汇合起来，此时该纵队仅存二百支枪了。这部队能得到这样的结果还是改造得比较好的原故。八军失败，龙州政权亦失败。

（九）八军开始成立时的武装约枪一千支（内坏枪约有三百支），组织两个纵队，每纵队两营六连，另有一挺机关枪，一门迫击炮，还有一个手枪连。

（十）以上就是八军的成败兴亡史。

二 七军的经过

（一）由百色转变到隆安之役。

一九二九年十月革命节日，以广西警备第四大队及东兰农民武装为基础转变成了第七军，转变后兴奋了右江的群众，百色、平马的群众大会到的群众非常之多而热烈，红军本身的情绪非常之好，战斗力亦甚强，在隆安作战中充分表现出来。

惟当时前委没有将中心工作摆在发动群众深入土地革命上面，而决定了打南宁的行动。当时前委的估量是打南宁极有把握，桂系主力在前线没有开兵回来的可能，轻视了攻坚和敌人的力量，结果到隆安即与敌人接触，经过三天最激烈的作战，敌人的损伤虽比我们为大，我们的损伤亦不小，好几个很得力的干部亦于此役牺牲，加上作战的指挥太差，双方都成为各自为战的局面，结果是我们失败了，耗费了子弹不下五十万发。

我们对于此次行动指出了不但轻视了敌人，主要的还是忽视了发动右江群众深入土地革命，巩固右江苏维埃政权的错误。当时右江群众情绪虽已开展起来，但过去并没有经过斗争，始终是暴发户，纯粹由红军弄起来的。如果不注意用正确路线来发动群众，群众的情绪是不能保持下去且易走到失败情绪上去的。打下南宁固好，打不下，一失败下来则必给群众一个很大的打击。同时，当时作战完全没有运用群众的战术，单凭红军的力量，深入白色区域去打硬战，处处受敌人（豪绅民团）的扰乱。如果当时作战不在隆安而在赤区的果化，很有消灭敌人三团的可能。我们更指出这次幸好在隆安失败，如果有一个小的胜利，直追南宁，有全部或大部被敌人消灭的可能。

（二）由隆安失败到向外游击时期。

隆安失败后，完全放弃了右江沿岸。平马为敌占领，我军曾一度进攻平马，但无最后决心，故未成功，乃向东兰退去。此次攻平马没有决心是一错误，因为如果攻下了平马，可以保持群众的情绪。事实上是可以攻下的，攻下后可以得敌人不少的辎重。后敌人追至亭泗与我接触，战甚烈，双方损失均不小，结果双方均同时撤退。这次军事上如果有最后决心，可以全部消灭敌军两团，因在作战中我较占优势也。亭泗作战时我军士气仍好，失败后则大不如前了。

亭泗战后，前委即讨论行动问题，决定向外游击一时期，乃留第三纵队在东兰右江工作，一、二纵队向河池方向游击。本来是一步步发展的计划，后来变更了，一直经怀远到思恩，在思恩因不小心被敌人袭击，受了一个小的挫折，后又向贵州之古州（贵州三大城市之一），结果攻下古州，子弹得到相当补充，经济也得到相当解决，士兵情绪也比较提高。本来他们当时欲直出湘南，但因未与第三纵队联络好，故又折回河池。

我们攻下古州，消灭了敌军大部（四五百人），对敌军俘虏的官兵均非常之优待，对贵州军队有不少的影响，甚至不少中下级官长，对进攻红军问题表示动摇。这是我们从各方面得到的消息来证明的。后来王家烈[6]之始终不愿与我们接触，这也是原因之一。

（三）河池会议与回右江的决定。

一、二纵队回到河池时，我已到东兰近一月，得消息后即赶到河池与他们会面，召集了一个党员大会，报告中央指示，同时讨论到行动问题，认为：1. 当时湘南驻有重兵，不易通过。2. 右江群众自红军去后，失败情绪非常之深，对红军表示不满。在发展、巩固右江工作上，需要红军回右江一时期。3. 回右江可以发展第七军。4. 回到百色可以解决服装、经济的问题。因此决定回右江一个短的时期，在这时期的主要工作是深入右江土地革命及发展改造红军，但总的方向还是迅速向外发展（此时是阴历五月初）。

（四）回右江后的工作。

回右江后即恢复了沿岸的城市和政权，在百色解决了敌军五六百武装。在百色仅十日，适滇军一师经百色到南宁攻桂，我军在力量上不能与敌人正面作战，故决定暂时退到平马，准备在平马运用群众战术扰乱他，打击他的一部分。结果在果化作战有五日之久，敌人损失甚大，团长死一伤一，营长死二伤一，士兵死伤五六百。我军亦死伤官兵六十余人。但因军事技术上的缺点，没有能实现打击敌人之一部的计划，仅得到两万发子弹而已。算起来我们还是吃了亏，虽然滇军对我们再不敢轻视，攻南宁失败后再不敢与赤色区域为难。

与滇军作战后即回师攻百色，因等大炮问题及被一个连长领导一营叛变（当土匪）问题牵延了一个时期，后百色加了兵（滇军），难攻下，故又改变，不攻百色，而在平马、田州、思林、果化一带加紧工作，相当创造右江的基础，改造七军发展七军，并在经济上准备向中心区域发展的出发伙食费。

统计在右江约有三月半之久，没有一天停止武装行动，与豪匪武装的作战简直成了家常便饭。

至于在右江的群众工作，以后专门讲。

（五）向中心区域发展问题之讨论。

回右江时即已决定在右江仅是短的时间，与滇军作战后又提到此问题，因为：1. 经济未解决。2. 秋收快到，如果红军离开，则农民的收获必全被豪绅抢去，必使农民发生反感，并且农民分得了地主反革命的土地，必定得到了秋收才能深刻地感到土地革命之意义。故当时决定"相当保护秋收"的原则，计时九月底可出发。结果实现了这个决定，定在十月一日出发。出发之前一日，南方区代表邓拔奇[7]同志赶到，故改在四日出发。

十月二日在平马开了一个前委会议，拔奇同志出席，报告六月十一日政治局的决议[8]。我们接受了这个路线，决定：1. 改变军队编制为三个师，留二十一师在右江作为发展一军的基础，由韦拔群同志任师长，十九、二十两师（每师两团）出发。2. 因恐东兰士兵逃，同时与在桂黔边之第八军的一部联络，故大部由凌云转向河池。我及拔奇同志同到东兰布置右江工作及率原第三纵队出河池。3. 在河池集中全军举行全国苏维埃代表（拔奇）的阅兵礼以鼓士气，并开全体党员代表大会。

（六）河池的全军党员代表大会（十月革命节日开的）。

河池会议完全是在接受立三路线[9]下开的，确定了第七军的任务是"打到柳州去""打到桂林去""打到广州去"三大口号。在此三大口号之下，消灭两省军阀，阻止南方军阀不得有一兵一卒向以武汉为中心的首先胜利进攻，完成南方革命。执行此任务的红军战术是集中攻坚，沿途创造地方暴动，迅速打到柳州、桂林，向北江发展。不过我们认为，执行此路线不是先下柳州，而是要先取得桂林，因为下桂林后才能与外面政治影响联系起来。同时估量到打柳州的困难，也必须以桂林为中心向柳州推进才有可能。不过在庆远、融县[10]应创造相当基础，对柳州取一个包围的形势。

这次会议改选了前委，批评了过去的错误，并特别提到了敌军士兵运动的问题，组织了一个兵委，豪人[11]同志为书记。

（七）由河池出发到攻长安。

由河池出发时经过一个鼓动，士气颇好，到怀远与敌一个小时的接触即占领了怀远，敌人退到对河与我隔河相持。当时发生一个是否攻庆远的问题，有两个意见：一方面赞成，以为在执行新的路线，应攻庆远，且很可能。反对的意见认为庆远是敌人重镇，敌必出死力守之，没有攻下的把握，如攻不下，攻回甚难，并且我们到桂林有一条大江相阻，如不迅速渡过，敌一注意很难通过。后一意见不但不赞成攻庆远，且不赞成攻融县。我及李明瑞[12]同志是后一意见，结果通过了不攻庆远，攻否融县到天河再看情形决定。

到天河时讨论，始终以渡河问题决定不攻融县，而经三防转移敌人视线，还占长安渡河。次日忽得报告说融县有一小河可徒涉到长安，故又临时决定到融县。行不四十里，即在四把与敌接触，后面敌人追来，前后作战，前胜后败，结果在天河附近与敌相持三日之久。最后乃决定脱离敌人，仍由三防到长安，沿途均有民团相扰，到三防因天雨休息数日即到长安，其时长安已有重兵驻防了。敌人有两师，名义上六团。我们攻长安有五日之久，打得敌人胆寒，只有死守城内。白崇禧[13]亲到指挥，斩断浮桥背水死守。后得报告敌人又加一师兵力，故决定撤退。退得非常之好，致敌不敢追出一步。长安作战的确建立了七军的威风，敌人称我军是全部的北伐老兵，但从实质上我们还是吃了亏。

（八）进攻武冈。

长安撤退后，至福禄渡江，向古宜前进，原拟经古宜到桂林，后因古宜已有敌军教导师守对河（又一小河）无法过，乃改经绥宁、武冈到桂林。到武冈时原本决定不攻，后因得报告说只有点民团守，故决定攻城，攻下后可以解决七军的服装、经济问题（都是当时的急迫问题）。攻了四日夜，仍决心攻下，当时估量敌援兵不会来得这样快，故一切布置忽视了这一点。到第四日已发觉不当，决定重新布置，但马上接到报告说再三四小时即可攻下，因城上敌人已无子弹，我已架好楼梯也，故未改布置。孰知城尚未攻下，敌援兵已至，以致失败。此次损伤不小，士气大挫，乃向新宁退去，又转到全州，在新、全交界之"八十山"中又受了敌人追兵一个小打击，结果算好，安全地达到全州，此时已由四团而缩为三团了。武冈作战时阵亡了一个很好的团长何子礽[14]同志。

武冈失败后，大家认为攻桂林已不可能，七军的迫切需要是迅速找一个地方发动群众，休养补充，安置伤兵，故决心到湘南，估量湘南总有点党和群众的组织。

来武冈敌人的援兵，报上载名义十团实则约五团，宝庆[15]两团，长沙用汽车运来一团，还有两团新成立的游击队，飞机两架。如果当时我们军事布置缜密，以战斗力论，决不致失败得如此之狼狈的。

（九）到全州后直到攻连州。

到全州后开会讨论，结果都感觉到要休养补充之严重。当时估量江华、临武一带最少可以休息一下，发动群众，故决定到江华一短期仍向小北江发展。豪人、拔奇两同志即于全州离开来中央。

在全州驻了三天，筹了点款，发了点零用钱。此时士兵失败情绪很深，逃兵亦甚多，逃的不仅是老兵，而且许多是农民。

后知敌人（桂系）来全州，故我们即照决定出道州，一路只有小的接触。到道州后已是空城一个，仅有贫民还在，城周围几里路就是豪绅的武装，侦探都难派出。开了一个群众大会，到了三四百人，都表现还好。仅驻两日，知湘军已从三方向道州前进，此时我军决不能作战，仍照原计划到江华。当天奇寒，苦极，士兵冻死数人。江华的环境比道州还坏，一点党和群众基础都没有，仅没收了大批布匹发给士兵，但无处成衣。

原来对于江华一带的估量成了幻想，宁远亦不能去，只得离开江华，想到湘桂边之桂东桂岭一带工作（皆山地），得到一个被囚在江华狱中的前县长带路达到了桂岭。离江华时四面八方打起来，我军又受了小的挫折，失去枪二十余支。

到桂岭后即布置工作，但该处豪绅力量太强，强迫农民守住炮楼不出来，如果桂系重兵来，将大不利于我，故计划又不成，乃决心继续到小北江。在桂岭驻了四天，将部队整顿了一下，缩编两团。为提起士气起见，以主要官长兼团长，李明瑞及龚鹤村[16]两同志任之，两团组织比较完密，原来团长皆任营长，营长任连长，干部亦较前充实，故战斗力又恢复了一些。

行军三天到了连州属之东陂圩（离连州六十里）。当时讨论到是否攻连州的问题，认为如果攻连州，就一定要在连州工作，因一攻连州，北江即不易通过，同时估量北江此时还无重兵，如能迅速行军，通过北江干路是可能的，故决定到北江湘南宜章一带工作（该处过去是经过斗争的，且多险要山地，鹤村同志很熟悉）。军行至星子圩（离连州八十里），得报说离此三十里之黄沙埠已有湘军千余人到来，名义上是两团。据鹤村云，该处有一山坳甚险，如有千余兵力守住，难通过。故又决定去连州一次，最少可以解决一些经济问题。到连州后并未决心攻城，仅作了小小的尝试，不到五分钟伤死二十余人。武冈的教训使我们不能再攻。在连州因筹款问题逗留了几天，做了一点群众工作。因为敌人放火烧街，我们救火给了城市民众甚至于商人以很好的影响。后得报告粤军邓辉一团到连州来援，乃决定消灭该团之布置，并退入一好布置阵地之山地。此时我们计划仍然是要到北江。在山地驻三日，一面做群众工作，一面休息兵力，但结果又得报告说并无敌人来，故决定仍出星子经黄沙埠到北江。在星子方知邓辉团亦于是日由星子出发到连州，以致失掉了一大机会，因为从力量上说来，消灭该团是有把握的。

到黄沙埠果有湘军千余驻守，但不敢与我作战，仅一小接触即退守圩场，我即绕过圩场向北江前进。

在连州附近之山中时并与土匪代表有一度接洽，原因是我们如果不能由大路去北江，必经乳源大山（匪巢）运动，接洽的目的是使他们不妨碍我们的运动，同时想派人打入进去做点工作，结果因时短，土匪心多疑忌，没有收到什么效果。

（十）到北江后至乐昌渡河。

到北江后即在宜章、乳源交界之梅花一带工作，一切布置均是在创造当地的苏维埃政权，发动土地革命斗争并补充红军。发动群众的工作在几天内有相当的成绩，并即刻武装了几十个农民（发枪六十支）。但不几天即得报告说，邓辉一团追来，我们认为是大好机会，仍决定布置消灭该部，谁知一经接触方知侦探报告之误，敌人有三团之众，且有两团系由乐昌赶来之生力军，结果经过五小时的最激烈的作战，我们不能不失败了。此次作战的损失为向来未有，重要的干部如李谦（龙光）、章健〔17〕等皆死，鹤村、振武、李显〔18〕等皆伤，全军干部损伤过半，真令人痛哭。

作战失败后即退入山中，兵力疲极，失败情绪甚增，伤官兵不下二百，最难处置不过此时，后经多方设法才勉强将伤兵官安置。决定速出乐昌，向江西前进，找到苏区作一相当时期之休息。本定拂晓渡河，因兵疲足痛不能实现，至午前十时前卫团才达到河边，本部两时后才到。又因前卫团没有达到掩护渡河的任务，结果敌人由乐昌、韶州〔19〕两处用汽车运兵来，致后卫团仅过一连。七军从此分散两股，我及明瑞过了河，张云逸〔20〕同志未能过河。未过的一团即由他率领，过河的一团由明瑞同志兼团长。那边的消息从此割断，后经多方设法均不得达到联络目的。

在梅花时与湘南特委会了面，他们得到三中全会文件及中央的紧急通告〔21〕，因作战关系我仅看到一个紧急通告。

我们决定在梅花一带工作是因为这个地方如果创造成了

一个巩固的基础，影响湘粤均极大，因该处离乐昌、韶关、宜章均近也。

（十一）由乐昌分散到退出崇义。

乐昌分散后，我们一团（五十五团）即经仁化边界到江西大庾[22]属之内良，当时因不知大庾情况，更不知何处是赤区，故不敢冒险去，乃向崇义前进，估量如崇义一带找不到，再深入到遂川一带总可以找到。

到崇义后敌已退，知离城二十五里有红军三十五军的独立营，有苏维埃政府，经三日才联络到，并会见赣南行委之一路行委（管大、南、上、崇[23]四县工作），当即决定在该处工作。因我们看见过中央的紧急通告，知道一点新的路线，故企图以崇义为中心创造巩固的苏维埃政权，深入土地革命，同时加紧创造党的工作及整顿发展红军。发展方向是粤赣大道，实现扰敌后方的任务。

在这样的方针之下，在崇义做了二十日许的工作。因当地向无党及群众的基础，即赤区也是没有的，加之干部的缺乏，故仅创造了几个区乡苏维埃政权，开始提出分配土地的问题，故只能说群众是开始起来，但如达到巩固的赤色政权，还要一个时期的艰苦工作。假使没有敌人重兵来犯，这一前途在当时用我们的工作方式是有可能的。

在敌军未来前几天，我们得到了敌人准备来的消息，但当时赣南行委书记及一委员亦到，讨论结果认为敌如来，群众基础极薄弱，七军力量亦不厚，很难站住，同时信丰自三十五军去后无武装掩护赤区，赤区逐渐失败，如七军去，可以巩固当地赤色政权，更易实现扰敌后方的任务，作用且更大，故决定到信丰去。但方决定于次日出发，敌人两团及一些民团已来攻崇义城了，因侦探不好，敌人到了城边才知道，故未与作战即向过埠退去。我即于此时来中央（时为三月初）。后知他们是向营前到遂川界，大约可以与独立师之第四团会合。近阅报载，大约他们还是在遂川一带。

我在临行时曾告他们仍须设法到信丰去，即使暂时不可能，不能不到遂川一行，也必须经过一时期到信丰，因到信丰作用较大，且七军不能独立行动，必须在信丰这样的地方与群众会合起来才能实现其任务也。

（十二）七军的力量。

由右江出发时有六七千人，二千七八百枪，机关枪八挺，迫击炮三门，山炮二门，子弹平均约六七十发。到乐昌渡河时还有枪约千八九百支（给了湘南特委约二百支），迫击炮两门，机关枪七挺，山炮藏了。在乐昌虽被分散，但武装无大损失。五十五团到崇义时，有枪近八百支，迫击炮一门，机关枪五挺，子弹平均二十五发，机关枪子弹每挺不过百发。到崇义后，曾交步枪约八十支给独立营及苏维埃政府。

（十三）组织。

出发前是三个纵队，出发时编两师（二十一师留右江不计），每师两团，取三三制，另有一教导队特务连，每团有一特务连、机关枪连、迫击炮连，到武冈失败后编三团，到桂岭又编成两团。

（十四）党的工作。

七军因干部缺乏，工作不很好，前后发展同志虽不少，但每次作战死伤的大半是同志。还有一很大缺点就是士兵同志比例太少，约占十分之四，因好多士兵同志均陆续升作官长也。

（十五）士兵成分。

出发时还有一些老兵，经过一时期打的打死了，逃的逃了，到现在老兵已到极少处，五十五团不过二十人。旧军官五十五团没有了，五十八团亦然，但现在的营连长十之八九皆南宁教导队的老兵升任的。

（十六）七军党的组织。

总指导机关是前敌委员会，下有师团营委，连有支部，每级均有士兵同志参加，但极弱。前委在河池代表大会改选名单为：邓斌[24]、陈豪人、张云逸（军长）、李谦（师长）、袁振武（团长）、许卓（团政）、许进（师政）、李朝纲（士兵）、黄一平（团政）。候补为：龚鹤村（师长）、胡鹤林（士兵）、杨英（营政）。现在还在军中的，五十五团方面有许进、许卓、李朝纲，在五十八团方面的仅云逸一人。

我们到崇义决定取消前委，仅组织一团委，我兼团委书记，后决定组织上受赣南特委指挥，我去后团委书记为佘惠同志（团政治委员）。

三　地方党的状况及土地革命的工作

（一）右江。

右江的指导机关是右江工作委员会，共有东兰、凤山、平马、田州、思林、向都六个县委及凌云、百色等处设特支。共有千余党员，成分上是雇农、贫农占多数，余为中农，还有很少数的富农及知识分子（都是比较老的党员）。成分虽如此，但党的中心是在极少数知识分子手中，他们的基础多是破产的地主富农，多是民国十六年斗争到现在的，故在党的地位上变成了党的中心。他们不但阻止了党和土地革命的发展，且逐渐新豪绅化，把持了党及政权、军事的机关。派人去改造，他们可以阻止你与群众接触，派去的人实在太弱，常常把他们没办法，后来我及豪人自己下去，虽有相当成绩，但因干部缺乏，每县找不出一个中心，我们又不能常在下面，故甚困难。东兰的干部比较好，故成绩亦较好，土地革命比较深入。

我们在右江解决土地问题的原则是"没收豪绅地主阶级土地""没收一切反革命的土地"。后一口号主要是反富农的作用。我们没有提出"平分一切土地"的口号，分配的方式是"平分""共耕""没收豪绅地主反革命土地分给贫苦农民"三个办法，由群众在乡苏维埃大会中自己选择。但我们指出，虽然没有提出平分土地的口号，结果一定要做到平分。分配土地是以乡为单位。

东兰、凤山分配土地的结果，共耕仅有两乡，多数地方是平分土地，还有一些地方是仅就没收的土地来分配。至于其他地方，名义上是平分，实际上很少地方分，处处是富农新豪绅反土地革命的作用，同时东、凤等处也发生苏维埃将好土地分配自己及亲戚的事实，故当时提出了重新分配的口号，我们出发一时期正积极执行这一口号。

分配土地中有许多的问题我们均是个别地解决，一般的问题大致是如此解决的：1. 耕牛、耕具都是向富农借出的，谷种完全由原有田地的所有者拿出，不足的由富农拿出。右江穷，贫农在耕种时多无饭吃，又无钱买，无力耕种，亦向富农借出。2. 红军兵士亦分配土地，可以请人耕种。3. 瑶民分配土地，有些瑶民不愿下山，则分配山地，田地不够时则将山地分给富农。4.土地所有权，本来照政纲是交给农民，但因群众表示由苏维埃给以使用证，有了凭据，比较安心些，故分配土地后由苏维埃发给使用证，禁止买卖。5.两乡区县之间分配土地之多寡相差太远时，则以移民办法解决之。6.森林特产祠堂庙宇极少，没有成什么严重问题。

对经济政策，小商人仍然继续营业，惟交通不便，故日用品极缺乏，特别是盐，苏维埃曾自己设法买运，各乡区办了合作社，但资本缺乏，故成绩不好。曾拟设一农业银行来帮助贫农，没有筹到款。

对于富农领导是右江极严重的问题，我们一开始就注意到，可是富农的魔力大，我们党的领导力弱，故其影响常能存在于苏区中。有些区域的党和苏维埃对反富农怠工。有些区域雇农、贫农比较组织得好，但又走到另一极端，无条件地反富农，提出了"没收富农财产""杀富民"的口号，结果使中农动摇，实际上帮助了富农。我们是注意了纠正这一错误。

右江的最高政权机关是右江苏维埃政府，各县区乡均成立苏府。苏维埃中，富农被剥夺了选举权与被选举权，但实质上他们仍然在领导地位，因为富农不一定在苏维埃政府中当委员，在外面一样可以在许多实际问题上来阻碍土地革命，实现其领导作用，再加上政府中的"老"党员腐化、新豪绅化，使群众对苏维埃不满。前委为此曾公开开除右苏主席雷经天的党籍[25]。党发宣言指出过去苏维埃的错误，准备开全右江代表大会改造之，同时号召全体民众参加监督苏维埃工作。各级苏维埃应经常开群众大会、代表大会，报告自己的工作，并指出一定要在"重新分配土地"的口号之下来改造苏维埃，当选的一定要是能坚决执行此口号的分子。一直到最后我们出发时还是这一方针。

右江的武装很多，可以集合起来的不下三千，好坏各半，各县均有赤卫军的组织。我们出发时决定将这些武装集合起来，与留下的红军编成二十一师，作为发展一军之基础，不过这也是一个很艰苦的工作。赤卫军的成分多是贫雇农，富农没有，但领导的还有不少新豪绅化的老党员，私有武装的观念非常浓厚。

我们离开右江时的工作布置是加紧土地革命工作，扩大红军，以东、凤为中心，用游击战术向都安推进。

右江工作的主要困难是干部太弱，找不出一个胜任的县委书记，亦没有一个比较好点的中心，故工作推动甚难。对干部的训练，我们注意到的，除了实际工作的指导外，不断地办训练班，参加的多半是贫雇农，但成绩甚少（讲的课目均是解决实际问题的办法）。

（二）沿途。

沿途没有党的组织及群众组织，仅在连州有几个湘南失败逃亡的同志组织了一个支部，但无工作。由连州到梅花一带，有很多湘南逃亡的同志未组织起来。到梅花后，有一个湘南驻粤工作委员会，后改湘南特委，该处亦无群众组织，宜章一带也没有东西，乐昌、仁化一带也没有，直至崇义后才找到一点党和群众的组织。

一路群众，穷苦的对红军感觉是好，不满豪绅、民团、县政府、国民党，亦能对我们宣传表示接受，但发动斗争不是几天的事，群众还是害怕。至于豪绅地主，闻我军到早已跑光了，有些城市的商人都走光，故一路解决经济问题都很难，仅在怀远、全州、连州三处筹了点款，都是分配给大商店负担。

（三）崇义。

崇义原来也没有东西，有些同志没有很好的组织，支部很少开会，没有经常工作，天天在那里叫暴动，或者是同志拿暴动两字来要求党给暴动费，或者是几个同志做一点土匪式的抢劫就算暴动，没有丝毫注意去创造群众的基础。去年底大庾一带的钨矿工人数千，我们仅有相当影响，赤色工会未组织起来，附近农民未发动起来，一路行委即决定来一个暴动，结果还是没有暴动起来。我们到后才纠正这一错误观念，要他们很艰苦地去创造群众基础，创造党的组织。当地党的同志没有统计，成分多流氓分子，因为斗争没有起来，地方干部更是缺乏，我们到后完全由军中党来做，同时办训练班，企图训练一些干部出来，但因到的成分不很好，收效亦不大。

群众的基础虽有两个乡苏维埃，但是挂名的，且是新成立的，到后即动员全军以一连一营为单位分散游击，经常给以工作方式的指导，结果经过二十余日的工夫做了相当成绩，创造了三个区苏维埃，几个乡苏维埃，找出贫苦农民到苏维埃工作，组织赤卫队、雇农工会、贫民农团等组织，群众情绪还好。但有一严重问题，就是流氓意识的影响，我们已注意到从发动尖锐的斗争中来消灭流氓意识。经过这样工作之后，党、苏维埃略有发展和改造，惜为时不久方进到分配土地时（赣南当时口号是彻底平分土地），敌人来了，故我军在崇义工作只能说有点影响，说不上创造了什么基础。

（四）富田事变[26]对赣南的影响。

这件事我们到赣南才知道，得到的事实是如此：过去总前委[27]与省行委向来有冲突，如对军阀混战的分析，引敌深入的战术，开除刘士奇[28]等问题，省行委常骂总前委是右倾，总前委常指省行委中有 AB 团[29]的作用，故有富田事件之爆发。爆发的经过是总前委派一团长率一连将省行委、省苏维埃负责人通通捕去，后二十军一团长即率一营去救回，并杀死该团长。省行委负责人回后即公开反毛[30]，当时有一中央巡视员曾批评他们不对。此事传到赣南后，当时赣南行委即在信丰开群众大会反毛。三十五军军委得知此事，指出赣南行委之错误，并将负责人（三人）扣留，后改随军行动，停止活动，并改组赣南临时行委。此事发生后，一般同志特别是干部非常恐慌，人人自危以致不敢开口，特别不敢批评总前委。赣南临时行委对此问题的处置是在中央未解决此问题前，与总前委、省行委均断绝关系。我到后与他们讨论到此问题，批评他们这种脱离组织的解决办法不对，仍须与两方发生固有组织关系，但声明富田事件候中央解决，目前坚决按照中央紧急通告的国际路线（我只看到一个紧急通告）来布置赣南工作，哪方面的指导合乎国际路线就服从哪边的指导。他们同意了这个意见，写信与双方面发生关系，同时指出省行委、赣南行委之严重错误。我对总前委之反 AB 团的方式亦觉有超越组织的错误，这种方法事实上引起了党的恐怖现象，同志不敢说话，另一方面是可以助长 AB 团的发展，如赣南曾发生过 AB 团的分子抓住党来枪毙忠实同志的事实，且在党内恐怖之际给了 AB 团活动以大好机会。但同时我向他们说明，反 AB 团之严重主要是从深入群众斗争的路线中来解决，当然并不是说紧急的处置不能用且必要用。

赣南指导机关的同志能力甚弱，需要派一人去作中心，才能将赣南工作创造起来。

四　个人的回忆

我们在这一时期的工作中有很多的错误，据我现在的回忆感觉到主要的有：

（一）过去七军的中心错误是处处以军事为中心来决定一切问题，不是以群众为中心来决定一切问题的错误路线，结果常常是处在被动地位。在右江时攻滇军之役，攻武冈之役，攻连州之役，均是这样的错误。没有以发动群众为中心（不一定占领城市）而是以军事为中心。因为有了这样的中心错误，就不能不一路处在被动地位，到处站不住脚，一直跑到赣南。至于沿途是不是注意发动群众呢？是注意了，但因有这一中心错误，实际上是忽略了群众的工作。

（二）是不是应该离开右江呢？离开右江是否反对了巩固苏区的路线呢？我以为不是的，应该离开右江，因七军留在右江的作用太小，且留右江给养等等都发生困难，并且我认为七军的错误还是在出来太迟了。同时七军到江西也是对的，因为在武冈失败后，在环境及本身的估量上，须要到江西与苏区发生一时期的联系，以休养补充，当时七军太残破、太疲劳了，不过由右江到江西，应该一路执行正确的发动群众的路线，而不是一直跑到江西。对于在北江发动群众，创造一个巩固苏维埃区域，我认为这一决定是不正确的，梅花一带对湘粤影响固大，正因为如此，敌人之注意力亦大，敌必不惜一切来进攻，在七军本身力量及群众未起来之际是无法占住的。当时七军的需要实在应迅速到江西，果如此也不会有梅花之损失了，因梅花之役在该地工作的决定之下不能不打的，固然侦察不好也是一个失败的原因。

（三）集中攻坚的错误，七军是深刻地感觉到了。几次的攻坚都是我们失败，向柳州、桂林、广州进攻更成了"左"的空谈，过去的事实是证明了。

（四）过去七军历史上向来有轻视敌人的观念，因之屡次上当不小。隆安、长安、武冈、梅花作战都是犯了这个错误。

（五）七军本是和平转变来的，转变后的改造工作非常不够，致有三次叛变事实之发生，都是旧的基础（包括兵油子）没有肃清的结果。党及政治工作仍有很多缺点，党的领导仍是薄弱，不能在紧急关头打破官兵的失败情绪。这固然干部太缺乏是一原因，但工作方式不够更是主要原因，当然还有七军路线之错误所形成的困难之反映。

（六）右江的错误是富农的路线，以致土地革命没有深入。固然当时是加紧了反富农的工作，但工作方式错误，没有动员全军的党去进行这一斗争，结果工作推动不来，仍然成就了富农的路线。

（七）八军的失败是机会主义的错误，但同时我认为当时八军应该早坚决地向右江推进。固然龙州对外影响很大，但是一个保守不住的地方。

（八）侦探工作太差，好几次都吃了这个亏。

（九）敌军士兵运动做得太少，特别是对桂系军中的兵运，是一很大的错误。

（十）七军是坚决地执行了立三路线，碰了不少钉子，犯了不少错误，但是假使六月十一日政治局决议达不到七军，是否我们可以避免立三路线的错误呢？我认为是不会的，因为七军的基础是，一部分是转变过来的旧军队，一部分是斗争未深入的农民，这便是便利于立三路线发展之基础，过去攻南宁正是犯了这一错误（立三路线并未到七军），并且我们未得到六月十一日的决议即已决定向中心区域发展。我相信即使立三路线没有传达到七军来，七军一路仍是会犯不以群众为中心而以军事为中心的错误，这仍然是走到了立三的路线，这也是我感觉到的。

（十一）以上是我个人感觉到的主要错误。

注　释

〔1〕宛旦平，当时任红军第八军参谋长兼第二纵队纵队长。

〔2〕作豫，即俞作豫，当时任红军第八军军长。

〔3〕法占地，指越南，当时为法国殖民地。

〔4〕老番，对外国或外族的称呼。这里指法国帝国主义。

〔5〕安南，今越南。

〔6〕王家烈，当时任国民党军湘黔边区"剿匪"总司令。

〔7〕邓拔奇，当时任中共中央南方局代表。一九三〇年九月赴广西右江向红军第七军传达中共中央关于进攻中心城市的命令。一九三一年一月离全州赴上海向中央报告工作。

〔8〕指一九三〇年六月十一日中共中央政治局在李立三领导下通过的《新的革命高潮与一省或几省首先胜利》决议。这个决议标志着李立三"左"倾冒险错误在党的领导机关取得了统治地位。

〔9〕立三路线，指一九三〇年六月至九月以李立三为代表的"左"倾冒险错误。

〔10〕融县，今广西融安。

〔11〕豪人，即陈豪人，当时任红军第七军政治部主任。

〔12〕李明瑞，当时任红军第七军、第八军总指挥。

〔13〕白崇禧，当时任国民党军第四集团军前敌总指挥。

〔14〕何子礽，当时任红军第七军第十九师第五十五团团长。

〔15〕宝庆，今湖南邵阳。

〔16〕龚鹤村，即龚楚，当时任红军第七军参谋长兼第五十五团团长。

〔17〕李谦，当时任红军第七军第五十八团副团长。章健，当时任红军第七军第五十五团第一营营长。

〔18〕振武，即袁振武，当时任红军第七军第五十九团团长。李显，当时任红军第七军第五十八团第二营营长。

〔19〕韶州，今广东韶关。

〔20〕张云逸，当时任红军第七军军长。

〔21〕中央的紧急通告，指一九三〇年十二月二十三日中共中央发出的《中央紧急通告（中央通告第九十六号）——为坚决执行国际路线反对立三路线与调和主义号召全党》。

〔22〕大庾，今江西大余。

〔23〕大、南、上、崇，指江西大庾（今大余）、南康、上犹、崇义。

〔24〕邓斌，邓小平在广西开展革命斗争时的化名。

〔25〕一九三〇年十一月，雷经天因反对李立三"左"倾冒险错误在红七军第一次党员代表大会上被开除党籍。一九三一年四月，红七军第二次党代会决定恢复雷经天的党籍。

〔26〕富田事变，是发生在赣西南革命根据地的一次事变。一九三〇年上半年起，根据中共中央的指示，赣西南地区各级党、政组织和红军第一方面军中陆续开展了肃清 AB 团分子的斗争，肃反斗争严重扩大化。同年十二月十二日，红军第二十军的少数领导干部因对错捕 AB 团分子的做法不满，带兵包围了驻江西吉安富田村的中共江西省行动委员会和江西省苏维埃政府，释放被关押的人员，将全军拉往赣江以西，脱离红一方面军的领导，并提出了分裂红军的错误口号。这一事件史称"富田事变"。事件发生后，朱德、彭德怀等红一方面军领导人为维护红军的团结做了重要工作；一九三一年一月成立的中共苏区中央局，在指出富田事变的严重错误的同时，采取了解决党内矛盾的方法，动员红

二十军返回赣江以东参加第二次反"围剿"作战。同年三月，中共中央政治局通过《关于富田事变的决议》，错误地将这一事件认定为"AB团所准备所执行的反革命行动"，致使红二十军大批干部被杀害。

〔27〕总前委，指中共红军第一方面军总前敌委员会，毛泽东任书记。

〔28〕刘士奇，当时任红军第二十军政治委员兼军委书记。

〔29〕AB团，是一九二六年底在江西南昌成立的以反共为目的的国民党右派组织，存在时间不长。一九三〇年五月起，赣西南根据地内开展了所谓肃清AB团的斗争。斗争不断扩大，严重混淆了敌我矛盾。

〔30〕毛，指毛泽东。

惊人的好消息

——红军三军团攻下会昌*

（一九三一年十一月三十日）

本月廿七日我红军三军团攻下会昌。捷报如下：

> 会昌于本月廿七日攻克，缴获靖卫团、民团驳壳枪数支，步马枪七百余支；俘获县长史承汉，靖卫团总指挥欧阳淋、五大队长均自杀，维持会主席欧阳莘据说被俘，正在查获中；俘虏靖卫团、民团官兵八百余名，捉获会昌以及瑞金、雩都[1]、兴国、宁都等县逃来之土豪劣绅千余人，赣南数县集中在会昌之地主武装反动势力，完全扑灭。现正在进行建立会昌全线政权，苏维埃区可巩固向前发展。
>
> 红军一方面军三军团第三师政治办公厅
>
> 十一月廿七日于会昌城

这是一个惊人的好消息。这个好消息，正当纪念广州暴动[2]的时候。从此，瑞金反动武装，几乎完全被消灭，更能增加我们瑞金群众的革命勇气，更能坚决执行下列的工作：

一、深入土地运动分配土地，纠正过去分田的缺点（如

---

* 这是邓小平发表在中共瑞金县委机关报《瑞金红旗》第七期上的文章。邓小平当时任中共瑞金县委书记。

分假田、富农分好田等坏现象），同时坚决地执行土地革命的阶级路线。富农一定要按照劳动来分田，不劳动的、不能种田的不分田，已分的要抽回。

二、继续会昌的胜利，向一切反动派来一个大的进攻。

三、加强苏维埃的工作能力，苏维埃政府要与群众建立密切关系，群众要时常批评和监督政府的工作。同时要取消村一级政府，重新划分乡的区域，建立乡的代表会议，选出真正革命的坚决的分子，做乡政府主席。

四、扩大红军及地方武装（游击队和独立团），坚决革命的贫苦工农应该勇敢地加入红军和地方武装，但是反对用欺骗或命令压迫的手段来扩大红军和地方武装。

攻下会昌，是我们很大的胜利。我们还要继续不断地扩大红军，向反动势力进攻，得到更大的胜利。只有如此，我们才能得到最后的解放。

注　释

〔1〕雩都，今江西于都。

〔2〕广州暴动，即广州起义，是一九二七年十二月中共广东省委书记张太雷和叶挺、恽代英、叶剑英、杨殷、周文雍、聂荣臻等在广州领导的反击国民党反动派的武装起义。

加紧政治教育，提高学习精神[*]

（一九三六年六月二十五日）

一、自从在党中央直接领导下开展红军中反倾向斗争，一军团首先是反以一军团为标本的本位主义斗争，并号召全体红色指战员加紧政治教育及学习，从领导上、从组织的推动上及一般指战员自动学习精神上，高度地转变了政治教育工作，空前地提高了指战员的学习热忱。这是党中央领导的正确，这是党的路线的胜利。

二、在开始西征^[1]的途中，我们即进行了关于加紧政治教育及提高学习精神的上下一致的动员。关于如何组织教育及推动学习问题，我们在军团首长党的小组讨论会、军团及师政治部专门的部务会、各师团以上干部会、排以上干部大会，及各级首长党的小组讨论会等，进行了详细及热烈的讨论。我们一致地决心以一切精神、一切方法、一切努力，以期在全体人员中，励行教育及自动学习的制度。为达到这一目的，我们决定，以加紧政治教育及提高学习精神为最近阶段中全军团内部政治工作的基本内容。

三、关于教育工作，特别是干部教育的组织、教材及检

---

　*　这是邓小平和红一军团政治部主任朱瑞给红军总政治部关于红一军团一九三六年六月上半月政治教育状况报告的要点。邓小平当时任红一军团政治部副主任。

查等。

（一）成立团以上各级干部党的小组讨论会，会期随时举行，内容是讨论部队工作领导方式、思想斗争、政治教育、本身的研究及学习。（自成立后经常举行，成绩甚好）

（二）建立连以上及相当于连的干部的干部政治讨论。

讨论会先决定：除战斗时外，不管行军与驻军，利用大休息时间，每日开会一次，每次均依军团政治部决定的进度及材料传达与讨论。每次一至两个钟头，最后改为每五天三次政治教育，二次军事教育。每组自选组长一个，每次讨论会不得缺席，无故缺席为兴趣不高，要开展斗争，执行纪律。

（三）政治教育材料：

1. 先用半个月时间传达，讨论及测验完毕下述四个材料：东征[2]胜利与我们的任务（总政发）、反本位主义（自拟）、争取群众及争取回民工作（总政发，自拟一些参考材料）、争取白军工作（中央决定）。

2. 随后进行世界知识中的九个政治课，决定每一个课从上课、讨论及测验，一个星期完成。（现已开始第一课）

3. 关于时事问题。

（四）文化教育：将连以上干部分为三个组。

（五）成绩的考核及测验：

1. 每一份材料，军团辑有一律的测试题目。材料讨论完后，由组长负责励行强迫制的集体测验，任何人不得不测，缺席亦需补测。

2. 在军人大会或干部会，临时指定干部就指定题目负责进行演讲或作报告（已举行一次，题目是：《争取回民的意义》）。

3. 政治回答。

4. 调阅日记本及识字本，当面测验。

5. 对师的科长以上干部，由军团首长分头另拟测验（已执行一次，题目是：（1）第三营垒的产生及其前途。（2）怎样争取迅速直接对日作战）。

四、执行的一般状况。

（一）自决定干部政治教育的突击以来：

1. 大大地兴奋和提高了干部学习的情绪。从连队以至最高首长均经常注意看书、讨论、研究等，特别是干部，能经常地自动讨论一些问题，不断地向上级打电话、写信请求答复关于时事的疑问等。

2. 由于反倾向斗争的开展，大批干部调出及提拔大批干部，部队工作不但未受障碍，反在干部中表现了空前的新鲜、积极、紧张与负责。

3. 由于建立了各级干部党的小组讨论会，加强了干部的集体领导，密切了干部间的关系及团结，部队很多工作更能因为讨论而得到更充分的集体与完满的推动。

4. 虽然一般的环境是处在行军作战间，给了我们一些困难，但由于先有深入的动员及随后严格的督促检查，故并不因此而阻碍我们工作的进行。除了战斗以外，行军时每天有大休息，时间都能够经常地进行工作，开讨论会、上课、识字、测验等。

（二）第一阶段是学习上述四个材料。这四个材料由五月二十九日至六月十八日完成并测验总结完毕，但因战斗而延迟了我们的计划，至现在方始完成（计延迟约一个星期）。

结论：

目前我们对一般的教育，主要的是深入"我们目前行动的任务""抗日的问题"和入伍材料的教育。必须使每个战士都能够深切了解，如有不甚明了的，继续进行二三次的教育，直到最后的了解。因此我们要求：

（一）广泛采取新的活泼的方式：用一切图表、图画、列宁室的布置、讲话会、问答会、讨论会等课外方式去进行教育。

（二）要有充分的准备工作。在上课之前，政治处一定要召集准备会，上课人必须深刻地了解材料的内容。

（三）宣传科、政治处应负责督促、检查。

（四）在班、排的讨论会，连长、指导员、排长、支书应分别负责、参加。

（五）一般的教育每星期五次，党团员的课每星期二次，晚会每星期一次。

（六）以上的材料在一个月内完成，并坚决地达到上项的要求。

注　释

〔1〕西征，指西征战役，是一九三六年五月至七月中国工农红军第一方面军对陕西、甘肃、宁夏三省边界地区的国民党军的战略性进攻战役。

〔2〕东征，指东征战役，是一九三六年二月至五月中国工农红军第一方面军由陕甘苏区东渡黄河，对山西境内国民党军的战略性进攻战役。

支部工作进步的表现[*]

（一九三六年九月六日）

　　八月份的支部工作是在七月份的支部工作基础上大大地前进着。这个进步已大大地提高了党团员的模范作用，树立了支部核心作用的基础，扩大与坚强了党的组织。

　　支部工作的进步表现在哪里？

　　（一）提高支部核心作用。

　　1. 支部讨论工作不是照样传达，而是能够抓住中心讨论出具体办法。

　　2. 严格检查及定期总结工作，采用经常的汇报来检查工作。

　　3. 抓住连队薄弱环节与具体工作来讨论。

　　4. 会议成为一种制度，反映问题快。

　　5. 提高了党员的模范作用，建立了支委的工作。

　　6. 支部开始成为连队反逃亡的堡垒作用，对战士物质问题的解决成为经常工作，对落后分子的教育有显著的成绩。

　　（二）发展党的组织与严密党的组织。

　　1. 入党手续一般执行了，发展新党员绝大多数能在支

部大会通过。

2. 开会时都是分别党员、团员。有些大会团员到会，但当表决某一决议时，团员、候补党员没有表决权。

3. 党内的民主精神提高了，支部每半个月都能够向党员做工作报告，发动党员批评。

4. 开展思想斗争，对于某一同志的错误能够及时地提出批评教育。

（三）党的教育。

1. 党员的教育与干部的教育一般的是完成了计划，而且能够复习。

2. 对落后党员编特别组给以特别训练。

3. 党的干部教育能够利用实际工作的会议汇报，抓住支部工作的要求来教育各个委员。

关于时局和红军改编问题 *

（一九三七年七月二十三日——二十六日）

一

对于卢沟桥事变[1]，南京政府的态度是进步的，但仍是动摇的，不会配合全面抗战。民众运动尚不能拉动南京，南京看美国，加上英国影响。前途有两个，一是通过抗战稳定战局，二是日军占领平津。后一种可能性更大。我们的方针是：一面批不抵抗倾向，一面发动第二步抗战。红军改名也是条件之一。

（一九三七年七月二十三日关于时局和红军改编
问题发言的要点）

二

全国抗战爆发，我军可能迅速开往前线，顺次合编。红军的名称虽然改了，但阶级矛盾并未消减。因此，在新的环境下，政治工作有了新的内容，其任务是：（一）积极准备

---

* 这是邓小平在陕西泾阳云阳镇召开的红军高级干部会议上发言的要点。邓小平当时任红军总政治部副主任、红军前敌总指挥部政治部副主任。

抗战，一切为了抗战，在抗战中扩大我军的影响。（二）政治工作也就是党的工作。无论是政治工作还是党的工作，都要保证党的绝对领导。（三）提高军事技术、战术、政治、文化及指挥能力，逐步走上正规化。

（一九三七年七月二十五日关于红军开赴抗战前线后的政治工作问题发言的要点）

三

部队支部内要设民运委员。特工委员责任重，应由上级军政委员会决定。要对部队进行马列和民族气节教育。要读党的"十大纲领"[2]，每团要有一个新教材，出战士和抗日军人读本。要提高党的纪律性。锄奸工作要发动群众，但要注意方式，使人不恐慌。和平是我们争取的前途。

（一九三七年七月二十六日关于组织工作发言的要点）

注　释

〔1〕卢沟桥事变，一九三七年七月七日，日本侵略者为了达到以武力吞并全中国的野心，悍然炮轰宛平城，攻击卢沟桥，当地中国驻军奋起抵抗。卢沟桥事变标志着中国全民族抗日战争的爆发。

〔2〕"十大纲领"，指一九二八年六月至七月举行的中国共产党第六次全国代表大会规定的十大政纲。

关于工作地区的划定*

（一九三七年十一月九日）

朱彭任[1]：

现划定工作地区为离石、中阳、临县、方山、清徐、文水、交城、汾阳等县由子华[2]负责，以一二〇师工作团及战委会[3]干部为骨干，中心在离汾公路线。我率总政治部随营学校暂驻兑九峪、大麦郊之线，以此为中心，进行孝义、平遥、介休、永和、石楼、蒲县、隰县、大宁八县工作。一二〇师工作团应由子华指导。

邓

九日

注　释

〔1〕朱彭任，指朱德、彭德怀、任弼时，当时分别任八路军总司令、副总司令、政治部主任。

〔2〕子华，即程子华，当时任第二战区民族革命战争战地总动员委员会党

---

* 这是邓小平给朱德、彭德怀、任弼时的电报。邓小平当时任八路军政治部副主任、第二战区民族革命战争战地总动员委员会八路军代表。

团书记兼人民武装部部长。

〔3〕战委会，即第二战区民族革命战争战地总动员委员会，又称动委会。一九三七年九月，周恩来等到太原，推动阎锡山共同组成第二战区民族革命战争战地总动员委员会。战委会保持了统一战线的组织形式，实际上是中国共产党领导下的、拥有武装的半政权半群众团体性质的革命组织。

高桂滋愿受八路军指挥
坚持游击战争[*]

（一九三七年十二月三日）

我二日已回。在离石曾与高见面。高对我和汉宸[1]表示下列几点：

1. 坚决打游击，可受第八路军指挥。

2. 同意对我公布其俱八路名义收编友军，我觉过早。

3. 对南京不补充他不满。

在对我谈话时，高表现出：认为要坚持游击战争，陕北长城线很难守，最好由八路担任游击战在绥清吴[2]线坚守，应筑堡垒线。他说已向南京要求担任宜离[3]线或潼关线河防。

动委[4]近收集各县武装人枪合一百，计划发展到四千，大部均是我们的干部，小部不是我们领导的。此批武装名义上由动委会指挥，准备续范亭[5]为正，程子华为副。

---

* 这是邓小平关于在山西离石同国民党军第十七军军长兼第八十四师师长高桂滋会谈情况给朱德、彭德怀、任弼时、杨尚昆并报毛泽东、周恩来电报的主要内容。一九三七年十一月十六日，毛泽东致电邓小平、贺龙、萧克、关向应、程子华，指示他们派人持信去离石、柳林、碛口一带找赵寿山、高桂滋，说明八路军坚持山西游击战争之前途，并征求他们意见，是否可以和八路军一道进行游击战争。

对群众工作才开始，成绩不大，已着重提出。

新兵工作很重要。八路军到处收留散兵，扩大新兵已有五百。

临汾工作正猛烈开展中，成绩甚大。

注　释

〔1〕汉宸，即南汉宸，当时任第二战区民族革命战争战地总动员委员会组织部部长。

〔2〕绥清吴，指陕西绥德、清涧、吴堡。

〔3〕宜，指陕西宜川。离，指山西离石。

〔4〕动委，即动委会，又称战委会，见本卷第48页注〔3〕。

〔5〕续范亭，当时任第二战区民族革命战争战地总动员委员会主任委员。

孝汾游击队开展情况 *

（一九三七年十二月四日）

朱彭任并报毛周：

（一）孝汾游击队已达九百人，现组织为第八路第一、二两游击支队。干部已配好，一去汾、孝、介[1]间工作，一去汾、平[2]间工作。

（二）特务团包括新兵及收容散兵一起两连人，即成立第三营。七一六团已组织游击队四百人，扩大新兵三四十人。

（三）近日较平静，工作磨擦又多起来。孝义县长向上面报第八路实行共产主义，并将我借粮单子收集，准备向上报告。郭挺一[3]亦有限制我们指动之提议。我们工作仍大胆做去，惟在方式上尽可能避免不必要之磨擦。

（四）最近晋军用我军名义抢掠事时有发生，我总部已向阎[4]报告此事。

（五）定一[5]六日去石楼巡视工作。

（六）最近政局变化如何请任告。

小平

支酉

---

* 这是邓小平给朱德、彭德怀、任弼时并报毛泽东、周恩来的电报。

注　释

〔1〕汾、孝、介，指山西汾阳、孝义、介休。

〔2〕平，指山西平遥。

〔3〕郭挺一，当时任阎锡山领导的自强救国同志会工人委员会主任干事和训导院负责人。

〔4〕阎，指阎锡山，当时任第二战区司令长官、国民党山西省政府主席。

〔5〕定一，即陆定一，当时任八路军政治部宣传部部长。

在实行党的路线方面
成为友军的模范[*]

（一九三七年十二月九日）

现在进入抗战时期，要在实行党的路线方面成为友军的模范。开展运动游击战，行动要积极，行军作战以分散为特点。要克服党的单纯化等问题，巩固扩大统战干部的任务。现在的政治工作有困难，新政策新方式与先前不同，战士有新的成分，但也有了好条件，如现在以日本为敌，提高了民族仇恨，提高了战斗力，扩大了群众范围。

政治工作要做到对友军、民众扩大影响，扩大部队，巩固部队，减少逃亡。目前的缺点是，部队政工人数少，党的生活欠缺，传统制度欠缺，集体领导欠缺，新指挥员不能利用空隙进行教育。

要巩固扩大统一战线。政权，无则代建，有则尊重，只提意见。要自动去找友军，虚心接受友军批评，并发动群众慰劳，培植进步势力。

要发扬坚决、勇敢、活泼、紧张、严厉、刻苦耐劳的作风，干部以身作则。军队中党员人数应保证有百分之三十。发展积极分子要举行入党式，实行党的教育、民族统一战线教育。干部以工农为骨干。

---

* 这是邓小平在八路军总部召开的部队统战教育会上发言的要点。

磨擦原因与巩固统战具体办法 *

（一九三七年十二月十一日）

毛主席、周副主席、彭副指挥、任主任并杨、彭[1]：

（一）综合这一个时期地方工作所引起的磨擦，有下列问题。

甲、在混乱时我们的工作一般是突击的，如大批收容散兵、自主的群众工作等，未估计到今天比较局部环境之再来。

乙、我们直接组织的游击队数量很多，影响友军补充壮丁之困难。

丙、民众对八路军的最高信仰使人不安。

丁、八路军活动地区甚宽，使人无插足处，且无法争取群众。

戊、加上我们转变方式不及时。

（二）因此现在各方对我军戒备甚严，友军对我关系很坏，上层更觉不安。郭挺一甚至说第八路军在晋北并未作战，要求上级限制我军范围，并闻梁化之[2]曾电令郭监视我游击队，今日兑九峪驻军七十一师团长扣留动委会负责

---

* 这是邓小平给毛泽东、周恩来、彭德怀、任弼时并杨尚昆、彭真的复电。一九三七年十二月二日、六日，毛泽东在延安连续致电在山西抗战前线的朱德、任弼时和邓小平等人，提出要注意同山西阎锡山的关系，"避免与其作不必要的磨擦"，并"要加紧内部的统战教育"。

人。各方面对我进攻显然是整个问题。

（三）为巩固统一战线，我意必须避免第八路军与其磨擦，缓和对立形势，在某些部分上实行让步。

甲、除部队驻扎区域外，收回其他各县，公开工作应一切经过牺盟教导团[3]、决死队[4]去实现。

乙、建立与加强各地秘密党的组织工作，重心放在党和群众组织的基础上，将所有游击队集中靠拢主力部队，进行训练，扩大与巩固，其经饷经过主力向政府取借。

丙、凡不便于存在的县区动委会，八路军工作同志撤回，经过积极分子来实现纲领，利用一切方法与友军建立关系，解释各种问题。

丁、部队派出活动的连队，中心是扩大本身，停止征集资材，并公开设立八路军招募处。

戊、是否适当，请示，以便执行。

邓小平

注　释

〔1〕杨，指杨尚昆，当时任中共中央北方局副书记。彭，指彭真，当时任中共中央北方局组织部部长。

〔2〕梁化之，当时任山西牺牲救国同盟会总干事。

〔3〕牺盟，即山西牺牲救国同盟会，一九三六年九月十八日成立。它名义上是山西地方实力派阎锡山的官办组织，实际上是由中国共产党人直接领导的一个地方性的群众抗日团体。牺盟教导团，即牺盟会国民兵军官教导团。教导团的军事干部由阎锡山直接派出，都是旧军官。政治干部由军政训练委员会派出，政治部主任由共产党员和左派人士担任，政治工作人员也由共产党选派。

〔4〕决死队，即山西青年抗敌决死队。一九三七年八月一日，由山西牺牲救国同盟会提议经阎锡山同意成立，实际上是一支由中国共产党领导的山西人民抗日武装。一九四〇年后逐步编入八路军战斗序列。

改变工作方式，防止磨擦[*]

（一九三七年十二月十四日）

朱彭任左^[1]并雪枫^[2]告杨：

一、此间游击队已达一千二百人，七一六团之四百，除另一特务团两个连，现决定立即从游击队争取之，加入可实现。特务团干部随校^[3]无法找出。惟无武器，如何，请左复。棉衣此间可解决，轻机枪已收到十挺。

二、工作磨擦已开始，孝义县长很坏。为巩固上层关系，决定改变工作方式：

1. 停止部队直接筹粮，收回八路各区工作团，每区只留两个帮助动员工作。

2. 筹粮、号召加入游击队等工作，完全由动委进行。

3. 工作重心转到建立党和农会的基础。

4. 两个游击支队开至汾阳、平遥之线以北地区活动，加强扩大并解决补充问题。

5. 在各地区设第八路军招募处；有人员、游击队员录后发臂章符号。

三、雪枫来电：关于我回来，我已派定一去检查，惟此间并未派有郑凤巢^[4]去工作，子华更未派人，且我们的工

---

* 这是邓小平给朱德、彭德怀、任弼时、左权、彭雪枫并告杨尚昆的电报。

作人员不会自称司令、师长。此事已告定一查明后直接电告雪枫，最好雪枫亦直接派人去查要快得多。

四、最近独七旅〔5〕开一个连在孝义城大抢掠，自称第八路，经我工作人员赶到才证明出来。又，晋军在水头镇之某团亦有人假八路名义勒索人民，经我逮捕交还该团部关上。驻军近日假教二团名义到马陉镇一带抢劫。同类事该尽有所闻，此种事情亦须要阎证明以免混淆。

五、黄镇〔6〕在主持石永工作，须候定一回后才能决定，可不抽出且来总部，时间须十天以上也来不及。

六、我准备最近到总部一次，是否方便并请雪枫告以路程。

邓

十四日

注　释

〔1〕左，指左权，当时任八路军副参谋长。

〔2〕雪枫，即彭雪枫，当时任八路军总部参谋处处长兼驻太原办事处主任。

〔3〕随校，指八路军随营学校。

〔4〕郑凤巢，当时任八路军第一二九师某部指导员。

〔5〕独七旅，指国民党军第七集团军所属第六十二军（属晋绥军）独立第七旅。

〔6〕黄镇，当时任八路军政治部民运部部长。

关于巩固与阎锡山关系的意见*

(一九三七年十二月十七日)

毛主席、周副主席、聂[1]、杨、贺[2]转子华:

(一)我本日到临汾见阎。

(二)中央明白指出应巩固与阎的关系,认为与阎保持关系无前途是不妥当的。

(三)武[3]应即去见阎接受其指示,今后可在阎的意旨下,应尽可能地实行部分进步纲领。与阎分裂与妨害统一战线的战委会的工作方式应即改变,常向阎作报告请示,尽可能减少不必要的磨擦,我们还不是独立自主的工作环境。

(四)我意此,毛当有电来。

小平

十七日

注 释

〔1〕聂,指聂荣臻,当时任八路军第一一五师政治委员、晋察冀军区司令

---

* 这是邓小平给毛泽东、周恩来、聂荣臻、杨尚昆、贺龙并转程子华的电报。

员兼政治委员。

　　〔2〕贺，指贺龙，当时任八路军第一二〇师师长。

　　〔3〕武，指武新宇，当时任第二战区民族革命战争战地总动员委员会动员分配部副部长。

抗战期间军队的政治工作

（一九三八年一月六日）

对抗战期间军队政治工作的特点，在云阳时着重强调的是当时的环境。现在已经过去四个多月了，对这个问题也有了特别的认识。

1. 政治工作的任务，要服从党的政策与方针。今天是统一，八路军应成为一切军队的模范，以模范作用推动友军。我们的行动是积极的，同时我们的战斗方针是运动游击战，即一方面要积极，另一方面要时常分散。故政治工作的第一个特点，应在不断行军与分散的状况下进行。

2. 在党的单一领导下，执行党的政治任务。我们应围绕扩大与巩固统一战线这一任务去进行。

3. 考虑到我军十年来与友军对立的情况，以及半年来停顿训练的现实，采取积极与分散两种方式，具有不同的特点。我们要很好地利用这些经验，适合的发扬，不适合的纠正。

4. 应估计到今天有许多困难。新策略、新方式的运用，需要转弯，特别是需要由平静转到战斗。同时，也要估计到

---

* 这是邓小平在山西洪洞高公村召开的中共中央北方局和八路军总部高干会议上讲话的要点。

有些好的条件，是国内战争时没有的。包括：在部队中加强民族仇恨教育，提高战斗热情，民众与敌人都给了我们这样的条件。民众拥护，使我们有更广泛的社会基础。今天的战斗环境与内战时也不同，敌人是单纯的，我们也不是每天都在行军，等等。这些条件，使我们在各方面都感到便利。当然，酒色财气等坏的条件，也应注意。

应当承认，四个月来的工作，虽然做得不够，但还是收获了不少成绩的。总的方面，德怀[1]同志指出的六条，在政治工作方面也有。在扩大部队方面等，比过去哪一个时期都好。经过我们的工作，在有些方面还影响到友军学习我们。还应当认识到缺点与错误，如：统一战线工作做得非常不够。对本军政治工作注意不够，本身优良传统保持不够，具体有：党的工作不够；部队教育放松，很多指导员是新的，缺乏经验，不适合目前需要；部队松懈散漫，极端民主化等不良现象有所发展；不良现象的发展，尤其表现在单独行动时；许多宝贵经验的运用不够，甚至忘却了某些部分。

在工作方式上，因部队分散，有很多困难，应采取巡视制度。

注　释

〔1〕德怀，即彭德怀。

巩固统一战线，争取抗战胜利[*]

（一九三八年一月二十二日）

一　目前的抗战形势

（一）目前的形势。

全国抗战六个月以来，我们部分领土被日寇占领。华北大部分地区，包括平津、太原、绥远[1]、山东等地，长江流域、浙沪一带，南京、芜湖等重要城市均被敌占领。一月初，敌人又从广东进攻，在中山登陆，进行了激烈战争。敌人占领南京后，用各种方法威胁各方要求承认在全国已经占领的区域。在国际上威胁英、美反法西斯阵线来调解，在国内主要的是利用汉奸、托洛茨基派[2]造成和平宣言，但敌人这一企图并未实现。蒋介石宣言抗战并要坚持抗战到底，这是给了日寇、汉奸有力的打击和回答。日寇这个不战而胜的企图是失败的。从卢沟桥事变到占领南京，日本企图灭亡全中国的计划看得出来更明显。它要占领山东，截断陇海路[3]东段，继续向西南前进，沿长江西上夺取武汉，从长江、华北灭亡整个全中国。现在要夺取广东，拿下沿海各

---

*　这是邓小平在八路军第一二九师政治部召开的全师营教导员以上干部参加的政治工作会议上讲话的要点。邓小平当时任八路军第一二九师政治委员。

地，准备将来打世界大战。这是目前抗战的形势。

现在我们在军事上受到挫折，国防军队主力在守上海、南京的过程中损失很大，过早地被削弱，这是战略战术上的错误，但不是抗战失利。虽然战争已进行了半年，但仅仅是全国抗战的开始，战争的胜利要在持久战中解决。

（二）军事上失利的原因。

1. 日本帝国主义比中国强大，并不是地大，而是他们有新式武器装备军队，在军事上比我们强。我们的国防力量较差。

2. 敌人积蓄了几十年的准备，而我们无准备。

3. 在中国有汉奸、亲日派帮日寇侦察，破坏统一战线。我们有日本国内人民有力的帮助，但没有日寇有汉奸帮助那样大。

4. 日本有法西斯德、意的有力帮助，而我们只有苏联的帮助，英、美还是动摇的，没有进行实际帮助，在有些地方他们还帮助日本，如在上海战争期间不允许利用租界。许多地方没有帮助，只有人民战争的帮助。

5. 中国本身方面的错误和缺点：战略上有错误，山西方面没有派得力军力保住重要地点，在上海过分使用力量，战术上死守。全国军队指挥不统一，刘湘[4]、龙云[5]、两广的军队出来抗战，但指挥上不统一不一致。政府军队与人民关系很坏，群众组织动员不够，这也是造成军事上失败的原因。

我们有这样的缺点，故军事在开始时是会失利的，要在不断的战争中锻炼。这些失利，将来会发生变化，也会改变我们的许多缺点和错误。

（三）半年战争的收获。

我们在半年战争中得到不少的收获：

1. 最基本的是国共两党合作团结，开始了全国的统一战线。抗战中我们的宣言在各处公布，这是进步的。但还有汉奸的破坏，得不到大家了解，还有人不抛弃成见。我党十一日开始在汉口办日报[6]，就是依靠了国共两党合作的基础，团结了各党各派，是进步的。

2. 国民政府起了国防政府的作用，政府颁布法令和各方面设施也有效，能调动各省军队。

3. 中国政治开始了民主，各党各派以公开、半公开的方式存在，政治犯也得到释放，群众运动也得到相当的帮助和普遍的进行，这是初步民主的开始。

4. 全国军队参加抗战，并且进行自卫战争，打得很好，很英勇，牺牲也很大。全国军队成为国防军队，统一性和军民结合也开始加强。

5. 提高了民族自信心，粉碎了恐日病和亲日分子亡国论。抗战当中全民族得到了锻炼，增强了抗战胜利的信心，克服了"东亚病夫"[7]的弱国传统。

6. 中国在国际上的地位也取得了提高。中国是受侵略的，现在我们能够反抗侵略者，使世界上人们看到中国民族是有力的，因此愿意援助中国进行自卫战争。许多国家如美国都来晋东北看，一看我们是否进行民族统一战线，二看我们是否能坚持游击战争。

以上这几点是我们半年来的收获。

（四）目前时局的危险和困难。

党中央已郑重宣言不怕军事、经济方面的困难。当前的主要危险在于，敌人以华制华来分裂民族力量。

1. 汉奸利用各种方法来破坏统一战线，现在更公开活动。如在武汉，汉奸在会议中公开说不能打，不能抗日，以德国对待凡尔赛条约[8]之论接受日寇的亡国条件。亲日派用各种方法来破坏统一战线，破坏我们团结。亲日派汉奸一没有武装，二得不到群众信仰，主张投降。

2. 抗日派内部有部分动摇分子，以为军队规模大，无法接济，缺乏武器，将来得不到胜利，因而无胜利信心。我们各党各派如果对统一战线认识不够，对这些动摇分子争取不够，就会被汉奸利用，磨擦就会更多。

3. 政府军队进步不够，落后。通过政治工作动员扩大军队、军队民主等问题都做得不够，我们要更好推动。

4. 财政经济不够，军火困难。

以上这些问题和危机可以得出结论：（1）抗战处在开始时期，是难免的；（2）军事失利是暂时的，决定胜利要在持久战中解决；（3）要在持久战中反对失败主义投降妥协，要坚持抗战；（4）要争取具体办法克服这一困难。

二　中国持久抗战胜利的因素

1. 中国已在抗战中团结统一起来，中国本身力量在抗战中坚强起来。从下面五点可以看出：（1）民族团结统一加强了。过去中国是半殖民地，被列强瓜分，现在走向了统一。（2）国共合作为抗战提供了基础，民众运动得以开放。（3）中国力量坚强起来，军队成为国防军队，表现在统一指挥，建立大本营，战区划分，成立八路军、新四军。（4）发动广大民众参加抗战，全民族动员起来了，全国民众都想上前线参加激烈的自卫战争。（5）宣布了坚持抗战，各党各派也在进步。民族团结更加巩固，要求实现民主共和国，最后争取抗战胜利。

2. 日本虽然强大，但它也有许多弱点和困难，先天不足的军国主义是它最大的弱点和困难。（1）财政经济困难。日本在几个月战争中每个月花费五万万元，五个月用二十五万万元，这是它的军费，其他不算。九一八事变[9]到卢沟桥事变前用到十一万万元，卢沟桥事变后一个月就用到七万万元。现在到外面借钱，到德、意去借也借不到。日俄战争[10]花费数万万元，卢沟桥事变后一个月就用了比日俄战争还要多的钱。现在正讨论增税，增加到军事工业上。（2）日本军事工业原料缺乏，人民生活极难，反战运动厉害，国内形势不安。最近检举逮捕了人民阵线三百人，还要解散工会，解散各党各派。（3）中国地域大，被占领土之外还有很大地方，汉奸组织也不强。日本开始预计三十五万兵可以征服中国，现在用在中国的兵力达到四十五万。日本国内征兵已到了第三期。目前是深入困难，兵力不够分配，后方也不巩固，其本国的反战运动，在东三省、在朝鲜、在台湾的反日运动也很激烈。

3. 今天的国际形势是有利于中国抗战，对日本是不利的。一九二五年到一九二七年是资本主义暂时稳定的阶段，今天不同了。今天处于法西斯侵略下，全世界人民反法西斯统一阵线更加强大的阶段。中国的抗战引起了无产阶级及苏联的更大帮助，一些国家的社会民主党、英国工党、各国工会都反对日本进攻中国，纷纷抵制日货，举行反日示威。

（1）苏联是帮助中国抗战反日的，抗战中与中国政府订立了互不侵犯条约[11]，援助的飞机也已到了中国。许多人说苏联为什么不出兵？主要是因为国际关系，苏联出兵要得到九国公约[12]允许，条件上是不利的。主张希望苏联出兵有两种人：一种是希望苏联出兵，意思是好的；另一种人主张出兵是挑拨离间作用，托陈取消派[13]散布了许多阴谋。有人批评苏联不出兵是自私自利，是使中国人民对苏联绝望。（2）法国对西方许多事未暇顾及，但在精神上有帮助。英、美正在动摇，如果把英、美算到法西斯方面去对抗战是不利的。他们帮助的态度不明，如英国起来美国下去，美国起来英国下去。英、美是同情抗战，要依靠我们的力量来推动。日本占领广东琼崖，对英、美不利。（3）德、意有不同，意大利更明显地站在日本方面，公开帮助日本，德国就不同，因为德国与中国经济联系很多。一是经济利益，二是德日有防共协定要日本注意对付苏联。

这样可以看出，苏联、法国是帮助我们，英、美是同情动摇，德、意是帮助日本。我们抗战的形势比第一次世界大战时期更有利。

三　巩固统一战线，争取抗战胜利

党的统一战线是正确的，经过了国际[14]的批准，但在统一战线的运用上，还存在着许多弱点，不能得到应有的巩固与扩大。

统一战线不能得到巩固和发展，不是一个方面的原因，而是国民党保持成见，但我们要用最大的力量去推动。中央政治局决议已确定统一战线是我们当前的战略方针。国共合作是各党各派建立统一战线的基础，不合作就不能救国。国共合作是长期的，不是一天两天的。要正确地说明共产主义与三民主义〔15〕的关系。我们主张实行革命的三民主义，这与共产主义在现阶段的任务没有区别。我们反对曲解三民主义、把革命的三民主义推到不抗日的方面去。

统一战线是全国各党各派的政治联合，是要打倒日本而共同联合起来，各党派有政治的独立，应服从整个共同目标。统一战线有共同纲领，就是我们提出的十大纲领〔16〕。十大纲领代表了各党各派的主张，马上完全实现是不可能的，要逐渐去争取。各党各派联合统一战线，各有政治主张，磨擦是不可避免的。在统一战线中批评是保持的，同时是善意的。要巩固各种群众团体以动员群众，吸收群众组织加入统一战线。经过群众组织来扩大统一战线，使群众武装参加抗战。

党提出统一战线的战略方针是完全正确的，是进步的，党的威信提高了。我们要巩固抗日民族统一战线，争取抗战胜利。

注　释

〔1〕绥远，指绥远省，辖今内蒙古中部地区，一九五四年撤销。

〔2〕托洛茨基派，简称托派，原为联共（布）党内以托洛茨基为首的反列宁主义的一个政治派别。这里指中国的托派。一九二七年大革命失败后，以陈独秀为代表的一小部分投降主义者，采取了托洛茨基主义立场，认为中国资产阶级对于帝国主义和封建势力已经取得了胜利，中国资产阶级民主革命已经完结，中国无产阶级只有待到将来再去举行社会主义革命，在当时就只能进行所

谓以“国民会议”为中心口号的合法运动，而取消革命运动。因此他们又被称为“托陈取消派”。一九二九年十一月陈独秀等人被开除出党后，在托洛茨基的直接撮合下，同其他托派分子相结合，在一九三一年五月建立了统一的中国托派组织“中国共产主义同盟”。陈独秀被推为总书记。不久，它的领导成员先后被国民党逮捕，这个组织遂即瓦解，但一些托派分子和托派小组织还在继续进行活动。抗日战争时期，托派在宣传上也是主张抗日的，但是攻击中国共产党的抗日民族统一战线政策。把托派与汉奸相提并论，是由于当时在共产国际内流行着托派与帝国主义国家间谍组织有关、中国托派与日本帝国主义间谍组织有关的错误论断所造成的。

〔3〕陇海路，当时指甘肃天水至江苏海州的铁路。

〔4〕刘湘，当时任第七战区司令长官兼第二十三集团军总司令。

〔5〕龙云，当时任国民党军第三预备军司令长官。

〔6〕指一九三八年一月十一日中共中央长江局在汉口创办机关报《新华日报》。

〔7〕“东亚病夫”，是一八四〇年鸦片战争以后一段时期西方列强对中国人的一种贬称。

〔8〕凡尔赛条约，指一九一九年六月二十八日协约国和同盟国在法国巴黎的凡尔赛宫签订的《协约国和参战各国对德和约》，其主要目的是削弱德国的势力。

〔9〕九一八事变，一九三一年九月十八日，日本关东军自行炸毁沈阳北郊柳条湖附近南满铁路的一段铁轨，反诬中国军队所为，以此为借口，突然袭击中国军队驻地北大营和沈阳城。事变发生后，中国人民奋起抵抗。九一八事变成为中国人民抗日战争的起点。

〔10〕日俄战争，指一九〇四年至一九〇五年日本和沙皇俄国为重新分割它们在中国东北和朝鲜的权益而主要在中国东北境内进行的一次帝国主义战争。

〔11〕互不侵犯条约，指一九三七年八月国民党政府和苏联签订的《中苏互不侵犯条约》。

〔12〕九国公约，是一九二二年二月美、英、法、日、意、比、荷、葡与中国北洋军阀政府在华盛顿会议上签订的。公约主要反映美、英帝国主义和日本帝国主义在中国问题上的矛盾，提出“中国之门户开放”、列强在华利益“机会均等”。一九三七年十一月在布鲁塞尔召开了“九国公约”缔约国会议，日本拒绝参加。出席会议的除原缔约国家外，还有苏联、印度等共十九个国家。由于

美英对日采取绥靖政策，拒绝讨论苏联提出的集体安全原则，会议没有取得积极结果，助长了日本的侵略气焰。

〔13〕托陈取消派，见本篇注〔2〕。

〔14〕国际，指共产国际，即第三国际，一九一九年三月在列宁领导下成立。一九二二年中国共产党参加共产国际，成为它的一个支部。一九四三年五月，共产国际执行委员会主席团通过决定，提议解散共产国际，六月共产国际正式宣布解散。

〔15〕三民主义，是孙中山在中国资产阶级民主革命中提出的民族、民权、民生三个问题的原则和纲领。随着时代的不同，三民主义的内容有新旧的区别。这里指一九二四年一月，孙中山接受共产党人的建议，在中国国民党第一次全国代表大会上重新解释的三民主义，即新三民主义。新三民主义包含联俄、联共、扶助农工三大政策和反对帝国主义、反对封建主义的纲领。

〔16〕十大纲领，指中国共产党一九三七年八月在陕西洛川召开的中央政治局扩大会议（史称洛川会议）上通过的《中国共产党抗日救国十大纲领》。

坚持华北抗战，
保持党的独立性[*]

（一九三八年一月二十三日）

主要谈一谈八路军及华北党的问题。

（一）要解释八路军就是红军不错，但在今天统一战线中就不够了。他是国民革命军主力之一部分，他是红军转变过来的，他有各种特长及历史，保持着优良传统：（1）保持党的领导；（2）保持工农骨干；（3）保持战斗的作风模范来影响友军。

（二）我们与阎锡山在华北的统一战线成为了全国模范，这个统一战线还要进步的。八路军主要在山西，如果在山西弄得不好，全国、全世界都会注目。所以要帮助其发展，使全国人民看着统一战线是发展的。

在华北建立统一战线有着良好的条件。（1）山西当局及友军、友党抗战是坚决的，与我们关系比较好；（2）党与八路军在华北的影响是有基础的。我们估计阎对抗战是坚决的，但他身边有两种势力，一种进步势力，一种退步势力。今年取消省税，培养许多行政官吏都是进步的。但他不要游

---

* 这是邓小平在八路军第一二九师政治部召开的全师营教导员以上干部参加的政治工作会议上讲话的要点。

击队，对八路军没有那样好。我们如何帮助他发展？首先要尊重他的行政机关，采取多建议，少号召，还要以适当的方法帮助阎对蒋介石搞好关系。

（三）八路军本身的工作问题。

八路军的党与华北党担负着重大任务，在各方面都要向着总的目标去努力。

1. 八路军在军分会〔1〕领导下完成了任务，如平型关、阳明堡、广阳战斗〔2〕等都完成了任务，打得特别好。宋支队〔3〕打得很好，各地游击队力量也强大起来。战斗胜利提高了党及八路军的威信，提高了我们在战争中的积极性。同时也有许多缺点，放过了可以争取胜利的机会，受过敌人袭击。

机会适当时我们打击和消灭了一部分敌人。我们以游击战为主，采取山地游击运动战，这是我们的特长，更有把握。我们还不能进行平地战、运动战，要学习平地运动战、平地游击战。

2. 八路军与友军和政府的关系。（1）对政府问题。我们不能干涉地方政府，对政府工作可以采取联络、提议的方法。在没有政府的地方应该帮助建立政府。（2）对友军要搞好联络。对友军态度要诚恳，不要自高自大。对友军只能公开联络，不能秘密派人去工作。要大公无私，学习友军的特长。（3）统一战线内部应进行教育，特别是对干部党员更要进行思想教育及战术教育，进行勇敢、坚决、机动、灵活、艰苦、老战士模范、政治工作的传统教育。要对过去的历史进行教育，不要停留在厌恶国民党的对立观点上，要说到今天的合作，使部队中每一位战士都了解统一战线，更要注意认识战术问题。（4）部队本身干部的培养与教育，各个军队都要发展，要发展培养大批干部。（5）对敌军工作。要注意采取各种方法去注意伪军工作，对伪军工作不是搞一两个拖枪俘虏，而是要组织暴动。

（四）对华北各种政策问题。

1. 确定地方武装为合法地位。（1）我们成立游击队到县政府去委任。（2）在某个区域用八路军名义组织基干游击队去影响友军部队。（3）在各个地区统一指挥武装，应该采取比较民主的办法去指挥，用协商的方法建立信任，这样才能动作一致，组织军事代表会议来推举。（4）无论在哪个地方，都要用我们的模范诚恳帮助他们发展，帮助解决粮食等问题，帮助进步分子。（5）对土匪行动，应经过很艰苦的工作，不能冷落他，而要很好地去影响他，不能去打他骂他，只能在群众中批评他。（6）对游击队、自卫队不能违犯政府命令，只能采取各种方法帮助。

2. 财政政策问题。（1）筹粮款如果采取过去的方法合理负担，磨擦可以避免。我们的工作很艰苦，借粮借款要坚持自愿原则。（2）捐款问题，可以脱离开政府去做。政府可征临时税，但要合理。（3）除山西外，不能实行合理负担[4]。不宣传合理负担，要适合地方情况。

3. 农民土地劳动政策。（1）如果农民与地主、资本家发生冲突，采取调解。我们不能正面提出优待抗日军人家属，可采取协商等方法解决工农生活。（2）在合法条件下解决生活，要有组织力量去解决，所以要加强农民、工人的组织。（3）在许多问题上难免磨擦，我们应调解。我们要中立地主，地主阶级是会被日本所利用，我们的原则是不要让他们被敌人利用。

4. 群众组织。（1）首先群众组织原则上是合法的，是统一的。如黄色工会是合法的，可以利用合法地位去充实内容，农会、青年均如此，利用合法地位去组织。（2）我们的各种组织，特别是工人组织，与其他党都不同。（3）一切群众组织不要过早，过早地组织也会妨碍党的统一战线。应注意使地主中立，不要让地主、资本家跑到敌人方面去。（4）一切组织都应进行工作，一是进行抗日工作，改善生活；二是进行文化教育；三是积极帮助动员民众。

5. 锄奸工作问题。（1）锄奸是非常重要的。一切的人都应争取到抗战方面来，不能把汉奸帽子随便戴到人家身上，争取每一个人不当汉奸。确定汉奸是什么，帮助日本来消灭中国就是汉奸，不是每一个反对八路军、共产党的人就是汉奸。（2）没收汉奸财产，我们需要东西向群众和政府募捐。（3）对汉奸罚款，绝对不是罚了就放。有些可罚东西要政府去执行。

6. 游击区域、汉奸统治区域注意事项。（1）联合一切人抗日，揭露日寇残暴，削弱敌人，减少敌人力量。（2）想尽一切方法不要使群众吃亏或过分牺牲，应该耐心教育，帮助他们保守秘密。（3）进行艰苦的秘密武装斗争。（4）对防共保卫团等组织要打进去，要利用半公开秘密组织或公开组织进行工作。（5）要公开与秘密结合，由公开转秘密，由秘密转公开，同时注意秘密组织对抗日军人家属都要保密，要把地主中立。

（五）党的工作问题。

1. 保持党的独立性，不是跟着其他党派做尾巴，而是有独立性，对友党的批评是善意的。要会游泳，不要被淹死。现在有少数人被淹死，失掉党的立场就会被淹死。我们有党中央领导，是不会被淹死的。

2. 发展和巩固党，首先要巩固和提高党的领导机关和党的领袖，提高党中央威信。（1）党的负责人一切言论都要注意，每一句话都是代表党的，对外讲都要根据党的路线。（2）我们党的组织还是薄弱的，八路军有责任在地方建立党的组织。要用更适当的方法去建立，吸收党员要够资格。有党组织的地方部队不用去进行，没有党组织的地方部队负责组织，地方工作人员负责进行。建立党组织必然是秘密地发展，要注意不能随便开门、不经过党的组织就介绍进来，过去失了联络的党员回来要很慎重地经过党中央批准。（3）要坚持自我批评，提高纪律性，反对自由主义。

3. 党的干部问题。（1）不要夸大同志的错误，对有错误的同志要区分错误性质和情节来教育和处分，对贪污腐化倾向要立即克服。（2）对保守党的秘密、军事秘密差，极端民主化发展，印文件、搞宣传、打电话不能保守秘密等问题都要注意，凡是不应该知道的事情，就不要知道。（3）防止无原则自高自大、只有个人、无党的观念，号召学习我们朱德同志的特长。（4）加强马列主义教育。虽然今天拥护实行三民主义，我们始终是一个共产主义者，但不是到处传播。（5）加强宣传工作，过去对宣传工作太不够。宣传要慎重。（6）建立集体领导。今天环境复杂，更要集体讨论。（7）开展两条路线斗争，反对"左"右两种倾向，反对贪污腐化，反对忽视传统。（8）为召开七次代表大会作准备。

注　释

〔1〕军分会，指中共中央革命军事委员会前方分会，一九四一年四月改名为中共中央革命军事委员会华北分会。

〔2〕平型关战斗，指一九三七年九月二十五日八路军第一一五师在山西繁峙平型关附近伏击日本侵略军的一次战斗。这次伏击战歼灭日军精锐的第五师团第二十一旅团一千多人，缴获大量军需物资，是全民族抗战爆发后中国军队主动对日作战取得的第一个重大胜利，打破了侵华日军所谓"不可战胜"的神话。阳明堡战斗，指一九三七年十月十九日八路军第一二九师第三八五旅第七六九团在山西代县阳明堡袭击日本侵略军飞机场的战斗。这次战斗焚毁敌机二十四架，歼灭日军百余人。广阳战斗，指一九三七年十一月七日八路军第一二九师第三八六旅在山西娘子关以南的广阳地区伏击日军的战斗。这次战斗歼敌二百五十余人。

〔3〕宋支队，指八路军雁北支队，宋时轮任支队司令员兼政治委员。

〔4〕合理负担，抗日战争时期，中国共产党领导的抗日民主政权为改善根据地人民的生活，动员人民支持抗战及解决财政困难，实行合理负担政策。主要内容是：按资产及收入多少规定纳税的比例，除少数最贫困者得免征外，其余的人均须按照比例纳税，但最高不超过每人全年收入的百分之三十至三十五。

加紧布置紧急动员工作[*]

（一九三八年二月二十六日）

胡[1]杨并报朱彭傅[2]：

（一）此间正加紧布置紧急动员工作，主要是：

甲、迅速完成基干支队，每县组织等于一个营，接敌的区组织五十余人至一百人的游击队。

乙、将接敌区域粮食向内搬。

丙、加紧扰袭敌人，破坏汽车路、大车路。

丁、加强自卫队的工作。

戊、与春耕运动联系起来。

（二）一切以坚持统一战线与发展本身发展党为原则。

（三）我们可直接布置汾、武、榆、辽、和、武、涉、黎、潞、襄[3]等十县，但长、长、壶、平、屯[4]等五个县因已隔断，晋豫特委不知在何处，故很难布置。

（四）请转电朱瑞[5]同志，抵达晋豫特委及八路军基干支队之赵基梅、涂锡道[6]两同志，并直接指挥他们的工作。

省委

小平

---

[*] 这是邓小平和中共冀豫晋省委给刘少奇、杨尚昆并报朱德、彭德怀、傅钟的电报。

注　释

〔1〕胡，指胡服，即刘少奇，当时任中共中央北方局书记。

〔2〕傅，指傅钟，当时任八路军政治部副主任。

〔3〕汾、武、榆、辽、和，指山西汾阳、武乡、榆社、辽县（今左权）、和顺。武、涉，指河北武安、河南涉县（今属河北）。黎、潞、襄，指山西黎城、潞城、襄垣。

〔4〕长、长、壶、平、屯，指山西长子、长治、壶关、平顺、屯留。

〔5〕朱瑞，当时任中共中央北方局军委书记。

〔6〕赵基梅、涂锡道，当时分别任八路军第一二九师所辖的独立游击支队（亦称赵涂支队）司令员、政治委员。

关于特派补充团的命令 *

（一九三八年三月十二日）

为开展晋东南的工作，特派补充团进至黎涉大道以南，道清路[1]以北，白晋公路[2]以东，平汉路[3]以西地区活动。其任务为：（一）建立这一地区的抗日根据地，特别是游击队的广泛组织，而以平顺、林县[4]、壶关、陵川地域为基点。（二）收集散枪，补充新兵。（三）开展游击战争，加紧破坏道清铁路和博晋公路[5]，侦察该方敌情。（四）附带解决单衣并收买电气材料、汽油、洋瓷碗或做木碗，收集竹担架床。

为保证上述任务之完成，必须：（一）保证部队的模范政治纪律，保持部队的经常工作，并以积极的游击动作去影响友军和群众。（二）接受朱瑞之领导，尊重地方党的意见。（三）坚持统一战线，与友军政府保持密切关系，并推动与帮助他们开展抗日运动与游击战争。同时注意回民与枪刀会及各种封建团体的工作。

出动路线应经黎城、潞城大道间通过，进至平顺，设法与赵基梅、涂锡道及朱瑞联络，并迅速首先进至道清路，执

---

* 这是邓小平和八路军第一二九师师长刘伯承、副师长徐向前联名发布的八路军第一二九师役字第四号命令的主要内容。

行破坏铁路及博晋公路与收集枪支的任务。

注　释

〔1〕道清路，指河南滑县道口镇至博爱清化镇的铁路。

〔2〕白晋公路，指山西祁县白圭至晋城的公路。

〔3〕平汉路，指北平（今北京）至湖北汉口的铁路。

〔4〕林县，今河南林州。

〔5〕博晋公路，指河南博爱至山西晋城的公路。

关于参加联防委员会的对策*

（一九三八年三月二十三日）

集总：

东山[1]团电，张荫梧[2]现在陵川。

一、在平、陵、壶、林、晋、辉、高[3]七县组织游击总司令部，管辖七县武装。现又组织联防委员会，目的在统治军政。

二、统治粮食，封管仓谷，并禁止供给各军粮食。

三、扶植豪绅打击进步县长。

四、张对我表面尚好，并要求我们参加联委，但开会时未通知我们，通知了十七师[4]，但未到会。

五、张的手段已引起十七师、政训处及政府人民不满。

张的处置将给我们发展及根据地的建立以很大障碍，准备复电对策如下：

（一）不正式参加联委，但可列席会议旁听。因不破坏山西行政系统，也不应以组织束缚自己。

（二）积极向张提出创造根据地的意见，推动其实现。

（三）以我们自己的模范尊重原有的政府。

---

* 这是邓小平和刘伯承给国民革命军第十八集团军（八路军）总司令部的电报。

（四）向各军各派解释互相帮助、互相发展、不应互相猜忌的统一战线原则。

（五）必要时可由各军各派及政府派代表组织联席会议，解决各问题取得协同步调。

（六）积极发展本身，尽可能吸收当地无主武装于自己的领导之下。

（七）在工作中禁止对张攻击与防止正面的磨擦，并与张建立密切关系。

刘邓

注　释

〔1〕东山，即韩东山，当时任八路军第一二九师第三八六旅补充团团长。

〔2〕张荫梧，当时任国民党河北民军总指挥。

〔3〕平、陵、壶、林、晋、辉、高，指山西、河南的平顺、陵川、壶关、林县（今林州）、晋城、辉县、高平。

〔4〕十七师，指赵寿山任师长的国民党军第三十八军第十七师。

路东党的组织和武装情况 *

（一九三八年三月二十八日）

毛朱彭并朱瑞尚昆：

路[1]东概况：

甲、党的组织。1. 直南已成立省委，菁玉[2]为书记，下设三个中心县委，基本区域在南宫、巨鹿，工作范围尚求达到河南地界。2. 鲁西北有鲁西特委及鲁省委，组织部长在聊城，范专员[3]处已与菁玉有联络。3. 路东下层党的组织有相当基础。

乙、武装。1. 再道[4]、菁玉率东进纵队去路东后已有相当发展，已两个团的基础。另有三个基干游击队，每个一营上下兵力。2. 路东另收编的威北独二师及第二支队共人枪千余，最近又收编段部[5]人六千、枪四千。段部成分极好，编为冀南独立旅，留一团在路东，两团最近可到路西靠近一二九师主力行动。

丙、路东上层基本工作尚好，但下层基础工作仍差，已引起注意。

丁、一二九师骑营已过路东，最近可向大名方向活动，并以此为基础发展为一个好兵团。

---

* 这是邓小平和徐向前给毛泽东、朱德、彭德怀并朱瑞、杨尚昆的电报。

戊、路东组织之津浦支队三百余人，二十九日可出动，准备背靠津浦路[6]东活动，求得生根与发展。

己、中央决定之冀鲁豫边省委最好以直南省委为基础组织，似当以朱瑞到后决定。

徐、邓

廿八日

注　释

〔1〕路，指平汉路，见本卷第81页注〔3〕。

〔2〕菁玉，即李菁玉，当时任中共冀鲁豫省委书记。

〔3〕范专员，指范筑先，当时任国民党山东省第六行政区督察专员兼聊城县县长。

〔4〕再道，即陈再道，当时任八路军第一二九师第三八六旅副旅长、东进纵队司令员。

〔5〕段部，指段海洲部，原为盘踞在冀南一带杂色武装"青年抗日义勇军团"。一九三八年三月改编为八路军冀南抗日独立旅。

〔6〕津浦路，指天津至江苏浦口的铁路。

关于党组织设置及
军事划区的意见[*]

（一九三八年五月十五日）

刘并分转朱彭傅雪峰[1]及朱瑞：

甲、党省委现转区域很宽，如仍照过去小特委制度，其优点是特委区域小，易管理，其缺点是省委无法整理，太多，特委靠近集总后，对于一、二、三分区更只能给以原则上之指导，它目前干部缺乏，必须与新区调剂，特委太多，干部配备必弱，离开省委，各区领导必发生困难。

乙、原一、二分区工作已有相当基础，设立较强中心县委即可代替原小特委之任务，且可集中重要干部于特委，使有独立领导力量，特别在易于脱离省委领导的条件下，更需如此。

丙、特委对中心县委之领导，至多不过两天路程，即敌截制交通大道，亦可实施武装交通不致被阻。

丁、其他各区亦采取大特委制，原三分区因在创造基础中，故暂不动。

戊、关于军事分区，自应与特委一致，否则军区管理单位太多，且在小单位将形成混乱与失掉掌握，荣臻区[2]的

---

[*] 这是邓小平给刘伯承并转朱德、彭德怀、傅钟、李雪峰及朱瑞的电报。

经验应采用。

己、现在各分区之武装亦应有计划地组织起来，使之逐渐锻炼成为正规军队。一、二分区武装亦据此条件，现分散必停留于游击队，并不能从活动中锻炼战斗力，如照小师组织则可经常集结两团使用，执行任务更好，邹汪[3]两团亦可抽出使用。问题在于编制后对各县区基干之指挥问题必须解决。我意可在特委领导下，设军事部，并以八路游击司令诸名义出现管理与指挥之，基干团于某地行动时可直接指挥当地之地区武装。

庚、原则确定后再决定组织及干部分配。

小平

注　释

〔1〕雪峰，即李雪峰，当时任中共冀豫晋省委书记。

〔2〕荣臻区，指聂荣臻领导的晋察冀军区。一九三七年十一月七日成立，聂荣臻任司令员兼政治委员，下辖四个军分区。

〔3〕邹汪，指邹国厚、汪乃贵，当时分别任八路军第一二九师独立团团长、第三八五旅第七六九团副团长。

保证党的领导，健全政治工作 *

（一九三八年六月十六日、十八日）

一

先遣支队[1]很重要。如果敌人切断对路东的联系，先遣支队所处地区就更为重要。工作开展到今天做了一些成绩，也要检查过去工作的弱点。我们的工作基础非常薄弱，特别是党的基础很薄弱，应该检查工作、路线、方法等存在的薄弱之处。

武装问题，要积极向敌行动。主力活动成绩很大，但军分区对积极活动认识不够，武装组织也非常不够，许多力量有走向坏的方面的倾向。磁县有产业工人，是人员、武器的来源。

党的工作问题，存在贪污、腐化等现象。

（1）集体观念差，没有战斗作风。对上级一切工作指示存在模糊认识，对贪污腐化问题没有很好讨论以便及时克服和纠正。

（2）党的干部对许多问题采取自由主义。

（3）党的工作基础薄弱。这些都是危机，每个班都要有

---

* 这是邓小平在检查晋冀豫军区第三军分区工作时两次讲话的要点。

党员，应大力发展。

（4）干部教育不够。

（5）政治机关较差，没有很好讨论政治问题。没有政治机关干不成军队，干不好工作。

我们得出的教训：

（1）干部要保持坚定性，主要是干部能够保持党的生活，如果没有党的生活，工作就不能保证。

（2）除了党以外有第二个中心是最危险的，应引起我们的最高警惕。

（3）部队一定要有地方党和群众的监督，这非常重要。八路军是党的军队，地方同志要开展部队与群众联欢的活动。

（4）对敌人的阴谋，我们不能看轻。敌人用金丹、白面[2]、纸烟来引诱，我们要实行戒纸烟或吸黄烟。

今后的工作：

（1）党的问题，把地区扩大到辽县[3]二区、三区和黎城、襄垣，设邢台、涉县、黎城三个中心县委。

（2）武装要充实，一个团（先支）、两个营，准备三个团，小师的样子。充实县、区基干队，补充主力，加强先遣支队的作用。队伍本身正规化，反对游击主义，在军事上积极行动，把队伍很好地组织起来，逐渐走上正规化。

（3）保证党的领导，健全政治工作，正规制度，严肃纪律。党要实行集体领导，特委对武装工作要多讨论，要定期进行检查。党、军、政对武装工作都要讨论，具体执行。进行自我批评，检查思想意识，要成为教育工作制度，同时可以开扩大会，讨论中央指示，总结党的工作，布置"七七"

工作[4]。每时期工作要检查各游击队、干部做得够不够，特别是吸收工人、培养大批干部。

（4）加强党的工作。要保证每一个班至少有一个党员，先遣游击部队保证战斗班党员人数达到百分之三十。发展和训练支部委员，要联系实际问题，对党员重新进行训练。吸收非党干部要注意范围。

（5）严格供给制度，严格检查筹款贪污腐化。各小游击队亦应检查筹款情况，绝对禁止自筹，要由政府和工作团筹，并向群众公布。

（6）宣布纪律。从现在开始宣布纪律，未得到许可不准参加其他组织，否则即行处罚，宣布再犯贪污腐化将予以更严格处理，执行上亦更严格。

（7）干部问题。抽出干部、配备干部，游击队要选拔好的。派好的干部去把有些武装组织起来，干部不能降职使用，而要上升。选拔学生要经过政治机关审查。

（一九三八年六月十六日在检查晋冀豫军区第三
军分区工作会议上讲话的要点）

二

这次会议非常重要，目的是要克服先遣支队的危险倾向来完成党交给我们的任务。

晋冀豫先遣支队处在平汉线的中段，把太行山脉中段与路东联系起来，位置非常重要，任务也非常重要。怎样把武装力量壮大起来，使先遣支队成为党军，这是主要任务。

为此，要健全党的组织及政治机关，健全布尔什维克干部。总的说来，部队发展有成绩，但是危险也在发展，表现在：有贪污腐化现象，存在轻视政治机关、轻视党、轻视同志的现象，党的工作空前薄弱。敌人用各种方法侵入，军纪、党纪松懈。这些事情的发生，主要是存在自由主义，袖手旁观，不去斗争，这是非常危险的。

要克服政治上的麻木，我们提出：

（1）反对政治上麻木、自由主义。

（2）加强党的生活，建立特别小组、干部小组，保证基本单位百分之三十的党员，保持自我批评。

（3）必须严肃党的、军的纪律，教育同志，克服松懈、散漫、调不动的现象。

（4）抓住部队实际例子，反对军阀土匪主义。

（一九三八年六月十八日在晋冀豫军区第三军分区全体党员大会上总结讲话的要点）

注　释

〔1〕先遣支队，指八路军第一二九师先遣支队，也称晋冀豫先遣支队，同时为晋冀豫军区第三军分区。

〔2〕金丹、白面，指毒品。

〔3〕辽县，今山西左权。

〔4〕指纪念全民族抗战爆发一周年的相关工作。"七七"，指七七事变，即卢沟桥事变，见本卷第46页注〔1〕。

国际国内形势及我们的任务[*]

（一九三八年七月四日）

国际形势变动最大的是欧洲。德国并吞奥地利后，侵略阵线加强。美国则实行孤立政策，出卖军火。世界各国群众反战情绪高涨。日本更加孤立。

国内情形，敌人占领徐州后，其内部战略方针起了争论，关东派主张巩固华北，主要是山西，截断中苏关系；海军派要占领海南岛、汕头、厦门，封锁海口，断绝资源；板垣[1]派即少壮派主张占领武汉（板垣已任陆军相）；敌人估计占南京会使中国进入持久战，所以还是进攻武汉。黄河决堤[2]引起了战争发生变化，已发展到淮河地区。敌人已进到六安一带。敌称进占西北，但不是主攻。敌人使用七十万人，加上伪满洲国四十万，超过原来估计的一百万。板垣提出出兵二百万的计划，日内阁不同意，将来或再增加三十万。敌在华北维持不了现状，中国很多军队尚未使用，再进攻武汉非加兵不行。增兵要增经费，但敌人困难增加，对付苏联更难。

国民党代表会[3]是进步的吗？它否认阶级斗争，否认和平阵线。持久抗战是决定性的。中日战争不是几个城市而

是乡村问题。

目前我们的任务，中心问题是保卫武汉，保卫西北，保卫华南，坚持华北抗战。队伍要发展与整理，要加强训练，以便将来能以更大的动作配合保卫武汉。为此，要加强党政工作训练，提高战斗力。要加强统一战线，做到发展不忘统一战线，统一战线不忘发展。瓦解伪军主要靠争取，中国人不打中国人，过去对伪军在政治上争取太少。部队中发生干部动摇逃跑问题，有三个原因，一是对党的统一战线方针不了解，感觉没有出路；二是党的工作太弱；三是从上而下政治上麻木，存在自由主义现象。

先遣支队发生的问题，师部指出后有些人并没有完全理解，相反地认为这些问题在新部队难免发生。每项工作没有很好深入检查和了解。贪污腐化也不管，主要是工作方法不深入和政治上麻木，供给制度未建立，只缴整数不缴小数，政治处每个人都有钱。新部队与老部队的差别是有无战斗力，新部队不一定坏，主要是领导问题，发生问题是不应该的。今后应有认识，统一战线教育要经常搞，对部队过去的问题深入教育，保证不再发生，提高政治警惕性。工作要深入，表面工作是不行的，特委对先遣支队的领导要加强。

今后的工作：（一）部队集结整顿，前面要派干部去。（二）发动自我教育，应注意深入到下面去。（三）各部门集体领导，个人负责制，定期开会。外出人员一定时间召集回来开会。（四）先遣支队负责人今后要坚决执行任务，加强党的教育，提高对前途的认识，提高责任心，彻底解决问题，要抓住中心，反对一般化。

注　释

〔1〕板垣，即板垣征四郎。

〔2〕黄河决堤，指一九三八年六月九日蒋介石为阻止日军进攻下令炸开郑州东北花园口黄河大堤事件。

〔3〕国民党代表会，指一九三八年三月二十九日至四月一日在武汉召开的中国国民党临时全国代表大会。

从坚持华北抗战
着眼开展游击战[*]

（一九三八年十月六日）

国民党投降妥协危险仍严重存在，虽然有所好转，但必须估计到两面性，必须准备万一。无论政治、思想与群众力量各方面均应注意。应估计到突变。事情应向着坏的方面想，提高自己警惕。

华北现在主要任务是巩固。发展由上至下是可以的，但巩固必须由下至上，否则无法巩固。应从坚持华北抗战着眼来开展游击战。应以分支袭扰，结集主力出击。补充主力部队的方式仍应依靠游击队，但不应一口吞完。枪支应由平原回来部队来调剂。地方武装、政府武装与正规军要改善双方关系，要真打游击。地方部队应出动，正规军指挥他们必须经过合法手续。

国民党的发展，主要是采取特务工作方式。利用新叛徒反共，我党应给予制裁。对国民党的斗争方针是在某种条件下，联合旧派^{〔1〕}来抵制。抵制方式主要用群众力量，教育群众来反对国民党。

应淘汰一部分坏分子，提高对政权工作的注意。一切政

---

* 这是邓小平在中共扩大的六届六中全会的一次会议上发言的要点。

权的改革及参议会的建立，应完全把握在党手里，但不应排挤同情分子，应好好安置同情分子。

军队学习晋察冀整军精神，要注意实质，不要注重形式，应放下架子，将部队缩小充实起来，先充实基干，然后把编制变小。军区的整理，应采取这样的方式充实主干，抽出一部分干部学习。部队补充应依靠军队本身的努力。军队应协助地方党工作，将军队与地方党的关系搞好。

注　释

〔1〕旧派，又称"旧军"，指国民党山西地方实力派阎锡山指挥的晋绥军。

关于山东工作的意见 *

（一九三八年十月十二日）

军委：

在黎与青年代表唐克接谈，得悉山东各方面工作均有进展，对于目前工作我们有如下的意见：

一、部队如发展与成为主力：第一，鲁中以四支队为中心，分向南北行动，均须以一个团作基干，余一团暂时分遣领导游击队，着重组织新的游击队基干团，加强训练和准备作战。第二，要运用联庄会[1]武装，由消极自卫变为积极的扰击敌人，锄奸破路。第三，部队编制暂或不求过大，似以支队（等于师辖团）为单位。总之，要做到基干部队、游击队与联庄会（自卫队）有机地配合运用，在斗争中锻炼成主力。

二、根据地的选择与创造，似宜确定以泰山、沂山、蒙山三点区域为目标。部队行动、党和地方工作均注意这一区域，使周围群众拥护我们，并组织起来。城市即不属我，亦可对敌作战。

三、三支队要加紧发展和加强党政教育，使其巩固与扩大。

---

* 这是邓小平和刘伯承给中共中央军委的电报。

四、对石[2]，建议：（一）军事行动要积极，不攻坚，多作游击战与运动战，不断地小破道路，围困敌人支点，如博山、新台、泗水，使其孤立。（二）要他和政府解决我们部队的物资问题。（三）要扩大和巩固根据地，广泛发展民众游击战，准备对付敌人的进攻。

刘邓

注　释

〔1〕联庄会，是旧中国地方士绅为使地方免受战乱、土匪的侵害而建立的民间自卫武装组织。由于存在封建性、落后性，易受反动统治阶级甚至日伪利用。

〔2〕石，指石友三，当时任第一战区第十军团军团长兼第六十九军军长。

对付敌"扫荡"华北的措施[*]

（一九三八年十月十五日）

徐宋^[1]并告左刘：

敌已开始"扫荡"华北计划，你们的准备工作是否已照朱彭电^[2]示方针布置。我意：

甲、准备路东纵队^[3]下编两个等于旅的大支队，路西编成两个大支队，旅级干部我们可带几个来。目前新部队应轮换集中训练，中心在巩固与提高战斗力。

乙、路东应用大力筹集一切款子，用提省款^[4]控制流通券^[5]基金与政府存款、募集救亡公债等方法实现之，以百万元为目标。

丙、加速解决冬季用品，并尽可能从路东运大批粮食到路西，或在太行山计划半年以上军粮。

丁、路东兵工器即运路西。

以上请考虑。

邓

十五日

---

* 这是邓小平在延安参加中共扩大的六届六中全会期间给徐向前、宋任穷并告左权、刘伯承的电报。

注　释

〔1〕宋，指宋任穷，当时任冀南军区司令员兼政治委员。

〔2〕朱彭电，指一九三八年十月十二日，朱德、彭德怀等向各兵团首长和政治部主任发出的电报。电报指出：敌人对晋察冀边区的进攻，不过是"扫荡"华北的开始，晋东南、晋西北、河北平原及冀东的严重局势必然会到来。为坚持华北抗战，应努力巩固与改造新军、游击队、保安队及其他一切抗日武装，巩固与改造政权，在我们力量占优势的地区，使之成为统一战线的抗日的民主的政权。

〔3〕路东纵队，指陈再道任司令员、李菁玉任政治委员的八路军第一二九师东进纵队。

〔4〕提省款，指冀南行政主任公署向国民党河北省政府提取的抗日经费。

〔5〕流通券，指冀南地区为了抵制伪币所发行的临时性的代用币，一九三九年十月，晋冀豫边区冀南银行发行冀南钞票后，停止发行和流通。

冀南的严重形势及
我军的方针[*]

（一九三九年一月十五日）

朱彭杨^[1]朱傅并报毛王^[2]致萧华^[3]：

（一）目前冀南整个局面正处严重关头：

甲、敌人数路进攻，有进占南宫、新河等县及邢台至临清线，在冀南占领各县后还有进攻萧华区可能。

乙、鹿^[4]始终决心与我磨擦，高树勋^[5]亦向坏转，如萧华电，高、沈^[6]有合作迫我交出专署可能。

丙、混乱局面已难避免。

丁、估计敌企图"扫荡"我有生力量，大打我军主力可抽攻西北，使我无机会收拾残局。

（二）为使友军在教训中得到进步，建立将来之良好关系，我之方针是先滥后收。采取的具体办法是：

甲、冀南及萧华区的部队各应成立几个有力的集团，完全以游击姿势分区活动，在保持有生力量的原则下，经常以小部队保持与敌之接触，但不放松有利时机消灭敌人。

＊ 这是邓小平和刘伯承、徐向前给朱德、彭德怀、杨尚昆、朱瑞、傅钟并报毛泽东、王稼祥并致萧华的电报。一九三八年十一月，邓小平任中共中央北方局委员。

乙、向友军说明主要是游击战方式，在友军困难时相机帮助之，以感动争取友军。

丙、冀南主力照前布置成数集团，坚持活动。

丁、各区依然加紧民运及进步纲领之实施，以及团结各阶层的工作，并向民众说明八路军坚持抗战立场及作战方式，使民众同情拥护我。

戊、萧华应以防卫姿势防止友军袭击我，特别是政府、游击队、专署靠主力办公，各县政府、游击队均靠近主力集团。

（三）看清友军，积极游击，加强民运：

高顺口答复说专署是民选，并经冀南主任公署加委，应为主任公署问题整个解决，并说明石正在调解，中央已派大员随彭〔7〕来解决。

（四）以上方针是否同意？

刘徐邓
十五日廿四时

注　释

〔1〕杨，指杨尚昆，当时任中共中央北方局书记。

〔2〕王，指王稼祥，当时任中共中央军委总政治部主任，代理八路军政治部主任。

〔3〕萧华，当时任八路军东进抗日挺进纵队司令员兼政治委员。

〔4〕鹿，指鹿钟麟，当时任冀察战区总司令、国民党河北省政府主席。

〔5〕高树勋，当时任国民党军第三十九集团军新编第八军军长。

〔6〕沈，指沈鸿烈，当时任国民党山东省政府主席。

〔7〕彭，指彭德怀。

团结是支持冀南抗战的
有力保障[*]

（一九三九年一月二十一日）

冀南的同胞与敌人进行坚决顽强的斗争，已经一年多了！在这一年中，冀南同胞用了很大的热情与努力，在冀南行政主任公署和各级政府领导之下，坚持抗战，取得了许多重大胜利。正是因为有各阶级间人民的团结，有军政民之间的团结，我们才获得了今天这样的成就。冀南一年多的实际斗争证明：

首先，政军民三位一体的团结是支持冀南抗战的有力保障。冀南有着民众信仰的省政府和行政主任公署，有着各级抗日的民主的廉洁的政府，有着大批廉洁奉公、坚决刻苦的公务人员，有着广大的赤诚爱国的民众，有着相当数量的愿与冀南人民共存亡的各部分军队，如能更加亲密团结，一致努力，坚持冀南抗战是完全有把握的。

其次，是各阶级、各党派的团结。民族的团结应该是包括着各党派、各阶级、各军队和军政民之间的团结。我们共产党坚持主张这样的团结，而且忠实于这样的团结。共产党不仅主张抗战中要团结，要合作，而且主张抗战后还要团结

---

[*] 这是邓小平在冀南行政座谈会上讲话的要点。

合作。为了保卫国家，不当亡国奴，只有不分党派，不分阶级，不分男女地团结起来，不团结就无以救亡图存。今天谁破坏了民族的团结，谁就在客观上帮助了日寇，不知不觉地变成了民族的罪人。

希望冀南各方面都能求得更进步的合作，因为合作、团结才是支持冀南艰苦斗争局面的保障。

冀南抗日根据地的工作 *

（一九三九年一月二十七日）

第一部分　对于华北和冀南抗战的估计

一、华北问题。

（一）首先要认识华北抗战是一个艰苦斗争的局面，必须估计到有严重的困难放在我们的面前。这是因为：

1. 敌人重视华北：（1）从战略意义上讲，华北是敌人进攻中国主要的据点。（2）我们占领华北，对敌人是很大的威胁。（3）在过渡阶段（第一期抗战至第二期抗战），敌人要进攻西北，在战略上须对华北来一个"扫荡"，至少扩张它在铁道两旁的交通线。（4）在相持阶段中，敌人要抽调兵力来后方，对付游击区域。

2. 敌人从各方面来着手进攻：（1）军事方面。（2）政治方面，用挑拨离间的手段。（3）提高伪政权的威信，扩大伪军。（4）特务工作深入我们的核心。（5）经济封锁。

（二）但我们有支持华北抗战的优良条件：

1. 华北是全国抗战的一部分，有全国各战场的配合，华北抗战不是孤立的。

---

*　这是邓小平在中共冀南区委召开的地委书记会议上的报告提纲。

2.我们在华北有相当大的兵力，有相当丰富的作战经验，有相当巩固的抗日根据地，民众斗争经验逐渐丰富，且华北有广大的回旋地区。

3.有比较强大的共产党与八路军，有充分的军事经验，并有创造根据地渡过难关的经验。

4.我党和八路军以及友党友军的力量逐渐加强。只有发展进步，才能支持华北抗战。

5.六中全会[1]后，统一战线工作必然扩大与发展，各部门工作都会开展，各党派各军队各阶层的关系会更加巩固。

（三）如何准备支持华北抗战：

1.巩固扩大抗日民族统一战线。

2.巩固扩大党和八路军及友党友军。

3.加强政府工作，动员一切生动力量。

4.加强瓦解敌伪军、汉奸、维持会[2]工作。

5.军事上要积极动作，阻滞并击破敌人进攻西北的计划。

6.要发扬党政军民艰苦奋斗的精神。

二、冀南的问题。

（一）冀南是华北的一部分，虽然是平原，但在战略上有很重要的意义：

1.是两个战略据点的连环（太行山与泰山之间的地区），周旋地区非常大。

2.有坚持的条件与必要：冀南的位置相当重要，过去有工作基础，政府也有威信。

（二）但冀南在坚持斗争中有严重的困难：

1.平原作战于敌有利。

2. 各种基础还很脆弱。

3. 磨擦尚多，妨害团结，但在敌人严重进攻下，可能减少。

4. 敌人挑拨离间加剧。

（三）冀南工作的方针：

1. 巩固与友军友党及各阶层的团结，减少磨擦。

2. 坚持并增强平原地作战胜利的信心，加强各党派各军队的力量，培养游击队，改造地形（挖路），培养地方军事干部。

3. 加强群众工作。

4. 瓦解敌伪军、汉奸伪政权。

5. 研究敌人上次进攻南宫与今日复犯的经验。党员军事化，大家要有决心坚持游击战争。

（四）创造根据地的问题：

1. 要把冀南造成统一战线的模范区：（1）共产党八路军在冀南影响相当大。（2）有相当大的群众基础。（3）可以争取友党友军与我们合作。（4）有六中全会的保证。

2. 但也有困难，现在仍存在着的有：（1）当局在顽固分子的包围中。（2）过去的冀南矛盾与阶级矛盾是统一战线进展的困难。

（五）我们工作的精神：

1. 对统一战线：（1）采取宽大政策，排除外面对共产党八路军的怀疑恐惧心理；切实实行五一减租、分半减息[3]，要通过各阶层来做，不限在一纸命令，用民主的方式解决问题。（2）吸引士绅参加行政会议，尊重他们的人格，倾听他们的意见，酌量采取，争取其进步分子。（3）优待抗日军人家属，应注意到军官方面。（4）处处顾及群众，顾及各阶层，具体解决其困难与疑问，不做民众所不满的事，逐渐领导民众进步，消除民众对八路军的恐怖。（5）采取固定方针，消除疑心，安定人心。（6）纠正农会直接干政的作风，农会应站在帮助政府军队的立场来工作，建议与监督政府。

2.对国民党：（1）调整关系，要协助赞助国民党。（2）真诚合作，建立友军关系。（3）赞成进步分子加入国民党。（4）尊重国民党员的地位，亲近他们，使坏的变为好的。（5）某些地方给予工作上经济上的帮助。

3.对友军：（1）友军怕我们瓦解其下层，我们要解除他们的疑惑。贪小便宜必致发生错误。（2）发扬友军特长，反对只有八路军才抗日的作风，对友军胜利要宣传，优待一切抗日军人家属。（3）对友军少批评多建议，要有诚恳的态度。（4）要帮助友军解决困难。（5）对友军态度要谦和，尊重他们及其家属。（6）配合友军作战，挽救友军于危难，禁止挖墙角，要帮助他们。（7）大公无私地解决友军与友军间的纠纷。

第二部分　根据地的工作问题

一、武装问题。

（一）把扩大八路军（补充兵员）、组织游击队当作重要的任务，加强党内军事教育，加强对于游击队的领导，逐渐提高其战斗力，使之逐渐正规化。

（二）对自卫队，要使众多的兵枪用之于抗战上。

二、**群众工作。**

（一）教育群众学习民主，号召参战，解决自身困难。

（二）战委会应成为统一战线的民意机关，吸收进步分子参加，设立委员会，实行民主做法。

（三）农会应注意统一战线工作，保证不为富农所领导（地主不能加入农会），争取得到农民信任。

（四）培养群众领袖，对党与非党的领袖都要爱护。

（五）会门[4]工作是一个大问题，基本上必须坚持瓦解会门的方针，但要看到它的群众基础与它号召群众的力量。具体办法则是：

1. 改善与会门领袖的关系，吸引他们积极抗日，协助政府，但以不帮助其发展与提高其威信为度。

2. 取消会门名义，在政治上有重大意义。

3. 政府利用合法地位调会门中的人来受训，接近其下层群众，实施民主民生的改善，争取其下层。

4. 对确被汉奸利用之会门，必要时采取必要手段。

5. 瓦解会门要依靠我们深入的群众工作。

（六）群众工作必须有原则，须与友党友军在共同纲领[5]下进行工作，用民主的方式取得民众的拥护。

三、**政府工作。**

（一）承认冀南政权是国民党的政权，尊重其形式。

（二）逐渐实现民主化，逐渐改造下级政权。

（三）政府应成为各阶层团结的核心。

（四）培养行政工作人员，顾及政府工作干部的工作，要帮助他们，具体领导，不随便给他们加上右倾的帽子，在政府中不设党团[6]，只设特别小组。

四、党的工作。

（一）中心是巩固地发展。

（二）清洗坏分子，但对同志的政治生命应慎重处置。

（三）加强党的纪律。

（四）加强教育。

五、工作作风问题。

（一）大刀阔斧的工作作风所以收到效果，是一点一滴工作积成的。要求艰苦的工作作风，耐心地工作。

（二）保持统一战线的形式与内容，不要太突出。

（三）合法与非合法：今天基本的是合法方式，过去我们不善于用合法的方式工作，现在要合法斗争，要懂得方式，切实做好工作。

（四）党派性与阶级立场：

1. 自满骄傲不是党派性，不是就站住了阶级立场。

2. 真正的党派性，应解释为真正把握着党的路线，真正保证党的路线之实现。

3. 了解党的路线，忠实执行党的路线，才是阶级的立场，才是忠实于党。

（五）工作计划一定要保证实现，要估计我们的力量和环境，要合乎需要，要做得到，要培养同志完成工作的信心。

（六）要用民族化的形式，马列主义的内容。

（七）大众的民主主义的作风，即面向群众，面向下级同志，尊重人家意见，切实解决困难。

六、结论。

冀南工作有很多成绩，依靠着党和八路军及各级同志的努力，才形成现在的局面，但还不够巩固，还需要不断努力，克服难关。

注　释

〔1〕六中全会，指一九三八年九月二十九日至十一月六日在延安举行的中国共产党第六届中央委员会第六次扩大的全体会议。会议强调全党必须自上而下地努力学习马克思列宁主义理论，善于把马克思列宁主义和国际经验应用于中国的具体环境，反对教条主义。

〔2〕维持会，是抗日战争期间日本侵略者在中国沦陷区指使汉奸建立的临时性的地方傀儡政权组织。

〔3〕抗日战争时期，中国共产党实行减租减息的土地政策，由于各抗日根据地的情况不同，减租减息的额度不完全相同。五一减租，就是不论何种租佃形式，地租均按原租额减去五分之一；分半减息，就是借贷利息的年利不超过一分半。

〔4〕会门，是旧中国的民间结社，有三合会、哥老会、大刀会、在理会、洪门等。这些组织的成分主要是破产农民、失业手工业者、流氓无产者等。这类组织由于普遍存在着封建性、落后性，往往容易被反动统治阶级甚至日伪所利用。

〔5〕共同纲领，指《中国共产党抗日救国十大纲领》，见本卷第71页注〔16〕。

〔6〕党团，是当时中国共产党在政府和群众组织中建立的党的领导机构。在中国共产党第七次全国代表大会通过的党章中，党团改称党组。

我们在新的环境下的工作*

（一九三九年三月十日）

一、新形势的估计。

沿平汉、津浦铁路北段及冀中之敌人，总起来说有几万人之兵力，开始进攻冀中，相继进兵冀南。这证明敌人这次进攻与第一次进占南宫不同，是用了更多更强的兵力，企图巩固交通线，扩大伪组织，发展它的势力。

在全国方面来说，敌人整个计划是企图进攻西北和西南，而华北是全国战争的一部分，同时也是敌人进攻西北的据点，所以必然要在进攻西北之前，对华北来一次"扫荡"。冀南是华北的一部分，也正处于平汉、津浦两铁路之间，同时也是泰山和太行山两个据点的连环，所以敌人"扫荡"华北，一定进攻冀南。敌人企图完全摧毁冀南和冀中的抗日根据地，当然这是不可能的。

敌人进攻冀南，想占领各个城市，也得要三万人，但我们估计敌人再想抽调兵力来，也是不可能的。敌人经过进攻冀察晋的教训，胆子也是小了些，战斗力也减弱了。我们的本钱虽然没有敌人大，但有许多优良条件战胜敌人的进攻。

我们的回旋区域大。敌人钉"钉子"，我们要拔"钉

---

* 这是邓小平在中共冀南区委、冀南军区和行署召开的干部大会上的讲话。

子"。拔"钉子"要有巧妙的办法，很好的战略，如何拔呢？方法是非常重要的。

我们的战术原则是运动游击战，特别是用普遍的游击战争来坚持冀南抗战，不断扰乱、疲惫和袭击敌人，打敌交通部队、运输队，包围县城，伏击它的增援部队，断绝敌人交通。拔下一个"钉子"，地方就宽广一些，再继续拔。我们要不断地消灭和消耗敌人，但不为敌人所算，避免敌人消灭我们的企图。

硬拼正是敌人所希望的，我们要想巧妙的办法对付它，不为所算。等到麦子长起来的时候，到处都可以隐蔽，到处都可以袭击敌人。等到青纱帐起来，那就是我们大大活动的时候。但今天地里一点隐蔽的地方都没有，只可埋伏在村庄内。敌人偏偏就不从村里走，只从地里走。因此，挖路还是我们急需的工作。

根据以上办法，我们的工作中心放在哪里呢？

（一）用运动游击战，来消灭与消耗敌人，骚扰敌人，适当地使游击队与自卫队配合起来。

（二）普遍地发展游击战争。

（三）用最大的力量，巩固群众情绪，深入工作。

（四）阻止敌人建立伪组织和组织伪军。

（五）继续努力战争动员工作。

我们要集中力量来完成工作，应付敌人残酷的进攻。

二、党如何领导游击战争。

（一）首先我们估计到，在这样的环境内，地域要分割了，交通不便，我们各级党部，上下级的联系就更不密切了，军事的联系亦困难了。我们要求各级党要将独立性和战斗性把握在党的总路线下进行工作。党要加强对分区的领导，游击队要坚决执行党的指令，要在政治上有保证。在这艰苦的环境中，特别加强游击队的领导，要着重党的路线的保证。对军队的指挥要注意，如要从军队里面抽调枪或人，一定要经过军队党和军事系统来办，不要乱抽乱调，并且要时常检查军队是否执行了党的路线。

（二）要在地方上选择最坚决能干、忠实于党的路线、在群众中有威信的同志，来发展起普遍的游击队。必须指出，八路军与其他部队都要发展。党应认识八路军是自己的队伍，八路军有了错误，地方部队有了错误，党应当看作是自己的责任，应当负责任地诱导他进步，帮助他很好地发展。

我们要用八路军的名义去组织游击队，这时候是合适的。游击队可以渐渐地发展变成正规军。这时要特别指明的是，我们的一切军事责任，应由军事系统去负责（军区分区），党在政治上要负责。

（三）普遍组织基干自卫队、游击小组，要由支部同志负责领导。不管自卫队、游击队，党必须加强领导，加强教育，防止个人领导与军阀土匪主义的发生，保证党在游击队中的领导。要选择对党最忠实的同志来负责，要培养他的威信，使游击队发展。

（四）今天游击队的普遍发展，占工作第一位置。更加依靠普遍发展游击队，才能战胜敌人，才能阻止敌人。成立武装宣传队，宣传与组织群众，摧毁伪组织，提高群众信心。县以上的党组织必须随游击队活动，用游击队掩护自己，掩护党，掩护县府，掩护群众团体来进行工作。党和政府要依靠军队武装，检查领导工作。

（五）游击队应配合正规军作战，要统一指挥，游击队、自卫队、正规军三位一体地配合作战。

三、党怎样领导政府工作。

（一）党在战争中积极活动，表现给民众看，提高政府威信。

（二）行政人员要表现得坚决勇敢，深入群众，为民众解决问题。为民众爱戴的模范，在斗争中来试验。

（三）在斗争中最好培养群众领袖，作为以后民选的基础。要真正为民众所爱戴，为群众所认可。

（四）政府工作一切面向群众，面向下层，真正要从下级打下区村政权的基础，坚持统一战线的方针，团结士绅，缩小汉奸的基础，加强区村工作。

（五）军队的供给问题也是目前新环境里面的一个很重要的问题，政府应用最大的力量，依靠群众团体，依靠团结士绅，依靠党向群众说服的工作来解决。党在这个问题上，要负起重大的责任。

四、群众工作。

党政军要协同努力，坚定群众信心。在这战斗艰苦的局面下，很可能有部分人表现出悲观失望的情绪而动摇。我们党政军要坚决不动摇地坚持在这个环境下工作，即可稳定民心。要发扬和提高群众斗争情绪，这是非常重要的，而且是一件艰巨的工作。

（一）党加强对群众的领导。

我们党员在一切工作中要起到模范作用。党的代表、行政长官、游击队长、八路军各级干部，均应经常接近群众，向群众宣传、谈话，来影响群众。政府要团结民众，正规军与游击队要起武装宣传作用，要爱护民众，减轻民众的负担。

（二）减租减息、公平负担[1]，仍是我们坚持的工作，不应在这种环境下放手，更应抓紧这个工作。需要更多的耐心来说服士绅地主阶级。方式要更民主一些。

（三）群众宣传教育工作。

（四）提高民众的自尊心和自信心。

（五）宣传要点：

1. 要有持久的艰苦的斗争，最后战胜敌人。

2. 向群众普遍地宣传，我们的作战方法是运动游击战，是在于保存自己的力量，并消灭和消耗、疲惫和袭击敌人，不是硬拼，这样才能实现战胜敌人的目的。正面抵挡和轻易决战，正是敌人所希望的。

3. 要向群众解释，敌人占领区域太广大了，兵力不敷分配，只要我们利用游击战争，不断地疲惫和袭击敌人，便可以收复县城。并且急需破路，多种高粱，来增加敌人困难。

4. 要以事实来宣传敌人残暴，要使群众明白不抗日活不成，相信亡国奴的滋味不好受。

5. 要说明，必须军政民一致合作，才能打败敌人，保卫冀南；民众要供给军队吃饭，军队才能英勇杀敌，饿着肚子是不能作战的。

6. 要告诉群众做些什么工作，如组织自卫队，站岗放哨，破路藏粮，参加游击队。

7. 要不断宣传我们的胜利，使群众知道。

我们的宣传工作应是经常的、普遍的、深入的。在战争环境中，各村的救国堂[2]、夜校等更应积极出来活动。

（六）要提高警党性，加强锄奸的群众运动，根据六中全会的精神来进行教育。对被迫的维持会，如县城附近的，必须特别注意。加紧肃清死汉奸，争取动摇的，利用他们为我们做事，报告敌人消息，但我们要特别为他们保守秘密。

五、党的工作。

（一）我们党工作的重心是巩固地发展。在有工人工作基础的地方力求发展，但巩固是首要的，从巩固中求发展。在无基础的地方，从发展中求巩固。总之是要消化，我们的发展如不能消化，就会变成没有战斗力的党。现在是战争的环境，这是最能锻炼我们的。在巩固中来整理我们党，根据战斗环境来检查我们党。

（二）工作重心应放在下层。我们在这个时候，可以创造真正的有战斗力的党支部、区委、县委。培养战斗力应有正确的指导方法，我们不要过分看轻自己的力量，要相信自己的基础，真正把工作放在下层，了解下层，帮助下层，替下层解决困难。

（三）今天的党与过去不同了，不只领导党，还要领导军队，帮助政府，领导群众，进行锄奸工作。现在环境是一天比一天复杂了，所以要求领导同志，更要耐心地细心地来分析和了解问题，从各方面了解问题，加强党的领导，树立党的威信，在斗争中使群众真正认识党，使党成为群众的党。

（四）在新的环境下，在这艰难困苦的局面中，要求我党有创造性，更要求每个党员有高度的积极性。要了解不同环境下不同的工作，创造新的工作方式，细心地、大胆地进行工作。在工作当中要真正体现一点一滴的工作精神、大众的民主主义作风；要真正地面向群众，不武断，不包办；要真正地把握住党的路线，和群众搞在一起，艰苦奋斗，支持战争，不要因新的环境改变方针；要坚持六中全会的精神。此外，我们党要特别注意在这种环境中有计划地培养干部，培养群众领袖。党员与非党员都要爱护，帮助他们进步。

六、敌我交界处如何工作。

在敌我交界区域里面工作，要注意下列问题：

（一）敌我交界区是一个游击区。我们要以游击队去开展工作，建立极端秘密的党的组织与群众团体，规定他们的任务是侦察消息、破坏道路、帮助群众，坚定群众的抗日情绪，创造下层基础。在政治上，处处为群众着想。上层领导群众是公开的，游击的方式，下层应该是秘密的，以村为单位来联系。

（二）将来如县城被占，敌人会更多地收买汉奸，树立伪组织，组织伪军，扩张他的势力。我们要用游击队普遍的活动方式，来阻止敌人的一切活动，阻止伪组织的建立。

七、党内团结。

团结问题是非常重要的，因为只有有了党内团结，才能有阶级的团结。在困难的环境下，最容易发生意见分歧的现象，特别是在没有中心干部的区域。但是也可以避免，需要明了这个问题的同志们努力。

在我们党里面，有些同志表现高傲自大、目空一切的态度和狭隘的心理，只看到个人利益，这是使党内发生不团结的原因之一。党的道德问题，应提出特别注意。党内磨擦是非常不必要的，即对男女关系问题也应注意。要特别加强党内教育，使一般同志都能了解，党内团结是一切团结的基础，注意敌人、汉奸和一些顽固分子的挑拨离间。我们要用党的团结，来应付艰难困苦的局面。

地方党与八路军的党要团结，要双方负责解决问题。地方党对八路军要认为是自己的军队，八路军的党要尊重地方党。

最后，我们应该估计到，将来这个区域的县城都有被占去的可能。现在已有五分之三是卷进这个新的环境中了。尚未被敌占的区域，应加紧战争动员、破路、减租减息、团结士绅等。用一点一滴的工作，创造我们的工作基础。

现在环境是复杂了，磨擦不免要多起来。在敌人进攻的时候，磨擦似乎是少了，但并不是完结。我们要站在统一战线的原则下，互相让步，求得团结。但要认识到，如果没有我们的阵地，巩固与扩大统一战线是不可能的。没有力量是处处做不通的。

今天正由于统一战线的关系，一个县里面两个县长。这个问题完全是靠双方各方面的工作强弱来决定，也只有真正创造坚实的群众基础，才能进行一切工作。同时我们真正在三民主义的立场上，在实现抗战建国纲领[3]的方针下，来进行工作。

我们党与八路军，是在艰难困苦斗争当中锻炼出来的。只有这样的党，才是最坚固、最有力量的党。

注　释

〔1〕抗日战争时期，中国共产党领导的抗日民主政权为改善根据地人民的生活，动员人民支持抗战及解决财政困难，实行减租减息、合理负担政策。减租减息政策的主要内容是：地租一般以实行二五减租为原则，即不论何种租佃形式，均按原租额减去百分之二十五，利息一般减到不超过一分半。公平负担即合理负担，见本卷第77页注〔4〕。

〔2〕救国堂，是山西、河北、河南等地抗日军民开展群众性政治、军事和文化活动的组织形式。其名称各地区、各部门有所不同，山西一些地方通常称民革室（即民族革命室），有的地方称救亡室。

〔3〕一九三八年三月二十九日至四月一日，中国国民党临时全国代表大会在武汉召开，会上通过的抗战建国纲领，内容包括抗战的军事、政治、经济、外交等方面的政策。这个纲领对人民作了某些让步，如规定组织国民参政机关，许诺给予人民言论、出版、集会、结社自由。后来由于蒋介石推行消极抗战、积极反共的政策，纲领中对人民的某些让步没有兑现。

艰苦奋斗中的冀南[*]

（一九三九年三月二十五日）

一　冀南进入了艰苦斗争的新环境

此次敌人向冀中、冀南的总进攻，是日寇进攻西北前之必然到来的一次大"扫荡"。

在冀南、津南和鲁西北，敌人的进攻是从一月七日开始的。敌人进攻的部署是：筱塚第十师团沿平汉线石家庄、磁县转向东横扫；朴永见少将南部防卫部队以沧州为据点向东压迫，配合敌十师团夹击我军；末松——四师团秋山旅团首先协同朴永见部队向东进攻津南、鲁北，然后移转主力向临清、清河、枣强进攻。总计敌人对冀南使用之兵力在两个师团左右，部队的转动均用汽车装载，并附有坦克、装甲汽车，运动极为迅速和突然。我军虽以顽强之袭扰和运动防御，配合对敌侧背之不断突击，然敌人依靠其优良之技术，特别是汽车快速部队与飞机、坦克、毒瓦斯之配合，终于在四十天的时间进据了整个冀南、津南、鲁北的县城，及鲁西北的一部分县城，打下了梅花桩似的"钉子"一样。

---

[*] 这是邓小平发表在一九三九年五月十五日出版的中共中央机关刊物《解放》周刊第七十一期上的文章。

在敌人的严重进攻下，整个冀南转入了艰苦的游击战争的新环境。全冀南的军政民也用了并且还正用一切努力，动员一切可能的力量以反对敌人的进攻。

二　过去一年努力的成果成为
坚持冀南斗争的基础

当着一九三七年十二月的时候，正是我国大军退走，土匪蜂起，维持会到处建立，整个冀南在日寇清水司令统治之下的时候。那时，八路军受冀南人民之不断的请求，才有冀南挺进队与东进纵队之组织。八路军在广大民众和爱国志士热烈爱戴拥护与协同奋斗之下，从不断的作战中，终于打跑了清水司令和日军，摧毁了伪组织，争取和消灭了伪军，肃清了土匪，在冀南的几十个县城上重新插上了青天白日满地红的国旗。经过了几个月的艰苦奋斗，整个冀南局面开展起来了，民众开始组织与动员起来了，抗日县区村政府和冀南行政主任公署，也在民选的方式下建立起来了，直到去年八月，一切均开始上了轨道，一切都在大踏步地前进着。

迄至省政府到冀南，鹿主席[1]在其北上宣言中宣布了进步的施政方针，冀南民众更为兴奋。在"九一八"欢迎鹿主席的大会上，到会人数达五万以上，情绪之热烈，为历来所未有。不幸鹿主席的施政方针，为一些守旧的不顾大局的个人利益超过民族利益的分子所阻碍，不但毫未见诸实现，过去有效的进步的合乎三民主义的、利于抗战的设施反而被加紧阻挠。有些地方的民众团体被取消了；有些民众团体的领导人被逮捕了；在冀南最有历史且最为民众所拥护的战委会也被认为不合法了；抗战最有成绩，在民众中最有威望，且为民众所选举的冀南行政主任公署，也在莫须有的罪名下被取消了。诬蔑共产党八路军，说共产党八路军"实行赤化""毒化青年""只宣传不打仗"等等谣言，被某某机关散布出来了。接着好几个县区出现两个县长、两个区长、两个专员，于是行政被破坏了。然而，这一切违反蒋委员长意旨和抗战利益的举动与言论，并未能吓退广大民众和抗日志士，相反的，更增加了他们的工作积极性，以克服这些困难，为准备一切力量迎接敌人的大举进攻而努力。

不可否认的，这些内部的磨擦与阻碍，不能不妨害抗战动员的工作。冀南的共产党八路军曾屡次要求各方面合作，在抗战建国纲领的原则下，克服各种磨擦，一致努力于巩固冀南抗日根据地的工作。共产党八路军曾屡次说明敌人于进攻西北之前，对华北之大"扫荡"必将到来，各方应如何珍贵地保持与发扬过去一年来奋斗之成绩，而不应加以摧残。只有这样，才能应付敌之进攻。不幸这些诚恳的表示，终未能得到少数自私的人们的谅解，甚至有人主张"宁肯匪化，不要赤化""宁肯弄滥，不要八路军干"。在这样的状况下，冀南工作当然受到了很大的损失。犹幸冀南行政主任公署和八路军，始终能在民众爱戴之下，坚持努力，虽在极端困难的状况下，仍能收到好些成绩，打下抗战的基础。在这次敌人"扫荡"的严重情况下，军政民之所以仍能应付自如，亦即因为有了这样的基础，虽然它还不够巩固，不够普遍。

三　我们怎样同敌人作战

正确地认识敌人作战方式的特点，才能正确地确定自己的作战方式。

这次敌人的进攻与过去对冀南的进攻，有着明显不同的特点，不仅在于敌人用了雄厚的兵力，而且在于：

第一，敌人有了前次进攻南宫的失败教训，故在前进时非常慎重（如由邢家湾到巨鹿四十里，敌人在我不断袭击下，整整用了两天的时间），在其兵力微小时则避开我之主力。

第二，敌人不仅占领城市，而且逐渐控制一些乡村要点，以缩小我之活动地区，束缚我之机动。

第三，敌人于占领城市据点后，即集结相当兵力（多者为二千人），利用汽车速度，企图寻求我之主力而消灭之，而且敌人于进攻某一点时，常取几路包围的方式。

第四，敌人在几次被打击之后，每次作战均有飞机、坦克、装甲车的配合。

第五，特别是敌人于此次进攻中，加强了政治的与经济的进攻，特务机关之散布，对侦察通信之有力设施，与伪军伪政府之培养。

因此我军之机动，陷入非常困难的境地。为了战胜敌人，保持冀南抗日根据地，我们必须具有正确的作战方针。

这里，在冀南是曾经发生过分歧的。

当敌人进攻之前，冀南行政主任公署和八路军即已向各方面及广大民众说明，敌人于青纱帐前必然要大举进攻冀南，而且我们曾向各方建议并向民众提出下列的紧急动员，以准备迎接敌之进攻：

第一，从政治上向广大民众解释敌人进攻之必然到来，以及我们坚持冀南抗战的条件和胜利信心，同时指出坚持敌后方艰苦斗争与保卫大西北之意义。

第二，向群众深入解释，只有游击运动战的方式，才能最后战胜敌人，保持抗日根据地。

第三，加紧民众的战争动员，加紧毁路、拆城堡、空舍清野及自卫队等工作。

第四，亲密各军队之间，各党派各阶级之间，军政民之间的团结，因为这一团结是支持艰苦局面的决定条件。

正因为有了这样的政治上的准备，以及冀南军政民过去一年的斗争经验，所以从敌人开始进攻一直到现在，并没有表现张皇失措、悲观失望的现象，相反的，他们协同一致地与敌人进行顽强的斗争。正因为我们预先解释了作战方式，而且在正确地执行游击运动战的作战方式下，曾经取得了屡次的胜利，不断打击敌人，所以在军队进退转移时，并未引起民众不安与惊慌的情绪，反之他们从切身经验中处处证明与领会了这种作战方式之正确。正因为进行了毁路、拆城堡等战争动员工作，所以能够给进攻之敌以大的困难，而便利于我军之机动。

在敌人开始进攻时，我们根据游击运动战的原则，作战的方式主要是：集结相当的兵力，主动地寻求运动战的机会，求得消灭敌之一路，击破敌之他路，以粉碎敌人的进攻；同时加强敌侧背之活动，以侦察钳制与消耗敌人之进攻部队。因为我们采取了这样的作战方式，所以才能制止敌于隆河以西至半月之久，迫使敌人不得不花去很高的代价和一个月的时间才将南宫占去。因为这样，我们才能大量地消耗敌人而未为敌人所算，敌人始终没有实现其消灭我军主力之企图。因为这样，我们才能于敌人军事占优势的条件下，寻求机会打击敌人，而取得香城固、安儿寨、大杨庄及南宫、巨鹿间的屡次胜利。

这些真理是否为一切人们所了解呢？是的，广大民众是了解的。然而，可惜得很，竟有某些应该了解的人还没有愿意去了解。

有种人在敌人未进攻时，简直不愿意听说敌人将要进攻的预言，更不愿积极进行战争的准备，而一意以制造内部磨擦为能事，甚至反对与阻挠拆城毁路等工作，这不能不使战争动员受到很大的损害。

有种人简直不愿意去了解如何才能打败敌人进攻的问题，反而大言不惭地说："我拼着五百个伤亡，定把日本打走。"这样的认识也曾使部队受到不应有的损害，而事实证明了日本并不是这种人所想象的日本，他们虽然花去了五六百人的伤亡，但并没有收得效果。

有种人责备八路军不应该把县城失掉，甚至到处造谣说"八路军不打仗"。也有人说"八路军吃小米打软仗，某某军吃白面打强仗"。事实证明了正面挡仗的办法，并不能阻止敌人的前进，责备八路军的人也不能不放弃应该放弃的县城。事实证明了敌人怕我们的"软"仗而不怕我们的"硬"仗，因为用主力去向敌人硬拼（这与主动地打击敌人不同），正是敌人的希望。事实证明了八路军不但打了仗，而且每天不下十余仗。一月底，由国民党、共产党、政府、士绅、名流、群众团体的代表所组织的前线慰劳团可以证明这一点，因为他们到处听到民众诉说八路军的战绩，他们亲眼看见了八路军医院的千余受伤官兵。

四 用普遍的民众游击战争击败敌之进攻

今天的冀南情况是更加严重了。敌人于占领各个县城之后，还控制了一些乡村的要点，经常以"汽车讨伐队"向四乡进行"扫荡"，同时敌人的"扫荡"部队也由数百人、上千人而有时增到两千人，其目的在消灭我之主力，打击我之指挥机关，破坏我之行政系统，以煽动起群众中的失败情绪，而树立发展伪军伪组织之基础，以图进攻西北时，后方交通可无顾虑。同时，敌人加强了特务机关挑拨离间、威胁欺骗、经济封锁等诡计，以配合军事的进攻。

在敌人的严重"扫荡"下，我军虽能由于灵活的机动的战术，没有遭受严重的损失，但受敌袭击的消息是时有所闻的。然而，不管怎样，应该承认一个事实，即我们始终在冀南坚持着，敌人并没有实现其预期的目的，不能不以很大的兵力消耗于对付我之广泛的游击战争中。这是我们的伟大胜利，这一胜利实际上尽到了保卫大西北的具体任务。

伟大胜利之获得，如果只归功于正规军队的努力是绝对不够的，而必须同时归功于普遍的民众游击战争之开展。只有充分估计广大民众游击战争的不可摧毁的力量，才能发现我们为什么能够支持平原艰苦斗争至三个月之久的真理，这才能正确地选定今后支持更艰苦局面之方向。

还在敌人进攻之前，我们即已不止一次地指出，发展普遍的游击战争，是支持平原抗战的重要因素。八路军、冀南军区和军分区、冀南行政主任公署及各专员公署、县政府，在培养游击队与自卫队的力量上，曾经尽了相当的努力。所以在敌人进攻中，在广大无边的原野，散布了无数的大小游击队，所有的县长和一部分区长都兼任了游击队长。这些游击队成了正规军的耳目和有力助手，成了民众保卫身家与国土直接的武装，成了政府领导民众、训练民众坚持抗战的核心，成了维护政府与摧毁伪政权的坚强力量。他们积极地神出鬼没地活动于敌人的周围，给了敌人以极大的困难与精神上物质上的消耗，他们的伟大功绩是不可埋没的。

假使没有这些游击队去塞着敌人的耳目，去迷惑、疲惫与钳制敌人，正规军队要想得到必要的休息并寻求机会打击敌人，是不可能的。

假使没有这些游击队伸到敌人驻地周围去进行宣传民众，树立我国政府和军队的威信，摧毁已经建立起来的伪组织，并教育民众如何去反对日寇、汉奸，拒绝使用伪钞等工作，要想阻止日寇扩张汉奸势力的企图，是不可能的。

假使没有这些游击队来掩护政府和民众团体坚持自己的工作，要想在困难环境中组织与动员广大人民来反对日寇，也是不可能的。

冀南的斗争，可能遭受比今天更加困难的环境，我们还须以更大的坚持力，更巧妙的斗争方式，才能渡过难关。而主要的关键仍在于更广泛、更有力的游击战争。那里还需要在普遍的自卫队中培养出更多的游击队以至不脱离生产的游击小组，并大大地提高游击队的政治质量与积极的动作。甚至我们的正规军也应抽出适当的部队去加强游击队的骨干。

我们要做到每一处的敌人，每天特别是每晚总是处在游击队的袭扰、威胁与政治瓦解之中。

然而，这一方针之实行并不是没有困难的。在抗战中，特别在平原抗战中具有战略意义的游击战争，并未得到一切人的了解。有些人轻视游击战争的作用，有些人甚至在有意无意地破坏游击战争之开展。

在冀南，有些部队不积极对敌，反而抱着"大鱼吃小鱼"的宗旨，已经有好几个小游击队甚至八路军分出部队的通讯人员被"大鱼"吃去了。这种为"亲者所痛，仇者所快"的举动，不仅有伤团结，而且对于游击队之存在发生了极大的威胁。接近这样部队的游击队，不但要防敌人，还得防备自己的邻居。

还有一种部队，也自称为"游击队"，其行动是"游而不击"，但对于老百姓却尽了蹂躏之能事。这种现象若不加以制止，必将造成民众之怨恨，而有利于日寇汉奸之欺骗。假若把民众闹翻了，而无异使自己失败。

各方面重视坚持平原抗战的意义，克服发展游击战争的障碍，是争取胜利的重要条件。因为没有普遍的民众游击战争，就无法支持平原的抗战。

五　冀南的民众在坚决地战斗着

冀南有种人，始终抱着害怕民众的观点，他们不愿意群众真正地组织起来。他们宁愿采用一种空洞的机关来代替正在开展的群众救亡运动，而且照他们看来，在作战斗争中，冀南最有威信的战委会、农救会、青救会[2]等组织，似乎都是不合法的。自然，在某些地区内解散民众团体、逮捕民众领袖的事，也就随着连续发生了。

八路军在冀南，始终坚持着扶植民众团体、开展民众运动的方针，始终坚持着以统一战线的立场去调节各阶层的关系以团结各阶层的方针。这一方针是得到广大民众与各阶层人士的同情与赞助的。正因为努力坚持了这一方针，所以才能够真正地动员起民众，支持起冀南局面至一年零三个月之久，而且还在继续支持着。假如我们过去没有发动民众，没有团结各阶层，在这样艰苦的环境中，不要说支持一年零三个月，就是三个月也是不可能的。所以说，冀南抗日根据地之建立与巩固，是由冀南民众的血汗垒积成的，这并不是什么过分的估计。

远在一年半以前，冀南的一些爱国志士就在日寇清水司令的铁蹄下，建立了秘密救国会的组织，进行了许多民族教育和宣传工作。八路军到冀南后，依靠了这些先进分子及救国会的基础，才顺利地建立了战委会和各种救亡团体，开展了广大的民众运动。及至农民、工人、商人、学生、青年等抗日救国会相当壮大与普遍后，一切抗战动员工作才得到了顺畅的进行。因为依靠了这些组织去向民众解说抗日救国的大道理，所以每一个动员工作，都能得到群众的热烈拥护，民众自愿地协助政府与军队，而不需要去施行强迫的方式。

冀南群众团体在领导群众参战上，是有着极大功绩的。

自卫队、儿童团实行了经常的放哨，在锄奸上收到了相当的成效。每次重要的战斗，都有自卫队的配合，故伤员的救护、粮食的供给等等都不致发生困难。

拆城堡、毁道路的工作，也收到伟大成绩，给了敌人的进攻以很大的困难。假如不从组织上去动员群众的热情，是绝不能实现这样巨大的工程的。

在此次敌人进攻中，更表现了群众的不可战胜的力量。我们到处可以听到与看见群众热烈参战的事实。在束鹿[3]、宁晋，在巨鹿、南宫，在其他地方，群众拿起梭镖、锄头同军队一块作战，并常有缴获。

群众对于抗日军队的爱戴是难以笔墨形容的。只要你是真正抗日的部队，他们愿意把最好的东西送给你吃，他们不避危险地为战争服务，他们热烈地慰劳作战的部队。在巨鹿、南宫一带作战的时候，某军曾遗弃伤兵及枪支于敌人占领地内，群众用麻袋将伤兵、枪支，偷运出敌人警戒线，送还给某军。在束鹿、宁晋一带作战时，那里的自卫队由县区长率领跟在军队的后面，军队吃的经常是群众慰劳的油果子，军队缴得的大炮，也是由自卫队冒险抬出的。在威县、邱县一带作战时，群众把捉到的日本兵和缴得的枪支自动地送给军队。诸如此类的例子，不胜枚举。最近更在"普遍的游击战争"的口号下，群众的游击小组也逐渐地普遍起来了，这些都指明着冀南的光明前途。

冀南民众运动是怎样开展起来的呢？

第一，是由于把广大群众组织在各种救亡团体之内，并运用这些组织进行了民族教育，提高了群众的民族自尊心与自信心。

第二，是由于这些救亡团体不是形式的官僚主义的机关，而是由群众自愿加入的组织，由群众选举出他们自己信仰的人来当他们的领导者，许多工作都经过了群众的讨论与决议。在这样的民主方式下，更加发挥了群众的积极性与这些组织的效能。

第三，是由于这些群众团体为群众解除了一些切身的痛苦。如要求政府取消了摊派制度，实行了公平负担，相当地减少了租息，提倡了互助，部分地改善了民生，所以更增加了他们的抗战热情。

第四，是由于这些组织是在战斗环境中生长起来的，从不断的参战动员中锻炼了他们，使他们特别富于战斗性。同时也培养了群众认识"抗日高于一切"的真理。

第五，特别重要的在于这些群众组织是在坚持统一战线的原则下建立与壮大起来的。他们始终站在民族利益上，去团结各阶层来抗日。即五一减租、分半给息[4]的要求，也是根据"照顾这一阶级也照顾那一阶级"的团结精神提出的。当然这是调整阶级间的关系，求得阶级团结的有效办法。事实上冀南各阶层之间都能表现和衷共济、团结于安的精神。自然，不可否认的，在个别村庄也曾发生过幼稚的方式，但是很快就纠正了。

最后，必须指出，军队、政府对于民众团体之扶植与培养，是非常重要的。假如由那些专门压制、摧残民运的顽固分子任性地做去，不要说民众不会起来，恐怕冀南局面早就不能支持了。

在敌人大"扫荡"下，冀南的民众运动已经转入秘密的环境，但广大的群众始终表现着无限的忠诚与英勇。然而，必须看到一种危机存在着。这种危机表现在：

一是敌人的不断"扫荡"，斗争带着极度的艰苦性，没有坚强的组织力与毅力是不能长久支持的。

二是敌人的欺骗，特别是汉奸活动之加紧，可能消失一部分群众的斗志。

三是某些军队之土匪化，使民众感到很大的痛苦，这些军队的奸淫掳掠，有时甚于日军，这无异为日敌汉奸的欺骗造成很好的机会。

四是某些军队及某些分子，至今未放弃其摧残民众团体打击区村政府的行为。

最近的消息，冀县[5]、新河、衡水等县的汉奸活动特别厉害，维持会的组织也较普遍。而这些县份恰恰是冀南行政主任公署政令不行的区域，恰恰是不准战委会、农会等救亡团体存在的区域。反之，在过去群众运动开展的县份，就完全表现出不同的情形，不但汉奸组织难于形成，即我军之活动亦较便利，因为有群众的拥护。

难道这样沉痛的教训，还不能促使顽固分子觉醒吗？

采取新的方式去加强群众的组织与工作，去坚定群众的胜利信心，巩固各阶层间更亲密的团结，不断地揭破敌人汉奸的欺骗，暴露敌人的罪恶，并采取一切方法去保护民众的利益，保护民众团体的存在，是再迫切没有的工作了。

六　冀南行政主任公署在冀南

冀南各级政府，除少数的县份外，从村、区、县，一直到行政主任公署，都是经过民众选举的。一年来，特别在去年八月行政主任公署成立后，政治日益走上轨道，政府威信更加提高，各项施政方案均收到重大的成绩，为全冀南人民所爱戴所拥护，无怪乎当省政府于去年十一月间以"莫知去向"的罪名取消主任公署的命令公布后，广大人民表示了普遍的不理解，普遍的群众大会一致通过，请求中央及省政府保留主任公署，这正说明了冀南行政主任公署之存废与冀南抗战有着非常密切的关系。

抗战是最好的检验。冀南的政府，恰恰在战争中表现了它应有的效能。我们没有可能举出许多的例子，即是下面几件简单的事实，也可证明这一点。

第一，在平时，政府即已不绝昭告民众以抗战的形势和敌人必然进攻冀南的估计，以及我们胜利的条件与保证，并在实际上号召民众加紧拆城、拆堡、毁路、锄奸等等战争准备工作，以迎接敌之大举进攻。所以，在敌人进攻下，民众并未表示慌乱，而且广大民众从自己的切身经验中，更加证明了政府领导之正确。

第二，当敌人占领了巨鹿的时候，冀南行政主任公署还召集了一次冀南行政会议，这次会议是在距敌人不过二十五里的地方，在炮声隆隆的情况下举行的。到会的有各县的士绅名流与民众代表，远处津浦路东的第六区代表也化装赶来参加。在会议上收到的提案达百余件，主任公署向代表们详细报告了自己的工作，并进行了热烈的争辩与讨论。主任公署的财政，也由代表们推举出专门的委员会来审查。在约一个礼拜的会议中，表现了各阶层的团结，表现了民众对于主任公署的爱戴。这次会议对于反对敌人进攻的斗争有非常重大的意义。

第三，不管敌人如何破坏我国政府的威信与组织，加强其伪政府的活动，但民众仍然明白谁是中华国民自己的政府。一直到现在，冀南主任公署及各专署县署的政令，并未因环境恶劣而降低威信。游击的县政府还不能不接受民众的诉讼，民众也还能缴纳他们应该缴纳的钱粮，虽然比平时要困难些。

第四，由于战争的严重环境，迫使各级政府采用游击方式去进行自己的工作。他们（主任、专员、县长、行政人员）除了率领游击队作战外，还亲身去接近民众，解决民间问题，并推行政府工作，同时为减缩机关便于游击起见，把大批政府工作人员分到区村去工作，使区村工作更为加强，而政府与人民的关系，也自自然然地更加密切起来。

第五，各级政府的公务人员，都表现出他们是对于民族无限忠诚与英勇的模范。主任公署在杨秀林、宋任穷[6]两主任领导之下，坚持在冀南指导抗战工作，特别在省政府及鹿主席西走后，他们愈加感觉自己责任之重大而奋不顾身地努力着。主任公署也曾两次受到敌袭，第二、第四专员公署都曾与敌遭遇，他们虽被冲散，而幸无大损，事后又集合起来照常办公。各县县长、各专员和杨、宋两主任都过着游击的艰苦生活，他们指挥着游击队，给了敌人以不断的创伤，虽有屡次的挫折，但并不能丝毫损伤他们的坚强意志，因为他们明了自己的责任。他们没有一个人表示畏惧与逃避，他们始终与人民在一起奋斗着，他们是人民选举出来的，他们也没有辜负人民的委托。三月来，成安县长、束鹿县长均因袭敌受伤；宁晋县长因公积劳咯血而犹带病工作；隆平[7]县长、阜城县长均不绝亲率部队袭敌，屡奏奇功；临清县长与敌作战因伤被俘后，在敌人的法庭上表现着誓死不屈的民族正气。同样的例子还有很多。他们这种忠勇为国的精神，值得国人的钦佩与景仰。

这些部分的材料，已足够说明冀南政府的效能和在人民中的威信了。为什么冀南政府能够在极端严重的环境中坚持呢？我以为主要是由于冀南政府是真正实现了抗日的、统一战线的、民主的、廉洁的内容。

抗日政府，决不是把"抗日"二字加在政府上面就算了事，而应当切实实现其真正抗日的内容。在敌后方我们曾发现某些地区的政府，县长是由白面犯[8]及与日寇汉奸有关的人来充当的；有些地方的专员或县长为了增加收入起见，不惜与敌人实行"经济提携"，替敌人开煤矿并保护运煤到敌区的轻便铁道；有些地方政府的施政方针完全违反了三民主义及抗战建国纲领的原则，一味以搜刮钱财为能事，以每日两台花酒、八圈麻将为阔气。至若战争动员、组织教育民众等等工作，在这种想"发国难财"的人们看来，简直是没有意义的事。山东某某等县当局始终拒绝我们拆城毁路的建议，结果一被敌占，即使我们袭扰敌人都感困难。难道我们能说这样的政府是尽到了抗日政府的责任吗？

冀南主任公署及各级政府之所以成为抗日政府，不仅由于它是从日寇汉奸手上夺回来的，也不仅由于它在自己的八大施政方针[9]上写下了"动员一切人力、物力、智力、财力，广泛发展游击战争，坚持华北抗战"，"拥护中央政府蒋委员长及鹿主席领导，彻底实行国民党临时全国代表大会通过之抗战建国纲领"等条文，更主要的还在于它真正在实现这些方针。各级的行政人员都是抗日最坚决的分子，这些分子也许最不熟练公文体式与逢迎上级，也曾有一个县长因为犯了忘记将上官姓名抬头的"错误"，而几乎酿成撤职的风波，然而他们之赤诚救国，努力工作的精神，正是实现这些方针的保障。

　　冀南政府是统一战线的，不仅由于它吸引了各党派、各阶层的人士参加到各级政府工作，主要还在于它的施政方针都是以"巩固统一战线，团结各阶级一致抗战"的原则为准绳。每一政策之确定，都是照顾了这一阶级也照顾了那一阶级的，即为一方面决定实行五一减租、分半给息的办法，以发挥人民的抗战积极性；另一方面又公布"一经减少，即不准拖欠不还"的命令。这正是大公无私的统一战线立场，也正因为这样，它才能得到各阶层的一致拥护。

　　冀南政府是民主的，一方面因为行政人员是人民选举的，政府的一切施政，都顾及民众的利害；另一方面是因为民众有了自己的组织，经过这些组织可以经常向政府提出人民的意见，以供政府之采择。人民与政府有了密切的联系，所以他们更加信赖政府，政府的政令也更易推行。

　　冀南政府是廉洁的，政府工作人员最高薪金只有二十元，各级政府的经济是公开的，同时真正做到了严惩贪污，所以在冀南养成了廉洁刻苦的作风。也曾经发现有一种人，他们不赞成政府最高薪金只有二十元的规定，并讥之曰"钱少买不到好货"，可惜说这样话的人现在居然也荣任要职了！

　　根据以上材料，可见冀南行政主任公署及各县政府是为民众所信赖和拥护的，杨秀林、宋任穷已经成了坚持冀南抗战的旗帜，他们始终在冀南坚持着。当然，广大人民要求省政府撤回取消主任公署以及撤销十余县县长的命令，并不是没有理由的。

　　在冀南也曾出现了双专员、双县长的喜剧，这种分裂行政的方法，对于民族究竟有何好处呢？也是值得人们反省的。不幸省府西移后，双专员、双县长的故事，又在冀西重演了。

七　力求进步呢，还是开倒车呢

为大家所熟知的，冀南的问题自省府到后，曾引起不少的争执。这一问题已经引起全国人士的重视，因为这不仅关系于敌后能否坚持抗战的问题，而且也是与全国抗战相关联的问题。设使华北的抗战受到挫折，使进攻西北之敌无后顾之忧，必然会影响到全国的各个战线，首先直接影响到保卫大西北的任务。

问题的焦点究竟在哪里呢？问题不在于要不要抗日，要不要坚持华北抗战，而在于如何才能坚持华北抗战。显然的，在这样的具体问题上，有着两种不同意见的分歧，而这种分歧的性质，又关系于华北抗战之命运。

什么分歧呢？

一方面，广大的民众拥护中央政府蒋委员长的方针，坚决地为实现三民主义与抗战建国纲领而斗争。过去冀南在主任公署领导下所坚持努力的工作，并没有丝毫离开三民主义与抗战建国纲领原则的地方。另一方面，有种人，他们的一切措施，完全离开了三民主义与抗战建国纲领的原则。

一方面，广大的民众拥护冀南行政主任公署，因为这一机构正切合于敌后方抗战的需要，广大民众自己选举出来的行政人员正是赤诚救国，爱护人民，坚决努力的人员；另一方面，有种人不顾及敌后方的环境，不顾及人民的要求，而简单地以"三级制"的理由，坚持取消主任公署，并不惜把"不知去向"的罪名加在主任公署的身上，不顾及过去各级政府与行政人员艰难创造冀南局面之功绩，反而以细小的事故，甚至没有丝毫"罪状"，而撤销他们的职务。成安县长在袭敌受伤后，不但未获奖励，反遭撤销职务的待遇。在这些抗日积极分子被宣布撤职之后，代替他们的是一批鱼肉乡民、残民以逞、反对八路军、反对共产党、反对统一战线的分子，曾任江西瑞金第一任专员而且在冀南专门进行反八路军、反共产党活动的邵鸿基[10]，于是也被任为南宫专员了。

一方面，坚持"组织一切无组织的民众到抗日战线中来"，并"尊重民众团体应有的独立性"的方针，因为只有这样才能发挥民众的积极性以利于抗战；另一方面却有种人不愿意民众真正组织起来，宁愿民众永远处于无权报国的地位，一任民族意识在被少数人残酷压迫的奴役生活中消磨下去。当然，这种有利于敌不利于国的办法，是不会为广大人民所赞成的，无怪乎当省动委会成立时，冀南各民众团体派遣代表要求列席陈达意见，以期得到当局之谅解而求得合理之解决，不幸这些代表受到了"闭门羹"的待遇。

一方面，广大民众主张实行五一减租、分半给息与公平负担，因为这正是合乎抗战建国纲领的要求，也是调节各阶层关系，巩固民族团结的有效办法；另一方面有种人则反对这些主张，诬蔑这些办法为"赤化"、为"过火"，要在"对外辟赤化之谣，对内纠正过火之实"（某要人语）的口实下，达到取消之目的。

一方面，主张建立正当的税收制度与财政经济政策，使之有利于抗战而顾全民众，使抗战的军队不致受饥受寒；另一方面，有种人则不惜以"取消一切捐税"，禁止筹集救国公粮的口惠，来破坏已经建立起来的税收供给制度，同时限令某县为某军筹集多少粮款，且往往是超过可能的数字，以增加各县政府之困难。

一方面，主张一切问题应采取正当途径以求合理解决；另一方面，有种人如赵云祥、胡和道[11]等部，却采取捕捉、暗杀、活埋等方式来对付八路军及救亡人士，以吊打村区长、农会负责人等方式来摧残政府及民众团体，甚至有人专门利用会门来与政府对立，也曾造成会门进攻枣强县城的流血惨剧。

一方面，主张冀南问题应从整个纲领、组织上来求得全盘的解决，以固团结而利抗战；另一方面，则有种人处处以"合法"为标榜，一切以"千钧压力"出之，使人无法透气。双专员、双县长之出现，更表现了行政系统的破坏。

一方面，坚持统一战线，而同时认为统一战线不是"投降"，大家需要在三民主义与抗战建国纲领的原则下，去求得统一与团结；另一方面，有种人则采取"一切交给我办，八路军回山西"的态度，几无协商之余地，说不上统一战线。

问题的焦点就在这里。两方面主张的分歧是很明显的。

究竟是坚持过去年余努力的成绩，保持已经发挥起来的抗战力量，以便于顺利地反对日寇呢？还是取消过去一切进步的设施，消减民众的抗战热情，以便于日寇的进攻呢？

究竟是力求进步，落后向进步看齐呢？还是开倒车，进步服从落后呢？

一切关心民族存亡的人们，是善于认识真理、维护真理的。

八　结　论

冀南今天正处于严重的环境中，而且更残酷的斗争还在后面，那里是一个长期的艰苦的战场。

正由于冀南有了年余的斗争经验，有了相当的群众组织力量，有了坚强的政府领导，有了富有战斗经验的八路军和友军，特别是有了各阶层的团结，所以能够应付今天的局面，而且可以寻求有利的时机去反攻进攻之敌，以巩固冀南抗日根据地。假如我们能够依靠今天的基础，更加努力地从各方面去加强抗日根据地的建设工作，巩固我们的团结，实施进步的纲领，并依靠民众克服种种困难，渡过种种难关，我们就一定能够从无数次一进一出的血斗中，把冀南巩固得铁一样，把青天白日满地红的国旗稳固地插在冀南的领土上！

但是，必须同时指出，冀南的斗争还存在着严重危机。这不但由于敌人拼命"扫荡"的环境，使我们的活动发生极大的困难，而且主要的还在于内部团结之不足，某些部队溃兵的土匪化，顽固分子在大敌当前的情况下还未丝毫放松破坏团结、反对共产党八路军、破坏民众团体、打击政府的活动。某些地区内已由于军队的苛索，土匪溃兵（甚至有些正式军队）之抢掠，弄得民不聊生了。对于这些现象如不加以及时的纠正，而任其发展下去，那正可以帮助日寇汉奸的进攻，前途也是不堪设想的。

冀南抗日根据地之能否坚持与巩固，不决定于敌人的意愿，而决定于我们自己能否巩固团结，力求进步与依靠民众。作结论的权力不属于日敌，而属于我们自己！

注　释

〔1〕鹿主席，指鹿钟麟。

〔2〕农救会、青救会，即农民救国会、青年救国会，是中国共产党领导的在各抗日根据地组织的抗日群众团体。

〔3〕束鹿，今河北辛集。

〔4〕分半给息，即分半减息，见本卷第111页注〔3〕。

〔5〕冀县，今河北衡水冀州区。

〔6〕杨秀林，即杨秀峰，当时任冀南行政主任公署主任。宋任穷，当时任冀南行政主任公署副主任。

〔7〕隆平，今河北隆尧。

〔8〕白面犯，指贩卖、吸食毒品者。

〔9〕八大施政方针，指一九三八年八月冀南行政主任公署宣布的八条施政方针。

〔10〕邵鸿基，当时任国民党河北省政府副秘书长、第八行政区督察专员兼保安司令。

〔11〕赵云祥，当时任国民党军河北游击总司令部所辖的津浦游击纵队司令。胡和道，当时任国民党河北省民军所辖的冀察挺进军司令。

在敌后方的两个路线 *

（一九三九年五月十五日）

一 敌后方的环境及其特点

我国军民在敌后方与敌人进行生死的斗争，已经有将近两年的时间了。因为交通的阻隔及某些特殊的障碍，使得这一为大家所关心的事，至今尚未充分了解其真相，这不能不是一件憾事。

为使国人较多地明了敌后方的各种问题，我把华北一部分地区的材料，加以简单的叙述，以供国人之参考。

首先要提出的问题是，什么是敌后方？这就需要说明敌后方所处的环境和它的特点。

第一，敌后方，大约存在三种不同的区域：一是敌人占领区，如冀东及平津等大城市和沿铁道及各重要交通线，这是敌人统治较强的区域，为敌之进攻与巩固后方的基点；二是我们的抗日根据地，为我之坚持敌后抗战、钳制敌人、削弱敌人，以配合我主力军正面作战，以至将来配合主力军实行反攻的基点；三是游击区，为敌我时来时往，互相争夺的

---

* 这是邓小平发表在一九三九年五月三十日出版的中共中央机关刊物《解放》周刊第七十二期上的文章。

区域。这几种区域之间，并没有间隔着牢不可破的"长城"，而是时常变动的。敌占区在我国进入反攻阶段之前，将较长期地处于敌人蹂躏宰割之下，但某些次要的城市和地区变成我之抗日根据地或游击区，仍是可能的。我之抗日根据地，在敌人严重进攻之下，亦有暂时被敌占领，或变为游击区，或失而复得的可能。至于游击区，则时有变为敌之占领区或我之抗日根据地的可能。

第二，在敌人，企图巩固其占领区和交通要道，继续扩展其占领地，摧毁我之抗日根据地，由点与线的占领求得面的占领，以便于充分利用广大占领区之人力、物力、财力，加紧向前进攻，以达成其灭亡全中国，实现其所谓"东亚新秩序"[1]之目的。

第三，在我们，则以最大的坚持性与顽强性，坚持敌后抗战，巩固、加强并扩大我之抗日根据地，缩小敌之占领地区，从军事上、政治上、经济上，不断地击破敌人的进攻，大量地消灭与消耗敌人，积极地疲困与钳制敌人，破坏敌人以华制华、挑拨离间、经济开发等等阴谋诡计，提高我国人民的抗战热情，发扬民族自尊心、自信心和胜利信心，并从长期艰苦斗争中，从各方面积蓄与增强自己的力量，真正担负起"变敌人后方为前线"的伟大任务，以便于在今天，能够配合正面，停止敌之进攻；在将来，能够使长期锻炼出来的抗日根据地和抗日的力量，成为反攻敌人的重要战略基点与强大的战斗力量。

第四，由于敌人必须求得敌后方的面的占领，否则其进攻将遭到莫大之困难；由于我们必须坚持敌后方的斗争，否则我之抗战将遭到极大困难，这样，形成了敌后方的极端残酷与困难的斗争局面。更由于我国抗战是长期的持久战，在停止敌之进攻后，还须经过较长期的相持阶段才能达到反攻的阶段，这更形成了敌后方的抗日斗争带着长期的艰苦性与残酷性。困难是多得很的，今天我们虽已遇到许许多多的困难，但尚未达到最困难的时候。在必将到来的犬牙交错、进进出出的长期的残酷斗争中，抗日根据地有时可能有很大程度的缩小，作战上有时可能受到很大的限制，人力、物力、财力有时可能受到很大的摧残等等，这尤需我们具有最大的毅力与顽强性，不断地克服新的困难，以达胜利之途。

第五，足够地认识敌后方斗争的复杂性。必须看到，我们的敌人是强大的狡诈百出的日本帝国主义，它有丰富的斗争经验与巧妙的斗争方法。因此，我们必须在不同的地区，不同的环境，有不同的灵活的斗争策略。特别要依靠于团结、进步，依靠于民众，这是战胜敌人的基础。一成不变，顽固守旧，自起磨擦，逼翻民众，就是无异于帮助敌人，自取败亡。

只有清楚地认识敌后方斗争的特点，才能使我们懂得，如何才能在那样艰难困苦的情形中，去战胜日本帝国主义。否则，即使你有最高的抗战决心，也不过是徒尚空谈，无济于事，而终必走入灰心丧气、悲观失望之途。

二　两个不同的路线在敌后方

为大家所熟知的，在敌后方，我们内部经常发生一些不应有的磨擦。为什么发生这些磨擦呢？主要是由于在敌后方存在着两条不同的路线，两种不同的做法。

一个是真正的三民主义的路线，一切做法都是依据于国家、民族的利益，依据于抗战建国纲领和蒋委员长的历次指示，以"国家至上，民族至上"的原则为出发。另一个是违反三民主义的路线，一切做法都是以个人利益、小团体利益为出发。

一个是真正主张统一团结，不仅求得各党派，而且求得各阶级的团结，真正求得"力量集中，意志集中"的路线。另一个是表面上以"统一"为幌子，处处表现惟我独尊，排斥异己，自起磨擦，破坏统一团结的路线。

一个是真正依据于敌后方的特殊环境，兢兢业业地站在"军事第一，胜利第一"的原则上，在整个的国策之下，采取适当的方法与步骤，以便于在长期艰苦斗争中，最后战胜日寇的路线。另一个是违反国策，不顾胜利或失败，处处在所谓"合法"的幌子下，排斥进步，压抑民众，固守成规，有利于敌的路线。

一个是眼光远大，不仅着眼于如何争取抗战最后胜利，而且着眼于如何建国，以便于将来胜利地建立起崭新的三民主义共和国，而达国家、民族于强盛之途的路线。另一个是目光如豆，惧怕进步，无利于国，有害于民的路线。

一个是共产党、八路军及一切至诚救国分子和广大民众所拥护的路线，也就是忠实地执行着蒋委员长的路线。另一个是少数代表一部分守旧势力的顽固分子的路线，亦即是违反民族利益，违反蒋委员长指示的路线。前者是使抗战胜利、民族复兴的路线；后者是使抗战失败、民族败亡的路线。

回忆前年冬季，敌寇南进，我国大军南撤的时候，河北等省各级政府亦随军退走。此时，河北等广大地域均处于敌人奸、掳、烧、杀的蹂躏之下，人民失去军队与政府的依靠，流离失所，任人宰割，伤心之事，不可言喻。当时八路军负国家民族之重托，坚决执行蒋委员长的命令，忠实于自己的职责，配合友军坚持敌后抗战。一面配合友军巩固自己的阵地，加紧创立抗日根据地，以便于在敌后方与顽寇进行长期艰苦的斗争；一面在极端困难的条件下，派队伍深入冀鲁广大地区，协同当地志士，收复既失土地，发动民众，建立抗日政府，把人民从黑暗中挽救出来，并不断地给了敌人以严重的打击，大大地增加了敌人的困难。八路军配合友军，经过了极艰苦的努力，才有今天的收获，才能牵制敌人至十五个师团之多，才支持了华北抗战至近两年之久，才成为了保卫西北、配合全国各个战线作战的一支重要的力量。

八路军之所以能够把一个破碎的局面收拾起来，并使之日益壮大，成为敌人的心腹之患，成为坚持抗战的具有重要战略意义的一个部分，便是由于它真正执行了三民主义的路线，真正执行了蒋委员长的指示。它曾不惧任何牺牲地与敌人进行了无数次的英勇的战斗；它在抗战以来，没有一天不是服从命令，恪尽职守，不怕困难，尽忠民族的模范；它一切以坚持长期抗战、争取抗战胜利为出发，始终不懈地去进行组织和动员民众，协助政府和友军的工作，并依据敌后方的特殊环境，与敌人进行军事、政治、经济等等各方面的斗争，因此，它始终是敌人所痛恨所畏惧的一部分。它在敌后方所取得的成绩，所获得的经验与教训，已经成为全民族一部分最珍贵的财产。正因为这样，所以它能够为敌后方的广大人民所爱戴所拥护。

然而，竟有一种人，他们在环境恶劣时，曾经束手无策，带着满脑子的失败情绪而逃之夭夭，一到敌后方的状况略有好转时，又厚颜地回到敌后方去。他们忘记了敌后方斗争的残酷性与长期性，把敌后方看作自己的乐园与天堂，因而不顾国家民族的利益，专门与八路军磨擦，与人民磨擦，与进步力量磨擦，加紧破坏团结和统一。他们似乎认为八路军和广大人民年余来的艰苦奋斗等于犯了弥天大罪，所以必须把抗日第一的原则抛开，而以"防共"为第一要义，所以必须向八路军和民众去实行所谓"收复失地"的工作。他们的一切措施，都违反了三民主义的原则，违反了抗战建国纲领的方针和蒋委员长的指示。他们的倒行逆施，已经给了敌后抗战以很大的损害。

敌后方的问题，已到不能不严重提出的时候了。因为这不仅是敌后方的局部问题，而且是关系于抗战前途与民族兴亡的问题了。为使国人明了敌后方各种问题症结之所在起见，实有分别加以简单地说明与研究的必要。

三　如何巩固团结统一问题

巩固团结统一，是争取抗战最后胜利的基础，在全国如是，在敌后方尤其如是。因为敌后方的斗争极其艰苦，敌人的挑拨离间特别加强，没有坚强的团结，没有意志的统一，是无法与敌人作顽强斗争的。

如何才能求得团结与统一？

第一，必须各方面具有共同的意志，共同的纲领。即是说在敌后方的各党、各派、各军、各界，都有一个共同奋斗的目标，一切努力都是为着如何去战胜日本强盗，争取国家的独立、自由和解放。一切都以三民主义、抗战建国纲领及蒋委员长的指示为准绳，并使之具体地实现于敌后方。要反对那些口是心非的人，他们天天高唱"抗日""拥护蒋委员长"，并自称为三民主义的信徒，但其所作所为，却处处违背了这些原则，违背了民族的利益。

第二，必须各方面具有互助互让的合作精神，只有这样的态度，才能求得相互间的亲密合作。所谓互助，就不是互相磨擦，造谣中伤，乘人之危，对消力量，而应减少不必要的磨擦，一致对敌。见人有危，加以援救；见人有难，加以帮助；见人有过，加以劝导；见人有功，加以奖励。所谓互让，就不是片面的投降，而是应以某一问题是否有利于抗战，有利于国家，作为是否可以让步及确定让步程度之标准。如果这种让步对于抗战，对于国家有很大的损害，那无异是对于民族的背叛。

第三，必须各方面以民意为依归。决定战争最后胜利的不是技术，而是人力。如果轻视民意，压迫民众，就不可能依靠民众的力量来克服抗战中的人力、物力、财力等等困难，也就说不上抗战的胜利，而且可能把民众逼到敌人方面去，给敌人以很大的便利。没有广大民众对于政府、军队的拥护，没有军政民的一致，自然说不上有什么团结。

第四，不仅要有各党派、各军队之间的团结，而且要加强各阶级之间的团结。必须明白地认识，过去劳苦大众在严重压迫下，阶级矛盾存在的事实。问题不在于蒙蔽这一事实，而在于采取如何的方法去调节各阶级间的关系。一方面适当改善工农劳动者的生活条件与法权地位，以提高他们的抗战热情；一方面不使富有者发生不安的心理，以防止停业怠工，缩减生产甚或为敌所用等现象之发生。

第五，必须严防敌人的造谣欺骗与挑拨离间。敌人是一个以诡计多端、狡猾百出知名的帝国主义，深知我国团结之可怕，而且敌后方又是一个最接近敌人、敌人的影响最易侵入的地方。过去曾经有过一些意志不甚坚定的人，为敌人、汉奸、托派、敌探所鼓动，所诱惑，大造磨擦，破坏团结，甚至不惜为敌人当留声机，跟着敌人叫嚣"防共""防止赤化"等等无稽的谰言，并进行反对八路军、反对民众的行为，这是值得惋惜与警惕的。

八路军在敌后方之所以能够完成伟大的任务，能为广大人民，不仅工农劳动者而且富有者所爱戴与拥护，能与各方面取得密切的合作，便是因为它真正把握了统一战线的方针，真正为了巩固团结统一而努力。八路军所做的一切，从来没有离开过三民主义与抗日第一的原则，没有一天不在真诚地奉行抗战建国纲领和蒋委员长的指示，对于那些阳奉阴违的人和违反抗战利益的行为，曾经进行了不断的诚恳的建议和忠告。八路军没有一天不在积极作战，遇友军有危难，没有不挺身援助，并经常把自己的经验教训介绍给友军，以为友军之参考；对于一切抗日政府、民众团体、爱国志士加以积极的帮助与尊重，对于友党友军也曾作了多次的让步；但同时对于那些无理的不利于抗战的要求与主张，也曾经而且应该加以严正的批评与拒绝。八路军坚持着自己的正确立场，正表现了它对于民族的无限的忠诚。八路军始终尊重民意，实现了军政民的团结一致，同时也实现了各阶级的团结。正因为这样，我们才依靠了内部的团结，击破了敌人的阴谋诡计，而取得了重大的胜利。

但是，有一种专门吃磨擦饭的人，以破坏团结为能事。如张荫梧之流，专门乘人之危，当冀中吕正操[2]部正在前线与敌血战之际，突然派兵袭击博野后方，占领当地行政机关，屠杀救亡人员。如鹿钟麟先生所属赵云祥、胡和道之流，不打敌人，专门摧残当地抗日政府民众团体，更在冀南八路军与敌进行严重斗争之际，消灭我军失去联络的部队至一连之多，活埋我工作人员、通信员至二十余人之多。如山东的秦启荣[3]之流，素以反对八路军为职志，最近竟伏击八路军一个游击队，逮捕和杀害团级以下干部二百余人。这种人一贯违反民意，用高压的手段去对待民众，破坏各阶级间的团结，挑拨阶级间的斗争。他们甚至不惜利用与日寇有关的"六离会"[4]，围攻冀南的枣强县抗日政府。

这种人常常以"统一""合法"为标榜，以实现其排除异己、惟我独尊的私欲，甚至有利于敌，亦所不惜。冀南行政主任公署是冀南军民年余奋斗的结晶，是执行三民主义、抗战建国纲领最忠实的地方政府，是民众选举出来而为民众所爱戴的行政机关，是统一的国民政府和省政府下的一部分，所以它既是统一的，又是合法的。但是有种人竟诬蔑这样坚决抗日的政府为非法政府，并采取各种手段去破坏抗日政府的统一。八路军到河北，到山东，为的是从敌人手中夺回我国的领土，而且树立了不可磨灭的功绩，但是却有人认为是"八路军不劳而获"，要把八路军赶出河北、山东去，以实现其所谓"统一"与"合法"。试问把成为坚持冀鲁抗战核心的八路军赶走之后，所得的结果是什么呢？这是值得人们思考的。经验告诉我们，山东为了调开某军而"统一"，结果某军离开一县，日军接防一县，这不是中国政府的统一，而是敌人的"统一"了。又如豫北的临漳县为八路军收复后，建立了抗日政府，但为避免磨擦起见，慨然交给专员公署接收，以资统一，但不幸又为敌人"统一"去了。

只有在团结一致的原则之下，只有在坚持抗战与争取抗战胜利的原则下，只有在整个国策与三民主义的原则下，才是真正的统一。凡是一切有利于抗战，有利于民族的事，都应该认为是合法的。八路军不怕任何困难，一切努力为着统一的独立、自由、幸福的三民主义新中国之实现，这正是拥护统一、奉公守法的模范。如果统一合法这样庄严的原则，为少数不明大义的分子所玩弄，并诽谤之为破坏团结、危害民族的护符，其结果是不堪设想的了。

四　在敌后方的政权问题

敌后方的政权问题，是一个敌我的严重的斗争。一方面敌人要树立与扩大其伪政权，摧毁抗日政权；一方面我国军民要坚持青天白日旗的抗日政权，阻止并摧毁伪政权。这个斗争关系于能否坚持敌后抗战，关系于能否削弱敌力与增强自己，关系于民心之维系、抗战之胜利与民族之复兴。因此，举国人士都应重视这一问题，特别是敌后方的各党各派及一切军民，都应认识这一问题的严重性，在共同的方针下与敌人斗争。

与敌人进行政权斗争的中心的一环，在于谁能获得民众的拥护，谁能真正具备民众的基础。因此，敌后方的政府应该成为：

第一，民族主义的政府，亦即是真正领导抗日的政府。它必须在平时加紧民众的民族教育，提高民众的自尊心与自信心；它必须用一切方法揭破敌伪之欺骗离间，并阻止与摧毁伪政权之建立与扩展；它必须不仅组织与动员民众积极参战，而且本身亦应成为游击战争的领导者；它的一切工作一切政策，均应以如何才能战胜日寇和汉奸为出发点。

第二，民权主义的政府，亦即是民主的政府。它必须尊重民意，成立各级参政会的民意机关，接受民意的监督，使本身取得民众的支持，成为民众的依靠。它必须是由民众选举出来而为民众所信赖的政府。它必须给民众以抗日的组织、行动与言论、出版等自由，并严厉取缔敌人汉奸的言论、出版、集会、结社等自由。

第三，民生主义的政府。它必须在"有利于国而无害于民"的原则下，去适当地改善民生，如取消苛捐杂税，建立正当的税收；取消不合理、不公平的负担，建立公平合理的负担；适当地减租减息，改善民生，既无害于富有者，又可发扬民力，巩固团结，提高人民参战积极性；注意春耕秋收的领导，增加生产，保障军需民食；奖励土产，排斥敌货；整理金融，禁用伪币；禁止军需原料之输出，免资敌用，同时奖励非军需品的出口，以调剂民生。此外，它必须成为廉洁的政府，严格规定行政人员的最高薪金，如冀察晋边区、冀南、冀中各级政府人员最高薪额为每月二十元，确定预算决算的审查制度，严惩贪污贿赂。

第四，统一战线的政府。不仅是各抗日党派共同拥护的政府，而且是团结各阶层的核心。因此，它必须坚决执行为全国各抗日党派所共同拥护的三民主义和抗战建国纲领。它在各种政策上，必须是不仅顾及这一党派、这一阶级，而且要顾及那一党派、那一阶级，如一方面实行减租减息，一方面要拿租拿息。它必须不分畛域地吸引一切忠诚为国的人士，参加政府的工作。

第五，这些政府必须与人民建立最密切的联系。这就不仅在政策上真正有利于国，有利于民，而且必须郑重地选择行政人员。行政人员之标准，应该是忠诚为国，廉洁奉公，刻苦努力，不怕困难，勇于牺牲的抗日分子。这种分子最为民众所爱戴与拥护。民众是最善于选择这样的人来领导自己的。所以由人民选举行政长官，是物色这些抗日分子的最好方式。这种分子在任政之初，也许并不熟悉公文程式，更不会逢迎敷衍，但他们在执行国策坚持抗战的事业上，却能做出光辉灿烂的成绩，较之那些残民以逞、为害国民的贪官污吏，真有天渊之别。

第六，按照地形、敌情等条件来重新划分行政区域，以适应于抗战的需要，这是一个非常重要的问题。即以河北而论，冀中、冀南两区均曾根据这样的原则，建立了两个行政主任公署，故在抗日斗争中收到了伟大的成效。正因为有了这样的组织，当此次敌人严重"扫荡"，省政府被迫西移后，仍有冀中、冀南行政主任公署坚持领导，不致使军政民发生张皇溃乱现象。可见行政主任公署这样的组织，是有其成立与存在的必要与价值的。同时每一区域之行政长官，必须是当地最有声望、最有信仰的人物，那也是很明显的。

上述这些方针，是敌后方广大人民所拥护的方针，是为某些地区，如冀察晋边区、冀南、冀中区所依据的方针，这些地区所造成的伟大的政绩，证明了这些方针之正确。

　　但是，另有一种人却反对这样的方针。他们把与敌人汉奸政权斗争的中心任务抛在九霄云外，一心一意地对内磨擦，甚至有利敌人亦所不惜。如上面所说过的，他们在"合法""统一"的招牌下，采用命令、取消、撤换及捕捉行政人员等等方法，去破坏和打击那些抗日有功且系合法统一的抗日政府，即如冀中、冀南这样有威望的政府，也在被取消之列。他们不惜采取一县双县长，一区双专员的办法，以破坏行政之统一。他们为了打击抗日政府，甚至可以违反国策，一面布告取消正当的税收和征粮，一面却又增加临时摊派，故意苛索，以增加抗日政府之困难。在他们领导的区域，民众负担之重，实在是惊人的。他们遴选行政人员，常以反共为标准，因而其中分子极为复杂，有恐日成病、敌来即逃的；有假瓦解汉奸之名而遂其勾结敌人之实的；有与汉奸订立互不侵犯协定的。至若贪赃舞弊，鱼肉人民，那更是普遍的了。这样的政府，这样的做法，能不能够坚持敌后抗战呢？当然是不可能的。

五　如何动员民众坚持敌后抗战问题

　　得人者昌，失人者亡，这是一个浅近的真理。离开民众，坚持敌后抗战是不可能的。

　　敌人在欺骗民众方面曾尽了很大的努力。如果只看到敌人奸、掳、烧、杀的残暴行为，那是万分不够的。敌人一方面到处发泄兽性，每至一村，老妇少女均被奸淫，烧杀之惨，不忍目睹，强掠什物、烧毁食粮，极尽横暴之能事；实行收缴民枪，实行人民的身份证书，禁种高苗，保护交通，以增强其统治；大倡建设，强占我国工厂矿山，大发伪币，吸收法币[5]，收买原料，倾销日货，统治各种企业，排斥英美势力，以增加其占领区的收入；加强毒化政策，奖励种鸦片烟，大贩白面，制造汉奸基础，并扩大汉奸政府的宣传，以削弱我之力量，增强伪组织的力量；利用汉奸四处招募华工，实行老弱者运出关外做工，少壮者强迫当兵，以为扩大伪军之用，不从者活埋处死；特别是加强特务工作，利用隐蔽的汉奸、托派，拼命宣传国共即将破裂，中国必败，吴佩孚[6]出山，日本必胜，并加紧挑拨我国内部磨擦，以破坏我之团结，散布失败情绪，以削弱民众的斗志。同时在另一方面，敌人还加紧实施欺骗民众的怀柔政策，如宣传孔子[7]之道，组织敬老会，抚抱小孩，散发糖果等等，以迎合农民的落后心理，企图消除国人对敌人之仇恨，而遂其亡我国家，灭我种族的目的。

所有这些，都是不可忽略的事实。在敌后方的我国党政军民，不但要动员自己的一切力量，进行长期艰苦的抗战，而且要与敌人这些阴谋诡计进行残酷的斗争。团结民众，坚定民心，发扬民力，则是进行这一斗争的关键。

如何才能团结民众，坚定民心，发扬民力以与敌人斗争呢？

第一，要把一切民众分别地组织在各种民众团体之内，如农民救国会、工人救国会、学生救国会、商人救国会[8]、青年救国会、儿童救国会、妇女救国会[9]等等。这些民众团体，必须在自动自愿的原则下去组织，采取自愿加入的方式，并经过宣传教育，特别是实际的工作，去启发民众加入某种团体的要求，而达到普遍广泛的目的。用强迫加入的方式去组织民众团体，结果会使这些团体变为空洞的机关，无灵魂的躯壳，不会起到任何的作用。

第二，要善于运用和经过这些群众组织，对广大民众进行抗战教育，动员他们积极参加抗日斗争，自觉自愿地协助政府和军队。因此，必须健全这些组织的生活，如定期的会议、民主的选举等等。

第三，每个民众团体，应关心会员的要求，尽可能地领导会员解决一些切身的困难与痛苦。如学生的求学，青年的特殊要求，农民、工人的改善生活，妇女的解除虐待和放足等等。否则，既不能使会员对于团体产生高度的信仰与密切的联系，更不能提高他们的抗战积极性。

第四，军队、政府必须尊重民众团体的独立性，并给以必需的协助。民众团体的负责人，必须是由会员自己选举出来的领袖，由政府或军队派人或圈定都是不妥当的。民众团体的工作，必须由它自己去讨论与决定，政府、军队只宜作一般的原则的建议，否则亦必限制群众的自动性、积极性，无法发挥其应有的效能。

第五，在民众中进行统一战线的教育。在解决各阶层间的问题时，必须双方兼顾，采用调解、仲裁、协商等方式，求得合理之解决，以巩固各阶层的团结，使敌人、汉奸无可乘之机。

第六，在每一个重要的事件或敌人进攻的关头，必须足够地计算民众的力量。能否动员民众参加，常常成为这些斗争胜负的关键。在动员中，应清楚地向民众解说问题的真相，可能发生的问题，与敌斗争的方法，以及胜利的前途。

这样去使民众从自己的切身经验中，证明领导之正确，更加增强其信心。在初次的严重斗争环境中，张皇慌乱的现象是难免的，但正确的指示与深入的动员，可以减少慌乱现象的发生，并可从不断的斗争磨炼中，不断地增强民众的战斗力，成为不可战胜的力量。

第七，在敌人占领区域，必须了解群众所处的特殊环境与困难，因而那些地方的民众组织和斗争方式，应该是不同的。要站在保护民众立场上，去教育他们如何与敌人进行隐蔽的可能的斗争。蛮干乱干，都不会得到当地民众的同情，或者招致不应有的失败，更增民众的失败情绪。

在敌后方许多地区，根据这样的方针去组织和动员民众，克服了民众觉悟程度不足的严重现象，打击了敌人的挑拨离间和阴谋诡计，揭破了敌人、汉奸的欺骗，打破了民众中部分的失败情绪，提高了民族自尊心和自信心。在每次反对敌人的斗争中，民众都发挥了伟大的力量。军队、政府也依靠着民众力量，克服了许多困难。

反之，另有一种人，由他们轻视民众或惧怕民众的观点出发，完全反对上述的方针。他们常常采取"包而不办"的方法，去取消民众运动；用空洞的官办的机关，去代替真正的群众组织；用"赤化"的帽子，去镇压群众的抗日斗争及合理要求；用"不合法"的名词，去取缔抗日的民众团体；用军队、政府的威力，去解散民众团体，捕捉民众领袖；用破坏造谣等方法，去打击民众团体。所以，在这种人统治的地方，是看不见民众运动的，敌人一来，伪政权也是最容易建立起来的。至于这种人得不到民众拥护，且遭民众反对，那是不足奇怪的了。

六　武装问题

武装问题，我只提出下面几个问题来说明在每一个问题上，都存在着两条不同路线的分歧。

第一，对敌作战原则问题。

我们基于敌后持久抗战的方针，敌我力量的对比，敌我的优缺点，确定我军在敌后作战的原则是"基本的是游击战，但不放松有利条件下的运动战"。在此原则下，每个抗日军队和游击队，都须具有高度的自动性、积极性与灵活性，要不断地经常地去袭扰敌人，疲困敌人，消耗敌人，迷惑敌人。并且要不放松每一个可能的机会，求得在运动战中消灭敌人。而运动战的良机，也只有在广泛的游击战争的配合下，才能顺利地求得并取得胜利。同时，我军无论在任何时机，均须站在主动的地位，这样才能算着敌人而不为敌人所算。敌人企图消灭我之主力，并逐渐肃清我之游击队；我们则以游击运动战的原则，机动灵活地去消耗与消灭敌人，以便于与敌人进行持久的艰苦的斗争，一直到反攻的胜利。

这里，游而不击，击而不游，或不游不击，都是错误的，都将无损于敌，而使自己处处陷于被动地位，易遭敌人打击与覆灭的危险。同时，不打敌人固然不对，不顾一切与敌硬拼，也是不对的。在主动作战时，应坚决勇敢、不惧牺牲，以达成歼敌之目的；但在不利和被动的条件下，则应大胆转移，以寻求另一有利机会打击敌人。轻易决战，对拼消耗，正是敌人求之不得的。

过去八路军和许多友军在敌后方与敌进行武装斗争，所以能够取得不断的胜利，给了敌人以打击，正是这样的原则，起到了极重大的战略作用。他们不但没有被敌消灭，而且还大量地消耗和消灭了敌人，增强了自己，为敌人所畏惧。

但是，另有一种人，他们有的抱着无法与敌作战的悲观情调，以保存实力为基本立场，敌人不来，则乐得苟安，不游不击，敌人一来，则张皇失措，退却逃跑。有的在开始时满腔热血，自骄自大，及到在敌人面前碰了两个钉子之后，则又变为悲观失望，毫无信心。这种人都有一个共同的弱点，就是不了解抗战的长期性，所以发生悲观论和速胜论，结果都会变成失掉灵魂的人，没有丝毫光明的前途。可是这种人，却也有一种特殊的本事，惯于骂八路军"游而不击""只宣传，不打仗"等等，然而民众偏能从事实上去认识真理，民众懂得，这种人所骂的，不是八路军，而是他们自己。

第二，游击队与自卫队的问题。

正规军的作战，如果没有游击队、自卫队的配合，就等于失去耳目和手足一样，由此可知游击队、自卫队的重要性。用不着说，游击队、自卫队在抗战中所建树的功绩，是难以数计的。

什么是游击队呢？游击队是民众参加抗日斗争的武装组织。名副其实的游击队必须具备下面的条件：1. 它必须由抗日民众所组成，且为抗日积极分子所领导；2. 它必须保护人民的利益，与人民打成一片，成为民众的宣传者与组织者；3. 它必须具有高度的民族意识与政治觉悟，并积极地向敌行动；4. 它必须有严格的政治纪律，不扰民，不违反国策；5. 它必须懂得游击战术；6. 它必须与正规军取得密切联系，协助正规军作战。正规军于指挥游击队时，亦须善于分配它的任务，如侦察、警戒、扰乱、迷敌、诱敌等等，并尊重游击队的独立性，给游击队以必要的帮助。

自卫队是带半武装性质的群众组织。它的作用是：1. 在战时，有组织地动员民众参战，如拆城、破路、抬担架、运输、侦探、带路等；2. 在平时，实施军事政治教育，提高民众的战斗力，并进行放哨、锄奸等经常工作。

有种人不明了游击队的真正作用，他们不赞成自卫队的组织，即使组织起来，也把它变成一种劳役队的组织。他们也组织游击队，但那些所谓游击队，一般是由土匪、溃兵所编，并不加以任何的改造与训练，对敌则畏若蛇蝎，对民则猛似虎狼，甚有与敌伪勾结，变为半汉奸性质的武装的。"抗日不力，扰民有余"便是对于这种所谓游击队的典型的批评。同时，他们对于真正由民众组织起来的游击队，则又是采取吞并的政策。所以在这种人统治的区域，是无所谓游击战争的。

第三，对伪军、土匪的政策问题。

敌人要巩固其占领区，必须加强伪政权，扩大伪军，以补其人力之不足，而遂其以华制华的毒计。伪军之来源，有从招募训练而来的，敌人已开始注意这一方面的建设，但所见尚属不多。现有伪军，多系由叛军、土匪所形成。敌人正变本加厉地招收土匪，瓦解类似土匪的军队游击队，以扩大其伪军。最近鹿钟麟部竟也有部分叛变投降敌人，是值得引为最痛心的教训的。

所以，瓦解伪军、肃清土匪的工作，需要我们加以极大的努力。

估计伪军的特点，我们瓦解伪军的方针是：1. 不断地向伪军进行民族的宣传教育，使伪军认识敌人必败，我国必胜的前途。2. 采取一切方法与伪军发生关系，并抓住时机，促其反正。3. 对无法争取的死汉奸部队，应坚决采取消灭的方针。打击伪军，可以使伪军觉悟到中国军队的力量，感觉到当汉奸的末路，更有利于我之争取。4. 伪军反正后，必须加强教育和改造，使之真正变为抗日的部队。

肃清土匪，可以削弱伪军基础，安定民生。对土匪基本上采取争取的方针，使其接受抗日政府和军队的改编。并应以坚决抗日，服从命令，严守纪律，不扰民众等为改编的条件。对于那些企图投降敌人，或不愿改编，为害人民的土匪，则应坚决消灭，以绝后患。

过去，八路军和抗日政府在华北采取了这样的方针，所以给了敌人扩大伪军、争取土匪的诡计以严重的打击。

但是，另有一种人，他们反对这样的方针。他们也在叫瓦解伪军，但忽视政治的方向，多限于联络感情，消极谈判，或金钱收买，故常为日寇、伪军所欺骗所蒙蔽。有些部队，不但没有瓦解到伪军，反为伪军所瓦解，如石家庄附近某部与伪军订立条约，互不侵犯，并相约敌胜则某部投伪，我胜则伪军反正。这种脚踏两只船的所谓抗日部队，在华北还有一个相当的数目。即或有一部伪军反正，他们便心满意足，不加任何改造，结果或成土匪，或再度叛为伪军。他们对于收编土匪，确实尽了极大的努力。可是既无改编的条件，改编后亦无适当工作，只求土匪挂着他们的为国家颁发的光辉的番号，便心满意足，结果土匪依然是土匪，不过比过去更便利地在光天化日之下害国扰民罢了。豫北某专员曾收编不少土匪，结果某专员并不能指挥土匪，土匪反而指挥了专员。诸如此类的奇形怪状，不胜枚举。这便是他们对于伪军、土匪的路线，他们之为害国民，不问可知。即使他们自鸣清高，也难免鱼目混珠之讥。这些人站在这样的基础上，其所作所为，不问可知了。

第四，游击队的统一指挥问题。

为着发挥游击队的效能，统一指挥是一个重要的问题。因此，应该在每一区域（如晋察冀、冀南、冀中）设立一个军区司令部，下设军分区司令部。而指挥员的选择，必须是为游击队所拥戴，为人民所信仰的分子。同时，对于游击队的指挥，亦应估计其特性，而给以可以担负的任务。

但是有一种人，他们反对甚至破坏这一方针，他们的做法，实际是消灭游击战争。

第五，抗日武装的发展问题。

抗日战争是长期的，今天我国还没有足够的力量去战胜日本强盗。所以，必须在持久斗争中，不断地积蓄与发展自己的力量，才能取得最后的胜利。从民族利益的观点出发，过去一时期全国各军都有了相当的发展，是值得庆幸的事。但是，已有的发展还不够得很，还要继续地发展，这也是全国各军的任务。

但是，在敌后方有一种人，为了自己的发展，不惜破坏其他友军的发展，特别是采取一切卑劣手段，来限制或破坏八路军和某些坚决抗日友军的发展。这种排除异己、妨害团结、削弱抗战力量、客观上有利敌人的举动，对于国家有什么好处呢？这是值得他们反省的。

七　结　论

在叙述了敌后方的各种问题之后，显然的，在每个问题上，都表现着两条不同的路线。哪个正确，哪个错误，国人自有分辨。

顽固分子最喜欢用"赤化"帽子加在抗日分子、广大民众和八路军的头上。他们认为上述的正确路线，就是实行"赤化"，所以他们要以自己的错误路线来"对外辟赤化之谣，对内纠正民众之过火"。

"赤化"这种名词，是日寇所惯用的，敌人把我国的民族自卫战争叫做"赤化"，敌人骂蒋委员长和国民党，也说是因为蒋委员长和国民党"赤化"了，所以要"防共"，要灭亡"赤化"的中国。蒋委员长说，防共就是灭华，真是一针见血的至理名言。

不幸得很，这般顽固分子，竟把日寇的口号变为自己的口号，把日寇的"防共"方针当作自己的方针，不惜做汉奸汪精卫[10]的应声虫，拼命反对合乎三民主义的、合乎蒋委员长指示的路线，拼命制造磨擦、破坏团结，以便于日寇的进攻。这种人如果再不回头，继续发展下去，其结果之危险，令人不寒而栗。

敌后方的环境日益严重了！没有内部的团结，就无法与敌人进行艰苦的持久的斗争。如何团结？如何求内部方针的一致？是正确的方针去迁就错误的方针，还是抛弃错误的方针一致执行正确的方针呢？假如人们懂得，只有正确的路线才是争取抗战胜利的路线，执行错误的路线就会招致民族的败亡的话，是不难选择自己拥护和努力的方向的。

注　释

〔1〕"东亚新秩序"，是一九三八年十一月三日日本首相近卫文麿在《帝国政府声明》中提出的侵略和奴役中国的阴谋计划。其中确定"日满支提携"，即日本、伪满洲国（一九三一年日本帝国主义侵占中国东北后于一九三二年制造的傀儡政权）和国民党政府"合作"，共同反共，以便日本在政治、经济、文化各方面控制中国。

〔2〕吕正操，当时任八路军第三纵队兼冀中军区司令员。

〔3〕秦启荣，当时任国民党山东省政府驻鲁南办事处主任、鲁苏战区游击第三纵队司令。

〔4〕"六离会"，是旧中国的民间结社，主要由破产农民、失业手工业者、流氓无产者等组成。他们以宗教迷信为联系纽带，拥有武装。由于存在封建性、落后性，容易被反动统治阶级甚至日伪所利用。

〔5〕法币，指一九三五年十一月国民党政府实行币制改革以后所发行的纸币。一九四八年八月，国民党政府发行金圆券以代替业已崩溃的法币。

〔6〕吴佩孚，北洋军阀直系首领之一。一九二三年镇压京汉铁路工人运动，一九二六年所部在湖北被北伐军击溃。一九三一年后，隐居北平（今北京）。抗日战争爆发后，日军多次争取他组织伪政府，遭到他的拒绝。

〔7〕孔子，名丘，春秋时期思想家，儒家学派创始人。

〔8〕工人救国会、学生救国会、商人救国会，是中国共产党领导的在各抗日根据地组织的抗日群众团体。

〔9〕儿童救国会、妇女救国会，是中国共产党领导的在各抗日根据地组织的抗日群众团体。

〔10〕汪精卫，全民族抗日战争爆发后，任国民党国防最高会议副主席，主张对日妥协，是国民党内亲日派首领。一九三八年三月任国民党副总裁。同年十二月公开投降日本帝国主义。一九四〇年三月在日本帝国主义扶植下，成立南京伪国民政府，任代主席。

八路军是坚决抗战的，
诬蔑造谣不能损伤他 *

（一九三九年七月七日）

八路军两年战斗不下数千次，千万个民族战士，为祖国流尽了最后一滴血。八路军在华北牵制住敌人九个师团，连伙夫都深明抗战大义，所以，八路军是坚决抗战的。虽然有些顽固分子造谣中伤，说八路军"游而不击"，或"不游不击"，已完全为事实所揭穿。八路军抗战两年以来，收复了广大失地，死伤达十万以上。假如不游不击，为什么会死伤这么多人呢？投降派、反共分子的毁伤，并不能丝毫有损于八路军，只显得他们的无稽而已。八路军一定要把日寇驱逐至鸭绿江边，建设独立自由幸福的新中国！

---

* 这是邓小平在延安各界举行的纪念抗战两周年并公祭抗战阵亡将士大会上代表八路军前方将士发表讲演的主要部分，发表在一九三九年七月十一日出版的中共中央机关报《新中华报》。

八路军坚持华北抗战[*]

（一九三九年七月十六日）

两年来，八路军驰骋于广大的华北战场，在蒋委员长领导之下，肩负着民族的重大使命。事实证明了：他没有辱没自己的使命。谁都知道八路军的武器是最坏的，生活是最穷困的，但他却能与装备最现代的日寇进行顽强的斗争，并胜利地完成了自己的任务，钳制了敌人的九个师团，即占全国寇兵的四分之一的兵力，给予日寇以严重的打击与消耗。他配合了华北友军，协助了当地政府，动员与组织了广大的华北人民，从日寇、汉奸手上夺回广大的国土，创立了许多块的抗日根据地。他在最困难的环境中，为了保卫我们的国土，没有一天不在与敌人战斗。他不断地打破敌人对于抗日根据地的进攻，并坚持着广大平原的游击战争；他始终至诚地执行着三民主义和统一团结的方针，实行了一些进步的措施，启发了民众的民族自尊心与自信心，依靠着这些，给了华北抗战以新的生命。因此，活跃的华北战线，给了全国各个战线以很大的助力，特别是在保卫西北的任务上，起了很大的作用。所有这些，证明了什么？

第一，华北的事实证明了我们能在最困难的条件下，以

＊ 这是邓小平为纪念全民族抗战两周年发表在一九三九年七月十六日中国共产党在国民党统治区出版的理论刊物《群众》周刊（重庆版）第三卷第八、九期合刊上的文章。

劣势的武器去与日寇进行胜利的斗争。

第二，华北的事实证明了抗战的过程是长期的、艰难的，但是有光明前途的，只要坚决地抗战下去，就能够逐渐削弱敌人，生长自己，最后战胜日本强盗。

第三，华北的事实证明了只有巩固团结，真正地实行三民主义的进步纲领，充分地组织、动员和依靠民众，才能使抗战获取胜利，否则虽有抗战的决心，亦无补于事。

第四，八路军之所以能在最困难条件下坚持华北抗战，为敌人所畏惧，便是由于他具有高度的民族意识，处处表现着自己是尽忠职守，服从命令，英勇顽强，艰苦奋斗的模范。他保持与发扬了自己的光荣传统和作风，以数千次的战斗、林贺[1]两师长的光荣负伤、数万将士伤亡的鲜血，粉碎了八路军"游而不击"的谰言。

当此抗战两周年纪念之际，八路军和华北人民献给全国同胞的，不但是他的光荣战绩，更主要的，还是他的一颗赤诚为国的心。华北的斗争日愈严重着，他将一如过去两年，准备在任何困难环境中，为保卫华北、保卫中国而奋斗。

让汪精卫和其同类者去进行下流的投降勾当吧！八路军的将士，华北的人民，一切有气节的黄帝子孙，是誓死反对这般无耻之辈的，是要坚决抗战到底的。

注 释

〔1〕林，指林彪，当时任八路军第一一五师师长，一九三八年三月在山西隰县被国民党军队误伤。贺，指贺龙，当时任八路军第一二〇师师长，一九三九年四月在河北齐会战斗中因日军发射毒气弹中毒负伤。

悼丁思林同志[*]

（一九三九年八月一日）

　　不幸的消息，日寇的魔手又在七月八日的战斗中，夺去了我们的丁思林同志的生命。

　　丁思林同志，共产党员，二十六岁，湖北黄安[1]人，在他的童年时代就参加了红军，历任班、排、连、营、团长的职务。红军改编为八路军，他被委为某团的营长。抗战以来，屡立战功，乃于去年秋季升任独一团团长。他以自己的英勇的模范和紧张的工作，协同与团结全团的同志，把一个新的部队，锻炼成了一个主力兵团，成为一个有战斗力的、富有本军优良传统的青年兵团。他率领全团，转战冀、豫、晋广大地区，几乎没有间断过，冀南香城固的胜利战斗[2]，该团也是参加部队之一，而且是缴获较多的一部分。此次敌人以三万大军分九路进攻晋东南抗日根据地的时候，该团亦加入了重要的战斗序列，在上级的意图下，奋战近月。七月八日，该团复受命截击由太谷向榆社增援之敌，与敌千余激战一昼夜。丁同志率领全团身先士卒，进行反复冲锋的肉搏战斗，终于以弱于敌人的兵力，击溃了优势的敌人，成为收

---

　　* 这是邓小平发表在一九三九年八月一日出版的中共中央机关报《新中华报》上的文章。

复武乡、榆社两县城的胜利的重大因素。然而，不幸也就在这次战斗中，在坚持华北抗战与保卫晋东南抗日根据地的事业中，丁同志和三百多个中华民族的优秀子孙，流尽了他们的最后一滴血！

丁同志不仅是一个英勇顽强、机动灵活的好的指挥员，而且从十年的斗争中，锻炼出了他的忠于民族，忠于劳动人民，忠于党的坚强的意志。同时他还富有青年的突击精神，勇于任事、不怕困难、奋勉前进的特质，因而他为上级同级所信赖，为下级所尊敬。他的死，在叶成焕、邓永耀[3]两同志牺牲之后，是全师的重大损失了！

丁同志的牺牲，只有增加全体指战员和广大民众的愤怒。他们不会啼哭，他们将以自己的愤怒，去彻底地粉碎敌人的进攻，争取抗战的最后胜利，完成丁思林同志的未竟事业！

注　释

〔1〕黄安，今湖北红安。

〔2〕一九三九年二月十日，八路军第一二九师在河北威县香城固地区伏击日军第十师团一个中队，歼敌二百余人。

〔3〕叶成焕，全民族抗日战争爆发后，任八路军第一二九师第三八六旅第七七二团团长，一九三八年四月在山西长乐村战斗中牺牲。邓永耀，全民族抗日战争爆发后，任八路军第一二九师骑兵团政治委员、冀南第五支队政治委员，一九三九年初任八路军第一二九师东进纵队政治部主任，同年三月三日在河北武邑东南地区战斗中牺牲。

在太北军政委员会
扩大会上的报告*

（一九三九年十一月三日）

一　抗战形势与华北抗战

（一）区代[1]后基本形势未变化，但投降妥协宣传公开了，如王宠惠、胡适之[2]公开谈"荣誉的和平"。"荣誉的和平"即面子过得去之和平也。英美活动积极，英日谈判开始，美日也准备谈判。日外相野村是美国系外交家。国内反共活动未减轻，但同时反投降运动之增长抵制了王宠惠之广播及公布的新法令[3]。投降妥协运动在发展，如不努力反之则前途危险。

（二）投降妥协必首先牺牲华北，故反妥协投降即是坚持华北抗战之一面，必须把"反投降""坚持抗战，与华北人民共存亡"两种口号联系起来，把人民与共产党八路军联系起来。

（三）必须认识坚持华北抗战是非常困难与持久之斗争。华北敌后无相持阶段，而是时时连续的进攻与退守。困难还

---

*　这是邓小平在河北赞皇黄北坪召开的太北军政委员会扩大会上的报告摘要。邓小平当时任太北军政委员会主任。

要加上顽固派的活动和我工作之弱点。敌军事"划格子"[4]束缚我活动，加上政治进攻，如会门之被运用，及组织其他封建团体，利用汉奸托派挑拨国共关系。敌人又烧杀又怀柔，如计口授盐[5]，经济上倾销日货，有计划地高价收买粮食，限制、缩小、削弱我根据地及抗日力量。华北顽固派遭到我反击并未放弃反共，反而采取更多巧妙方法，决心与我进行政治斗争。不要以为他们光是剥削人民，不懂政治斗争，他们也可能以一时之让步，取得人民之拥护。这些是更厉害，更严重，更值得警惕的。他们的活动给我以鞭策，使我进步，弥补弱点，坚持抗战。

二　冀西环境与工作估计

（一）冀西工作已两年了。第一时期是我单独来搞。由于我政军党的弱点，予人以可乘之机，故第二时期是顽力量大于我。五月以来我又占优势，但为时不久，张荫梧之疯狂又打击了我们。八月半后我应大量开展工作，但尚未能很好利用机会。今日之局面严重并不亚于张荫梧在时。过去民众痛苦怨顽固派之搅乱，而今日则民众怨我们了。今日是我力量削弱，敌顽力量发展，民众逐渐离开我们。

（二）形成如此现象之原因有五：

1. 从政策上说，党政军民各机关都未站稳阶级立场，注意民生痛苦，并以此为中心。我未行"善政"，故未改善民众生活，反致民力枯竭，民生凋敝。

2. 我武装未积极打击敌人，加之纪律坏，故民众看不出我与顽军之区别，降低我威信，且纵敌活跃。

3. 党政军民机关干部中存在不少阶级异己分子及汉奸敌探，破坏抗日政策，造成失败空气，违反政治路线，损害我党工作的威信。

4. 党政军民指导机关缺乏应有的警觉性，工作多限于事务活动，不能研究问题，及早纠正各种不良现象。武装工作之不合理关系影响了工作，一般各方隔离，工作不深入。

5. 党政军民配合不好，影响了工作。

三　今后的方针

（一）从各方面与友党友军比进步。友党友军之阻碍只是客观环境条件，我仍是优势，我能胜利，应从政策及设施上争取民众，这是主要的，不要光靠力量打击人，而忘掉检查自己缺点。

（二）一切为着战争，发挥民力，巩固根据地。

（三）所有地方部队全部出动打仗，就是比进步，争取民众。

（四）一切重要部门要把握在可靠分子手中，党的机关要放在经过审查、考验、锻炼的干部手中。

四　政权与政策

（一）迅速改造各级政权。村长民选是主要的，先从有保障的地方做起，树立榜样。原则是保障我提之候选人能通过。充分准备，集中力量，学习总部民众工作之精神。选举要与民生问题联系起来，使民众站在自己利益的立场知所鉴别。政府用各种方法，给予候选人以便利，培养其威信。清洗政权干部中坏分子，吸收士绅参加。注意重要的、有决定意义的村子，不平板地做。要真正做，决不马虎。

（二）重新公布主任公署八大施政方针及朱彭七大纲领[6]。要发动群众、各团体机关讨论。只有能坚决执行这些方针及纲领者才能当选。发动斗争，解决村长贪污、压迫人民诸问题。

（三）政府人员经常下乡，召集群众讲演、士绅谈话、座谈会，慰问抗属，解答群众各种问题，反对机关主义，加里宁[7]每日以一点钟接见农民，力求"与民更始"。

（四）举善政，兴利革弊：

1. 低利借贷。使贷款真正落到受灾抗属身上，及落到生产者身上。依靠工会、农会，免被富农、中农利用去。

2. 提倡生产事业、工商业。纺织，解决棉花来源之困难，养猪羊，运销山货。根据军队及民众需要发展生产，鼓励民众过路买原料、盐等向山西卖。

3. 开荒。今年开荒，明年春耕下种。荒地属地主，农民不敢耕。应颁垦荒法令，规定土地必须耕种，不耕之田可归他人借耕。借耕权首归抗属，次归贫苦者，借耕一年不纳租，以后荒地归原主。荒山，原主可归耕，否则他人垦荒三年不纳租不纳税。政府各机关自己耕种、开荒。防水治水等要召集老农会议。

4. 办学校，增加教育经费。训练教员，编教本，教员训练出来设法录用。教育机关要掌握在纯洁分子手中。

5. 节省开支。政府严格预算、裁员，村政府开支多些，小学教员优待些。地方武装经费经指挥部批准，党审查。补充连经费归主力负责。

6. 严禁游击队向民众索粮索款，敌区可筹，但须向政府报销。游击队不准在抗日现有区吃粮。

（五）几件事情：

1. 政府设公安局。须由党决定、检查、批准公安局干部。其警察专司锄奸、保卫政权和党。县专署设警卫队司警卫，归公安局长指挥，其余武装俱归武装部门。

2. 改变派差办法。主力买骡子自己运输。所有合作社一律禁要民差。要差必经军队及政府开条子。要差不给钱，准予群众告发。

3. 募集公粮。募富有的存粮，到敌区筹粮，过路东运粮，同时赈济贫困，用上面政策舒息民生。努力完成筹粮计划。

五　武装问题

（一）编制原则。目前最基本的原则是着重统一。每县编一个大队，三四个连，每区一个中队，一个或半个连，每村成立游击小组，接敌区可有二三十人的精干游击队。游击队按人枪对半来编制。

（二）干部重新审查，重新配备。审查干部的标准是政治第一，其次是敢打。

（三）武装编制及改编。防止急性病，方法力求合适。地方注意补充教育训练，主力帮助动员教育，同时反对放任主义。加强游击队的管理及纪律。

（四）整理武装，全部出动，应下决心不怕死人，不怕打垮。过去最大的毛病是不打仗，破坏纪律。群众最憎恨的游击队宁肯解散、缴械，甚至杀一儆百，以回答民众。

（五）各县指挥部成为二大队的系统建制。主力部队组织的游击队归所在县指挥，委派能力强的干部参加指挥。

（六）各县各级政府干部兼八路军游击队首长，这是巩固政府的办法之一。反对用武装来看门。

（七）保卫根据地，发展民众斗争必须要民众有枪，一县至少一二百条枪，保证村有二三条枪及其他武器。应逐渐设法解决民枪问题。

六　民众组织

（一）重新审定干部，加强干部，原则上提拔与民众有联系的干部。

（二）各方尊重民众团体，提高其威信。

（三）政府依靠民众团体进行工作，培养民众团体。

（四）目前民运工作要注重自下而上地建立。干部到下边去，到民众中倾听民众呼声，协助政府解决民众问题。

（五）研究讨论民运工作。

七　统一战线工作的几个问题

（一）争取落后知识分子，如小学教员及可能抗日反妥协的分子。利用座谈会等"比进步"的方式争取之。

（二）采取各种方法争取士绅。由政府军队负责，可组参政会[8]，使之参加，相当尊重及考虑其意见。

（三）公开批评友军，帮助友军，使其下层及民众知我之帮助及态度，以争取及孤立顽固分子。中心放在比进步，不放在消极抵制。

（四）报纸应替老百姓说许多话，批评一些现象。

八　党

（一）党的工作中心放在军政民的政治领导，真正做党的工作。

（二）审查干部。

（三）党政军民要有充分的战斗性，雷厉风行地干起来。党和政府环绕战争，保证军队之一切。党政军民上下掀动，造成热潮，彻底讨论，彻底转变冀西工作，创造、巩固根据地。

注　释

〔1〕区代，指一九三九年九月十日至二十八日在山西武乡举行的中共晋冀豫区第一次代表大会。

〔2〕王宠惠，当时任国民党政府外交部部长。胡适之，即胡适，当时任国民党政府驻美国大使。

〔3〕新法令，指一九三九年国民党中央秘密制定的《防制异党活动办法》《异党问题处理办法》等文件。

〔4〕"划格子"，是对日军实施"囚笼政策"的形象说法。"囚笼政策"，是日本帝国主义妄图消灭中国共产党领导的敌后人民武装和摧毁抗日根据地的一种残酷政策。它是以铁路为柱，公路为链，碉堡为锁，辅以封锁沟、墙，对抗日根据地军民实行网状压缩包围。

〔5〕计口授盐，指抗日战争时期日本侵略者为掠夺中国资源，在日占区所实行的按照人口定量统制食盐的一种方法。

〔6〕朱彭七大纲领，指一九三九年九月八路军总司令部暨政治部公布的《七大纲领》，主要内容是：一、改善民生，减少阶级对立，强固阶级合作，以巩固抗日民族统一战线；二、实现民主，改善政治机构；三、发动群众游击战争；四、发展生产合作事业；五、加强抗战教育与文化事业；六、厉行锄奸运动；七、加强抗战部队，动员民众自愿加入军队，切实优待其家属。

〔7〕加里宁，当时任苏联最高苏维埃主席团主席。

〔8〕参政会，这里指参议会，是中国共产党在抗日根据地为吸收党外人士参加政权而设立的、具有人民代表会议性质的机构。

最近冀南磨擦情况及
我方之方针*

（一九三九年十一月二十三日）

最近冀南磨擦加大：

一、破坏冀南新钞[1]，捕捉拿用新钞的人，并由鹿石[2]布告，凡用新钞票枪毙。

二、加深双政权，设双中心村长，组织保甲，到处打击我之村长。

三、按村派壮丁数名当兵，各村每以二百元买一人应付，到处筹粮派款，捉人打民众，捕工作人员，捣毁我之税收机关，最初顽方邵鸿基之第二政府面目，出现磨擦，因群众起来，石友三已出头形成与民众抗日政府正面磨擦，派队在各处压迫民众捉抗日人员，公开抢掠村庄，并曾打击我来往人员，向主署[3]声明要捕捉南宫、威县两县长，连日调兵遣将，大有蛮干一下之势。石一面到处乱干，一面又派人到主署联络，证明石似亦恐引起大磨擦。但局部武装冲突，石似有相当决心，现威南广大群众情绪甚激，原因石部压迫太重，自动起来打第二村区政府，现正将此斗争扩大到公开驱逐第二政府，并与民主民生联系，以增援威南斗争，并深

---

* 这是邓小平和李菁玉等给宋任穷等电报的主要内容。

入群众基础，反顽斗争与坚持群众方式并与军政配合，为保证民众不受摧残，我们派队灵活掩护，同时发动民众对开来压迫民众的石部表示亲近，开欢迎会，老少痛切陈词，以感动争取其下层群众。中心口号是：

1. 拥护八路军，坚持冀南抗战。

2. 拥护主署领导冀南人民。

3. 要求八路军保护人民。

4. 拥护民选政府。

5. 反对第二政府压迫剥削民众。

注　释

〔1〕冀南新钞，又称冀南钞票，简称冀钞，是晋冀豫边区冀南银行发行的法定货币。一九三九年十月开始在冀南、太行地区发行，后在整个华北地区流通，对保障和促进华北地区生产、贸易的发展和经济建设起过重要作用。一九四八年十二月中国人民银行成立后，发行全国统一使用的人民币，冀钞停止发行和流通。

〔2〕鹿石，指鹿钟麟、石友三。

〔3〕主署，指冀南行政主任公署。

争取抗战时局的好转*

（一九四〇年一月二十日）

第一部分：新形势的特点。

一、投降妥协是目前主要的危险，"反共""防共"就是投降的准备。上层资产阶级更加危险，反共活动更加严重，时局已到严重危险的程度。为什么？

资产阶级的特点，特别是上层资产阶级的特点，因为它先天不足，所以是软弱、依赖和动摇的。中国是半封建国家，资产阶级有它革命的方面，但又有它反革命的方面。因此，中国资产阶级是两重性的——革命与反革命。中国资产阶级之所以软弱，是因为它是从封建基础上生长起来的，与封建势力有密切的联系。它反对封建势力是不彻底的，同时反对帝国主义也是不彻底的。这是阻碍他们发展的因素。中国资产阶级要发展，只有推翻封建势力、打倒帝国主义。

资产阶级在什么时候动摇？革命困难时——帝国主义和封建势力的压力大；革命快要成功时——利用工农、小资产阶级获取革命果实。

---

* 这是邓小平在山西辽县（今左权）桐峪镇八路军第一二九师师部召开的全师干部会议上所作《关于目前形势的报告》的提纲。

今天动摇的只是少数上层资产阶级，其他中等和民族资产阶级是要抗战的。如果认为今天所有的资产阶级都已经妥协投降是不对的，抗战力量是大的。

目前，国民党顽固派投降妥协、局部分裂已成事实。如陈长捷、赵承绶、孙楚、王靖国[1]等，已公开与敌人军事配合，进攻八路军和新军[2]。阳城杀害革命群众一千余人，这就是事实。

“反共”更加严重，由过去“防止异党办法”[3]以政治为主，转变为“处理异党办法”[4]以军事为主。如九十七师进攻边区及孙楚进攻阳城，就是“处理异党办法”的结果。

二、无产阶级对资产阶级的态度是：当他们革命时，同他们联合，去完成资产阶级性的民主革命。但共产党应保持自己在政治上、组织上的独立。过去如此，今天也如此。这是为了阶级的利益和民族的利益，但其中还是有斗争；当他们反革命时（不得已时），同他们进行斗争，包括政治的、军事的，即所谓讨逆斗争。但这并不是内战，而是联合被迫分裂的（不愿投降的）继续回头抗战，这正是反对日本帝国主义斗争的一部分。

今天我们要看到，无产阶级政党共产党虽然有着丰富的革命经验，但是资产阶级也有它的相当丰富的反革命经验，特别是其麻醉、毒辣、狡猾的手段，是要我们的同志充分注意的。

三、投降妥协更加严重的原因：一是日寇诱降的活动加剧，敌人国内困难大大增加，人民生活苦，反战情绪高，因此欲进行速战速决的运动，加紧引诱中国投降。现在与投降派的联系加紧，如晋西南让出地方作为投降派的“反共”阵地；在某些地方以百分之九十五的工业给投降派。这是敌人的毒辣手段，不仅敌在政治上加紧诱降，而且在军事上与投降派有密切的联系。二是国际压力加剧，特别是英国，张伯伦[5]成为"反共"的先锋，企图牺牲中国取得日本为东亚"反苏"的宪兵。美国也在那里进行牺牲中国的活动。日本正在那里讨价还价中。三是中国大资产阶级更加动摇。以上三个因素不但未停止，而且正在发展中。

四、投降妥协、局部分裂已成事实，但也要看到，不是全部的投降分裂，而是局部的、部分的投降分裂，我们仍有力量去争取时局的好转。这是因为：

广大人民不愿意投降。反投降运动的力量及抗战的力量，特别是共产党、八路军日益强大。八路军的强大，对于全国人民的命运有着重要的意义，共产党和八路军的任务因此也更重了。我们的影响在全国是大的，广大不愿意投降的人们都在看着我们，这也是敌人和投降派反对八路军的原因所在。

广大的中产阶级还要抗战，但要靠我们的努力与抗战力量的增长来决定。

苏联是援助中国的主要力量。

中国今天的抗战，正处在十字路口。投降、反共、亲美、亲英和联俄、联共、工农抗战正激烈斗争中。时局尚未最后绝望，我们的责任是在目前新的形势下如何争取时局好转。

五、我们应有高度的警惕性，准备应付随时可能到来的突然事变。突然事变的两种形式：一是全国"下大雨"；二是部分出现，如晋西、阳城、冀西等处已成事实。投降的两种形式：一是汪精卫式的英美味道，实际上是降日；二是半死不活的形式，名义上抗战，实际上与日和平共居。

第二部分：如何争取时局好转。

一、削弱投降派的力量，增强抗战力量。我们仍然采取人不犯我、我不犯人，人若犯我、我必犯人的立场不变。尤其要巩固与发展八路军，这是具有决定意义的。不仅八路军，而且所有的抗战军政力量都要发展。反对日寇、汉奸、投降派，就要爱护自己的党和八路军。

二、坚持抗日民族统一战线，加强统一战线的工作。就是出现投降，也不等于国共分裂，不等于抗战失败。团结一切可以团结的力量抗战，这完全要靠我们自己的努力。

三、深入群众斗争，加强群众工作。

四、从思想上、组织上准备自己，认识三民主义与共产主义的关系。

五、加强锄奸工作。

注　释

〔1〕陈长捷，当时任国民党军第六集团军总司令兼第六十一军军长。赵承绶，当时任国民党军第七集团军总司令、山西省政府第二行署主任。孙楚，当时任国民党军第八集团军总司令、山西省政府第三行署主任。王靖国，当时任国民党军第十三集团军总司令兼第十九军军长。

〔2〕新军，指山西新军，是全民族抗日战争爆发后，活跃在山西的一支新型的抗日革命武装。它名义上归属于地方实力派阎锡山的军队系统，实际上一直受中国共产党的领导，是中国共产党抗日民族统一战线的产物。

〔3〕"防止异党办法"，指国民党中央一九三九年春秘密颁布的《防制异党活动办法》。

〔4〕"处理异党办法",指国民党中央一九三九年六月秘密制定、十二月明令实施的《异党问题处理办法》。

〔5〕张伯伦,英国保守党领袖,一九三七年至一九四〇年任英国首相,在任期内实行纵容德、意、日法西斯发动侵略战争的绥靖政策。

冀南战役政治保障命令 *

（一九四〇年二月三日）

冀南：

甲、石友三[1]配合日寇摧残抗日根据地已经年半，驱逐军中抗日分子，屠杀、活埋共产党员、八路军人、抗日分子在千人以上。我军始终坚持团结，处处容忍，惟望其以民族为念，幡然觉悟，回头抗战，石友三竟恬不知耻，近更与日寇亲密来往，并接受日寇指示，公开武装消灭我七七一团、东三团[2]共一个营，复于一月三十一日向我青三团[3]进攻，公开发动战争，因此，我军不能不被迫采用自卫战争。

乙、全体指战员必须认识，石友三过去当过几年汉奸，现在又由暗藏在抗日营垒中的投降派公开变为汉奸了。他之进攻抗日军队、抗日政府、抗日人民是在日寇意旨之下进行

---

* 这是邓小平和刘伯承在接到毛泽东一九四〇年二月三日的来电后于同日给冀南军区发出的讨伐石友三的政治动员令。一九三九年十二月，国民党顽固派掀起了第一次反共高潮。一九四〇年一月，国民党军第三十九集团军石友三部在冀南先后将八路军东进纵队两个连和青年纵队一个排包围缴械，接着又围攻东进纵队第三团和清河县大队等部，并企图夺占冀南抗日根据地。毛泽东于二月三日致电八路军总部和第一二九师，指出："对石友三部采取争取的方针已不适用，应在其向我出击时坚决彻底消灭之。"

的。他的目的是消灭共产党、八路军、抗日政府和民众团体，替日本强盗当清道夫，以便于日寇完全统治冀南进而统治全华北，使全冀南、全华北的人民都变成亡国奴。我军为了坚持冀南华北抗战，与华北人民共存亡，不能不予汉奸石友三以回击。消灭石友三，就是消灭日本强盗的一部分。

丙、全体指战员必须明了此次战役关系至大，消灭了汉奸石友三就可以：

（一）严厉地打击日寇以华制华的毒计，更有利地坚持华北抗战。

（二）严厉地打击投降派石友三，就是投降派的末路。这是争取时局好转的重要步骤。

（三）更进一步地巩固河北、山东、山西抗日根据地。

（四）更便利地进行抗日设施建设，改善人民生活。

（五）保障本军的安全、一切抗日人民的安全。反之，假如我们不能消灭石友三，那么，将来的斗争更加困难。因此全体指战员必须以最大的顽强性、高度的政治责任心，无论如何要消灭汉奸石友三。

丁、为了保障本战役的彻底胜利，必须：

（一）坚决服从命令，细心研究命令，完成任务。对命令打折扣，或者以不坚决的敷衍的态度去对待命令，都必将在作战中造成不可宽恕的罪恶。

（二）保证动作的协同和准确是争取胜利的重要条件，反对游击主义习气。必须认识，一班一排的胜利都可以推动整个战役的胜利，一班一排的错误都可影响到整个战局。游击习气、自由行动、不遵守时间都将造成罪恶。

（三）要有高度的顽强性。在进攻时要坚决、勇敢、迅速，要克服工事围寨的困难，在防御时要沉着，并适时地以反突击消灭进攻之敌来遂行防御的任务。在行动时要保守军事秘密，要忍耐急行军、夜行军的困难，在转移时要机动灵活，要明了一切行动都是为着战斗的胜利，打垮敌人时禁止拿东西，一切为着逼击敌人，消灭敌人，争取更大的胜利。

（四）发扬战场上的比赛精神。比赛夺围寨，比赛缴获人枪，比赛战场纪律。在战后本师将赠给模范指战员以光荣的奖励。

（五）在战场上、行动中发扬阶级友爱、互相帮助的精神。供给机关保障战场的饮食，卫生机关保障伤员的治疗，政治机关、供给机关负责胜利品的收集。一切为着战争的胜利。

（六）责成各级政治委员、政治机关、政治工作人员以高度的政治责任心和紧张性，从各方面去进行政治的保障，随时注意战士的情绪，给以及时的解决，巩固战斗情绪，动员居民配合我军作战。

（七）在火线上喊话，宣传被欺骗的官兵脱离石友三。对俘虏要优待，争取百分之九十补充部队，打破过去惧怕俘虏的观念，反对打骂、虐待、搜腰包等行为，要认识争取俘虏是补充的主要来源之一。

（八）肃清地方上的特务机关，清查俘虏中的特务分子。

刘邓

二月三日

注　释

〔1〕石友三，当时任冀察战区副总司令、第三十九集团军总司令兼第六十九军军长。

〔2〕东三团，指八路军第一二九师所辖的东进纵队第三团。

〔3〕青三团，指八路军第一二九师所辖的青年抗日纵队第三团。

保持与爱护有生力量是
一项重要任务[*]

（一九四〇年三月二十八日）

各兵团：

近查，各部在行军作战时减员极大。如青纵三团[1]，已削减到仅五百人。如此下去，某些兵团将有自行消灭的危险。

检查各严重减员的原因有下列几个：

一、干部责任心差，不会教育管理部队，特别是某些干部阶级意识的模糊，不关心战士疾苦，不解决战士困难，甚至打骂侮辱战士。而某些兵团新老干部间、工农干部与知识分子干部间的不团结，也是造成严重减员的重要原因。

二、党的工作和政治工作薄弱，政治委员没有把自己的工作重心放在党的工作、政治工作上，政治机关人员的模范作用发挥不够。

三、部队质量太差，老的、小的太多。

四、特别是部队管理教育太差，形成严重的游击主义、军容不整、纪律废弛、松懈散漫、流氓习气等。

保持与爱护有生力量，消灭可怕的非战斗减员，成为全师的严重任务。为此：

＊ 这是邓小平和刘伯承给八路军第一二九师所属部队的指示电。

一、各兵团必须依靠支部，深入检查减员原因。对于一切造成减员的问题，必须开展广泛的斗争。目前主要是要反对游击主义，反对流氓习气，反对不关心战士生活，反对打骂侮辱战士，反对松懈散漫。

二、发挥干部的政治责任心和积极性，并使他们善于管理和训练部队，提高他们的能力。因此，各级的带专门性质的干部会议应有计划地举行，同时应大胆提拔优秀的知识分子参加各种工作，吸引他们积极参加整军工作。

三、用一切力量充实部队编制。不能马上充实时，应大胆缩减班、排以至连的单位，反对破产土豪放不下架子的现象。一切老弱应清出做后方工作或编入青年队训练，不能放在连队充当战士，即人员不大充实，亦不应如此。

四、估计目前我军正处在日寇和投降派的夹攻中，行军作战时间较多，故各部必须抓住一切空隙时间进行有计划的教育，即使一天只一点钟的时间都不可浪费。必须认识石友三军之所以有战斗力，是与他加强训练管理不可分离的。目前的教育方针，应把内务秩序整饬、制式教练与战术教练同等看待，要求要严格准确。各旅、团军事指挥员、政治委员、政治部（处）主任、参谋长必须亲自到操场、到课堂检查内务，并时刻到连上去领导与检查部队的整训工作，克服现存干部中的懒散现象。

本指示应即讨论执行并随时报告。

刘邓
三月二十八日

注　释

〔1〕青纵三团，指青三团，见本卷第 189 页注〔3〕。

在北方局高级干部
会议上的发言提纲*

（一九四〇年四月）

一、行政机构问题。

（一）联合办事处[1]是一权力机关，用指示信方式实现政策法令之指导，以达实际上内部的统一。以三专署[2]为工作机关。每一指示对本区直接指导，对其他区间接指导。下设办事处，编制同专署。划区一般要将就旧省界。

（二）政权改造：

1.足够认识还没有群众基础的状况。目前阶段是准备工作，要以支部与农会改造为基础，秋收后再进行普遍的村选运动。在个别区域（某县或某区某村）可以先试办。

2.各级人员编制：今天整个区域，政民工作人员约有十万，这是过去军队困难及民力枯竭的原因。缩减后的人员要具体解决，如动员到军队、教育工作及各种社会事业中，要稳定他们。

---

* 这是邓小平在中共中央北方局召开的太行、太岳、冀南地区高级干部会议上的发言提纲。这次会议于一九四〇年四月十一日至二十六日在山西黎城召开。会议总结全民族抗战以来华北敌后抗战的经验，讨论关于如何巩固和扩大抗日民族统一战线、争取时局好转的问题，史称黎城会议。

二、财政经济问题。

（一）人口、粮食、财政、经济等之状况。

（二）我们政策的出发点：

1. 自给自足完全可能。路东、路西、太岳可调剂。

2. 发展国民经济。对于商人、富农经济，都可让其发展，而且都可奖励。如把他们赶到敌占区去，就等于增加敌人收入。

3. 政权及经济机关的作用是调剂作用，而不是包办作用。银行的作用在于帮助和刺激国民经济发展。

4. 统一收支。要节流，第一个工作是反贪污浪费。

三、财政政策。

（一）统一收支：

1. 首先执行预算决算制度。只有结算各系统过去的收支，才能保证今后。如晋钞[3]，埋伏很多。党的经费由北方局统一起来。政民等均各按系统报、拨。所有武装经费均由军区系统管理，除预算决算外不能滥用一文钱。

2. 建立经费制度。各级党设“审核委员会”，审核预算和决算，政、民都要有。军队每月点验一次，由旅负责。整个统一于北方局财经委员会。

（二）开源节流：

1. 重新审查税收标准，三个月到半年审定一次（随我经济状况的发展而定）。小盐、土布可以不收税。为抵制敌人，海盐可收重税。路西、路东一般只收出口税（因不知出向哪里），不收入口税。

2. 田赋：按正税加收一半。整理“红布”[4]不是主要的问题，有基础的县可以试办。一般保持过去的收法。清查黑地不要成为普遍运动，在某些地区由于工作发展去做是必要的。

3. 税收：军队完全不管税收。军用品优待办法要有限度，不按比例减少，而应规定种类。

4. 军队、游击队、党、民均不准筹一个钱，不允许"乐捐"[5]。政府除正当规定外，不准筹款。合理负担之权由联合办事处负责，其他谁都无此权。根本取消村"合理负担"。军、政、民、党不准支一文差，如粮、灯、油等，不麻烦村政府，支差由兵站，兵站设兵站饭店。支应局取消。

5. 生产主要是农业和一部分工业。军队一定要种地，今天首先种菜，将来要减菜金。军队如能解决百分之二十，则全年可省四百万元。

（三）银行：

1. 发行额：冀南钞票[6]为基本票子，今天发行太不平衡，未发地区可投资，向人民购买东西。银行必须了解市场情况，加以调剂。地方票采用兑现、收积金等办法解决。晋东辅币[7]只发一角与五分的。法币要保持其信用，要其流通，吸收一部，要有外汇的。

2. 贷款问题：已贷出的要马上整理，建立合同。以后要有组织地贷款，有计划地收回。

四、经济政策。

（一）经济委员会由联办改组为财经委员会，财政必须与军队供给部分开。

（二）合作社由贸易局完全批发，与大商人竞争，勿与小商人争。因此军队的小合作社应成为简单的自己消费性质的，不卖与人民，不军民合办。军队供给机关只管自身，工业只限军需品，如鞋子、绑带、枪油等，营业科改为军用经济科。

（三）财经委员会之生产，还要官民合办，奖励民办，借钱给人民办，也可借钱与富人开办，不征税或轻征税。

（四）对于敌占区来的货，采取逐渐排挤办法，有代用品时才可禁止。

（五）农业生产，提倡种棉，执行四一减租[8]，已实行五一减租的不要再改。

五、其他方面。

（一）每县办一个两级小学，一个区（晋东、太南等）办一个中学，基本上收学费，津贴贫苦学生。

（二）锄奸问题。禁止捕人杀人。今天会门发展可能与乱捕杀人有关。一般规定区村无捕人权，县无杀人权，一切要经过法律。军队杀人要经过军法机关决定。对于特务分子，基本上是在群众中斗争，有破坏行动的才可以捕。

（三）交通问题。军政民设发行系统，电话网须迅速建立，一定要军用军管。设立军用电话局。

（四）粮食问题。军粮一年征收一次，两次缴纳。县委以上的粮食由军中拨。政、民自己去买，实行粮票制度。

六、建军问题。

（一）现有补充兵可以充实一部分，用好干部，大力巩固新的部队。五月底以前补充好，党政民干部大力帮助。各分区以后自己在自己区补充。要有计划地动员。本身供给是巩固工作的一个大问题。每件衣服要穿二年，要很好保管。

（二）创造规范部队问题。

标准：战术、技术、管理正规化；经常保证满员；模范干部的标准是，除忠实、积极等外，同时他带的部队别人也可以带，即他是用党的办法，不是用个人的办法带部队；能团结部队，要看他拿什么办法团结，不只在个人能吃苦；反对流氓习气，反对游击主义。

（三）每一计划必须贯彻，反对官僚主义。

（四）战术问题。中心目标是对敌，向着敌人，向着铁道线，向着敌人据点。

注　释

〔1〕联合办事处，指筹备中的冀南、太行、太岳行政联合办事处。

〔2〕三专署，指薄一波任专员的山西省第三行政区专员公署。

〔3〕晋钞，指由国民党山西省政府控制的银行发行的在山西境内流通的纸币。

〔4〕"红布"，即红簿，是农村中登记各个农户交纳田赋的账本。

〔5〕"乐捐"，是在晋冀豫抗日根据地农村中实行过的一种筹粮筹款的方法。其做法是，把农村中的富户集中起来，根据本村所要交的粮款，让富户自报，然后由村民或村民代表公议，确定每户富户交付的粮款。

〔6〕冀南钞票，见本卷第180页注〔1〕。

〔7〕晋东辅币，指抗日战争时期山西省第五行政区救国合作社发行的兑换券。

〔8〕抗日战争时期，各抗日根据地因情况不同，减租的额度也不完全相同。四一减租，就是不论何种租佃形式，地租均按原租额减去四分之一。

克服困难，解决粮食问题 *

（一九四〇年六月五日）

冀南、太岳：

一、现决定在我政权势力能够达到的地方暂不筹粮，候十月大秋以后才统筹全年粮食。

二、现在至大秋尚有五个月之久，解决粮食办法：（一）军队到敌人控制区一面打仗，一面就粮，或开一部到路东就粮，这是主要办法。（二）不得已时在其本区买一小部分。

三、要克服一切困难渡过五个月难关，以使于明年以后能有秩序地解决粮食问题，成为部队同志切实关心的工作，也是建设根据地、爱护根据地的具体任务。

四、各旅、各军分区首长立即考虑下列问题，并迅速拟定办法上报，以便制定整个计划：（一）现有多少粮食，将现有野战军、军分区的游击队、后方医院人员计算在内，能吃多少，尚差多少；（二）本军分区内部粮食状况，周围敌伪控制区粮食状况如何；（三）部队应到处打敌就粮，游击队应分向哪些地方游击就粮；（四）就粮的办法，如何才能保障不致形成抗战区与敌占区的对立。

五、在计算粮食时必须注意：（一）要尽可能在基本区

---

* 这是邓小平和刘伯承、蔡树藩、李达给冀南、太岳军区并各旅的电报。

内保一部分粮食，以备紧急时用，把握由外向内吃的原则；（二）内外就粮的政策是最基本的问题，要注意确保政策正确；（三）部队就粮时，妥善布置本军分区的整个游击活动并须抓住时机完成整训计划。

以上各项限于十二日前讨论完毕电告我们，近的当面报告，不可延迟误事。

刘邓蔡李[1]

注　释

〔1〕蔡，指蔡树藩，当时任八路军第一二九师政治部主任。李，指李达，当时任八路军第一二九师参谋长。

反"扫荡"的具体部署*

（一九四〇年八月一日）

新十旅、太岳军区、冀南军区、新十一旅等：

敌人在巨鹿以东地区"扫荡"，其特点是：前面筑据点"扫荡"以掩护，后面赶修铁路；组织大批便衣先向我军刺探；利用夜间行动，拂晓攻击；行动秘密狡猾，找当地群众引路，高地战斗很熟悉。

我们的部署是：（一）抓紧破毁铁路、公路，特别是铁路。分派部队，领导千万民众普遍破坏之，不要被其中心的据点与"扫荡"所拐骗，不要着主力于据点硬碰。（二）各旅对于分区地方部队、民众武装、游击小组要在组织上加强干部，指挥其积极游击侦察，使其成为野战军的耳目手足，首先不使敌探活动。（三）派胆大心细的侦察队接敌游击，如其出动则扭住跟着，打起来则走，以便主力作伏击、急袭及其他机动的准备，特别发挥主动的夜间伏击。（四）主力灵动，秘密不露动身，使敌人根本没有袭击的目标，到驻地时则周围警戒，即使是高苗中小路也要派出潜伏哨，主要地方游击小组参加。（五）秘密从民众中搜查敌人间谍，防其

---

* 这是邓小平和刘伯承给八路军新十旅、太岳军区、冀南军区、新十一旅等的电报。

利用小无线电及自行车为敌报信。

刘邓

坚决保证正太战役[1]任务的完成*

（一九四〇年八月十七日）

各旅、军区首长：

一、本战役系华北本军整个行动，对全国、对华北意义极大，任何一点都与全局有关，任何一点都必须坚决完成任务。

二、本战役是连续的破击任务，目的在摧毁敌人的铁路、公路，决不是游击一次，因此必须保证，从二十日二十二时开始连续破击至少五天或七天，并争取更长时间才能达到摧毁任务。

三、为保证战役任务的完成，必须高度发挥坚持性与顽强性，并须：（一）根据野政[2]训令深入政治动员。（二）发动本师集团与晋察冀一二〇师等集团的竞赛，进行打胜仗的竞赛，执行党的政策的竞赛，收集敌人资料的竞赛。（三）充分动员民众参战并关心他们。（四）加强战时政治工作，特别保证伤员及时救护，作战部队不饿饭。

四、各线加强侦察，随时将敌动向上报，这对整个战役关系极大。

---

* 这是邓小平和刘伯承、蔡树藩、黄镇、李达给八路军第一二九师所属部队的电报。

五、各部作战情况随时报师。

六、赵辉楼[3]负责后方交通工作，应确保来往、转送任务的完成。

刘邓蔡黄[4]李

十七日午

注　释

〔1〕正太战役，指从一九四〇年八月二十日开始的八路军以重点破击正太铁路为主要任务的对日作战，以后发展成为历时五个多月的百团大战。

〔2〕野政，指八路军野战政治部。

〔3〕赵辉楼，当时任八路军第一二九师第三八五旅副旅长。

〔4〕黄，指黄镇，当时任八路军第一二九师政治部副主任。

应充分认识到
当前时局的严重性 *

（一九四〇年十一月十日）

目前时局相当严重，日军逼我于华北一隅，战略上我军是被动的，除继续抗战外，还需友党、友军和我们自己力量的配合。不仅在组织工作上，还要在政治上、思想上做充分的准备。过去对局势估计不够，因此准备也不够，对下面的动员也不够，带来的损失相当大。今后局势会更加严重，会有更大的"扫荡"，此次深恐后方太大，应缩小后方，普遍到各区域去。兵工部要分散，主要是守秘密，地形是次要的。

百团大战[1]中，我们对敌估计还不够，敌在战术上进步很快。而我们在作战指导方面却没有足够估计敌人的技术，也没有估计到第三阶段来得这样快。辽榆战斗[2]以后，一般干部打仗的热情不高，主要是由于人员不充实。关家垴战斗[3]有战斗意义，但打得很勉强，干部伤亡很大。百团大战战绩不小，但同时暴露出了许多弱点，某些部队顽强性不够，主要是党和政治工作、战术修养不够。我们要提高部队的顽强性，敌人连续"扫荡"，我们应该有预备兵。

---

* 这是邓小平在山西辽县（今左权）大林口村召开的中共中央北方局会议上讲话的要点。

注　释

〔1〕百团大战，是全民族抗战以来八路军在华北发动的规模最大、持续时间最长的一次带战略性进攻的战役。一九四〇年八月二十日至一九四一年一月二十四日，八路军出动了一〇五个团二十余万兵力，在广大民兵和群众的配合下，向华北敌后主要的交通线发动攻击，并配合各根据地军民进行反"扫荡"作战。至一九四〇年十二月初，进行大小战斗一千八百多次，攻克敌人据点二百九十多个，毙伤日、伪军二万五千余人，俘日军二百八十一人、伪军一万八千余人。

〔2〕辽榆战斗，指一九四〇年九月至十月，在百团大战中，八路军第一二九师等部在山西辽县（今左权）、榆社地区，对守备榆辽公路的日军独立混成第四旅团发动的进攻战役。

〔3〕关家垴战斗，指一九四〇年十月，在百团大战中，八路军第一二九师等部在山西武乡蟠龙镇关家垴一带与日军的一次激烈战斗。

团结抗战，克服目前严重局面*

（一九四○年十一月十八日）

今天，我主要讲三个问题：时局问题、爱护自己的力量问题和团结问题。

我先说时局问题。目前时局正如中央所指出的，是投降与反共内战的危险。但我们有正确的政策，利用各种方法，团结一切可以团结的力量，是有可能扭转这一严重局面的。现在投降和内战的实现与过去不同了。现在，帝国主义之间矛盾加深，日寇的力量削弱了，苏联强大了，亲日投降派没有什么威望，有威望的是我们共产党。我们要坚持抗日统一战线，争取投降派回头抗战。

再说爱护自己的力量问题。我们要继续抗战，团结全国人民，争取时局好转，就要爱护我们自己的力量，主要是爱护我们的党，爱护我们的军队，爱护根据地。

最后说团结问题。我们要团结八路军、新四军、决死队等力量。在内战危险时刻，要对反共亲日派提高警惕，要依靠群众、依靠党去做工作。要反对"左"右倾错误，特别是"左"的错误非常危险，要使其陷于孤立。右的方面，要克

---

* 这是邓小平在山西武乡广志村召开的八路军第一二九师第三八五旅、第三八六旅、新十旅和师直营以上干部会议上总结讲话的要点。

服悲观失望情绪。要继续反对军阀、土匪主义，反对自由主义。要提倡艰苦奋斗的作风，正确执行党的政策；要巩固部队，提高部队的战斗力；要搞好军民团结，执行政府政策。

今后两个月军事教育的规定[*]

（一九四〇年十二月十一日）

路东、太岳区：

一、我军目前基本任务是在空前严重危机下，继续坚持华北敌后抗战与克服投降危险，应付可能爆发的反共内战。军队训练的主旨亦应根据这一基本任务和百团大战的经验教训来确定，着重在：（一）对占领阵地的敌人的进攻与战斗和移动防御的确实练习。（二）火力组织与白刃格斗之熟练运用。

二、过去我们的训练工作多着重于战术的大动作，忽视技术的小动作；着重于课训，忽视切合实际的演习，以致在实战上由于指挥之欠当与战士动作和技术之无秩序与低落，故不能以少的牺牲获得较大的胜利，特别放过了许多可能歼灭敌人的机会。基于上述的要求及这些缺点，这次训练必须：（一）一切动作应求得确实统一。（二）一切动作要真正确实与精练，为此应不怕麻烦，反复实施以演练之。（三）着重现地作业，少讲多做，求得与实际之确实联系。（四）凡劈刺、体操等足以壮健体力、臂力之动作均须切实实施。（五）一切操作与生活须锻炼诸部队之协同动作与纪律的

---

* 这是邓小平和刘伯承、李达给路东、太岳区的电报。

严肃。

三、迫击炮、机关枪等尽可能集中训练。

四、两个月军事教育的内容和时间：一般部队：单个战斗百分之三十；班的战斗百分之十九；射击百分之二十；投弹百分之十；刺杀百分之十五；工事伪装百分之六。干部教育着重在先讲原则后即行现地作业，各旅团首长应就现地形作出具体的决定，亲自实施之。

五、望订出每周进度表，具体实施，并在实施过程中定期检查。

刘邓李

十一日

迎接一九四一年*

（一九四〇年十二月二十五日）

一九四〇年过去了。

在过去一年中，我们经历了许多重大的事变，我们遇到了不少的困难，我们进行了一些严重的但是胜利的斗争。

这是世界巨大变化的一年。我们看到，两大帝国主义的战争，由片面转入全面，正向世界范围扩大着。另一方面，社会主义的苏联，由于他有无比强大的力量，特别是有正确的政策，没有被卷入帝国主义战争的漩涡，得以超脱于战争之外，而加紧建设共产主义社会的乐园，并准备积聚最大的革命力量，为着应付可能的突然事变与争取世界永久和平而斗争。以苏联为领导的和平阵线和全世界反帝国主义反战争的革命运动，也正在蓬蓬勃勃地发展着。所有这些，证明资本主义世界大大地削弱了，社会主义的力量和世界革命的力量大大地发展了，革命的胜利大大地接近一步了。

这是日本帝国主义到处碰壁的一年。在外交上，既亲德意，又怕过于得罪英美；急于南进，又怕引起日美战争；讨好苏联，反为苏联冷眼相待。国际地位始终是孤立的。在对

---

* 这是邓小平发表在一九四〇年十二月二十五日出版的中共中央北方局机关刊物《党的生活》第二十六、二十七期合刊上的文章。

华战争上，表现出非常焦急的状况，要想乘机南进，非迅速解决中日战争不可。为了结束中日战争，日寇曾采用了政治诱降为主，军事进攻为辅的方法，其结果是军事进攻的成绩很少，虽曾一度企图进攻西安、重庆、昆明，以压迫我国投降，但为事实上的困难和华北百团大战的胜利所击破；政治诱降的阴谋，在一个时期曾收到相当效果，但在我国军民坚持团结，坚持抗战之下，屡遭失败，直到最近，又不能不搬出下贱的汪精卫来玩弄，这证明日寇的泥脚已更深地陷入中国的深渊，而无力自拔了。正因为国际环境孤立，中日战争无法结束，反映到日本国内，表现着政治经济的极度不安。中日战费已用去了一百六十余万万元，国债已欠到二百六十万万余元，一九四一年的预算还要百余万万元，国内现金几已用尽，庞大预算只有取之于民。人民反战，士兵厌战正在发展，军队的战斗力大大削弱，今年内阁换了三次，也无法解决问题。日本帝国主义显然已经更加苍老了，虽然它还能在生死线上多挣扎几天，无疑地，它是更加接近死亡了。

这是我国国内局势非常紧张的一年。最初，我们遇到了"东方慕尼黑"[1]的危险，我们共产党号召全国人民起来，反对"东方慕尼黑"的危险，进行了严重的斗争，加上国际环境的变动，德意日订立军事同盟，"东方慕尼黑"的危险才算克服了。接着，日寇于"东方慕尼黑"失败之后，乃企图发动向重庆、西安、昆明的正面进攻，以军事进攻配合政治诱降，压迫我国投降。我党又提出保卫大重庆、大昆明、大西北的口号，并主张加强团结进步，以克服困难，克服投降危险。华北的八路军、决死队在这样的要求下，发动了百团大战，取得了空前的伟大的胜利，迫使日寇不能不去考虑到正面进攻中的后方问题，而被迫停止正面进攻，转到敌后进行反复的"扫荡"。正面进攻的企图被击破了，日寇又采取政治诱降的政策，于是德意劝降、日本诱降的危险又临到中国人民的面前。伴着这次严重危险而来的，是国内亲日派和内战挑拨者的活跃。这些混蛋在日寇指使之下，拼命挑拨反共的内战，企图用内战方式，置统帅于火炉之上，拖一批友军下水，以便经过反共战争转到直接投降。于是反共高潮弥漫全国，二十九个师向华中新四军、八路军进攻，二十万大军集中于陕甘宁边区周围，并构筑五道封锁线，华北某军整装待命等等噩耗，纷至沓来。我党乃又奋起号召全国，一致起来反对投降，反对内战，坚持团结抗战，争取时局好转。我党我军一面实行了一起让步（见朱彭叶项通电[2]），一面被迫作必要时自卫之准备。经过两月来的呼吁，反投降反内战的运动开展起来了，不仅进步势力，而且中间势力也感到亡国灭种的威胁，同我们一块致力团结抗战了。广大的友军也表示着对内战厌恶，加上苏联始终积极帮助中国抗战，英美在日寇南进的威胁下，贷款中国以制日，于是亲日派受到了严重的打击，顽固派也不能不顾及人民的意志，重新考虑自己的行动。现在投降反共危险依然存在着，但争取好转的可能显然是增加了。从整整一年中，我们看到，投降危险没有一天不威胁着我们的民族。这固然是由于日本诱降政策和英美利用中国、随时准备牺牲中国的影响；更主要的还是由于国内一部分大地主大资产阶级的动摇和亲日派没有受到致命的打击；也由于大地主大资产阶级反共政策、倒退政策的结果。困难增加，动摇也就随之而增加。但在另一方面，我们看到，坚持团结抗战的进步力量大大发展了，广大的中间势力和大多数友党友军还是赞成团结抗战的，亲日派的力量是不大的，顽固派虽有钱有势，但为数不多，真正强大的是抗战派的力量，特别是我党我军已发展成为团结抗战的决定力量了。所有这些，充分证明我们民族时常处于风雨飘摇之中，但我们有足够力量不断克服困难，渡过难关，走上胜利的道路。

这是华北斗争非常紧张的一年。即以本师所在冀南、太行、太岳区而论，我们的斗争是很艰苦的，我们的收获也是很大的。年初，我们遇到了日寇和顽固分子朱怀冰[3]、石友三等的夹击，使我们一面加强对敌斗争，一面却不得不对朱、石的进攻实行自卫的回击。只有在回击了这般顽固反共分子的进攻之后，我们才能建设、巩固抗日根据地，才有可能一心对敌进行严重的交通斗争。随着朱、石的南移，冀南、太行、太岳行政联合办事处[4]成立了，几个休戚相关的区域，联结成一个带有战略性质的根据地了。各种政治改革，财经、文化等建设工作，也在联办统一指导、统一计划之下，顺利进行了，群众工作更加深入了，抗日根据地更进一步地巩固了。随着朱、石的南移，在冀南展开了整年的交通战争，虽敌据点大大增加，但我们给予敌人的打击是极其巨大的。在太行、太岳，我们第一次发动了破击白晋路的战役[5]，取得了伟大的胜利。接着从八月二十日起，我们全区的八路军、决死队参加了华北的百团大战，在党政军民一致努力之下，我们达到了战役的目的，破坏了敌人进攻重庆、昆明、西安的计划，缴获之多，胜利之大，也是空前的。整个的一年，我们全区军民都在自卫斗争、交通斗争、进攻敌人和反"扫荡"的战斗环境中，斗争是艰苦的。虽然由于某些区域某些同志掌握政策不紧，甚至发生某些错误，使得我们党政军民的进步，表现出不平衡的状况，各种力量的发展也嫌不足，但这仅是前进中的弱点，发展中的不足。我们是胜利的。

这是本师战斗最多、胜利最大的一年，也是本师军事政治质量大大提高的一年。在这一年中，我们进行了一千四百余次的大小战斗，几千个优秀共产党员和非党布尔什维克，为了党的事业，为了民族的生存，为了根据地的巩固，或者光荣负伤，或者流了他们最后一滴血。然而，我们获得的却是克服时局危机的胜利，根据地的巩固，战斗力的提高，敌人的挫败，以及二万余敌人的伤亡和无数的缴获。在这一年中，我们的部队发展了百分之七十，特别是经过五月整编之后，部队的组织性加强了，正规化的程度提高了。在这一年中，我们坚持了干部轮训制度，我们经过党校、轮训队、政工训练队、随营学校、抗大[6]分校，供给、卫生、通讯等训练班，以及各种各色的各级训练队，培养了大批的干部。所有经过训练的干部，一般的党性提高了，政治文化进步了，军政技能也增强了。在这一年中，我们部队的政治工作也有了一些新的建树，军民关系也更加进步了。不可否认的，我们还有不少弱点：我们还没有百分之百地完成发展的任务；游击战争的发展和地方武装的建立大大不够；巩固部队的工作太差；发生了阚兴学、高恒如的可耻叛变；某些部队的进步不够；干部关心战士不够；供给制度尚未健全起来等等，还需要我们作极大的努力。但是，总的任务我们是完成了的。一二九师在党的领导下，已经前进一大步了。

一九四○年是胜利的一年。我们的努力，不是空过的。

世界革命和中国抗战的胜利更加接近了。让阚兴学、高恒如这般下贱东西去悲观失望，动摇叛变吧，我们是要继续前进，继续胜利的！

一九四一年开始了。

这将是世界革命更加发展的一年，也将是中国抗日战争更加困难，更加接近胜利的一年。

我们不可能对未来的一年作出详细的准确的估计，但一般的趋势是可以想象的。

两大帝国主义集团的战争，更加向着世界范围扩大。资本主义世界继续削弱。苏联社会主义力量大大发展，第三个五年计划进入了第四年，很快要出现一个崭新的共产主义社会，将给全人类以显明的奋斗目标和无限的希望。全世界反帝国主义、反战争的运动将蓬勃地发展起来。两个世界的对比将起着更显著的变化。

日本帝国主义必然坚持贯彻其灭亡全中国，"建立东亚新秩序"的基本方针，其南进政策，必然引起日美在太平洋上更尖锐的矛盾，甚至有爆发日美战争的可能；其解决中国事件之要求，亦必更迫切，而解决中国事件之方法，亦不外政治诱降、军事进攻双管齐下；其外交上的孤立状态不会得到多大改善；其财政困难不会得到解决；其国内不安现象，人民不满情绪，必然增长。所以，这个先天不足的帝国主义将在愁城中去度过一九四一年，而将其希望寄托于迅速解决中国事件之上。只要我国坚持抗战下去，日本必败，这是肯定的真理了。

中国抗战，必然更加艰苦，更加困难，同时也更加接近胜利。无论日寇用政治诱降，或用军事进攻以压迫我国投降，投降危险是时刻威胁着我们的，而亲日派制造投降运动，挑拨内战的活动，也必然是变本加厉的。英美帝国主义目前虽在帮助中国，利用中国以制日，但它们并没有放弃争取日本，孤立德意的战略企图，所以英美牺牲中国，再来一个类似"东方慕尼黑"的把戏，也并非没有可能的。投降危险的主要来源，还在于中国一部分大地主大资产阶级的动摇。因为这种人惧怕困难，没有自力更生的信念，熬不过战争的难关，同时不愿进步，反对民主，害怕民众力量，致使抗战更加困难，所以时有被敌引诱，屈辱求和的危险。因为这种人不愿表里一致地联苏，而甘心情愿跟着英美走，所以时有被英美出卖的危险。因为这种人抱有很深的反共成见，所以时有被敌挑拨，被亲日派利用，发动内战，经过内战走到投降的危险。因为共产党八路军新四军的力量，全国一切拥护团结抗战、拥护民主进步的力量，还没有发展到足以停止地主资产阶级动摇的程度，所以投降反共的危险是存在的。但是假如我们只看到困难，看到投降反共的危险，看不到全国抗战的进步的力量曾经克服了无数次危险和困难，也有力量克服不断到来的危险和困难，那必然产生悲观失望的情绪。一九四一年的环境，将给我们以更多的克服投降反共危险的条件。国际帝国主义战争的扩大，特别是英美日在太平洋矛盾的加深，给我国以更好的机会去利用帝国主义之间的矛盾。苏联力量的更加强大与始终如一地援助中国抗战，将给我国人民以无限的鼓励和兴奋。日本强盗的困难激增，弱点更多，更便于抗战胜利的取得。而我国抗战力量进步力量必然发展，共产党八路军新四军的力量尤必须发展，这是不断克服危险，克服困难的决定因素。我们认识困难和危险的目的，在于寻求各种办法去克服困难和危险。条件是具备的，不管情况如何变化，我们都将以正确的政策去争取继续团结抗战和继续进步。团结下去，抗战下去，进步下去，中国是一定胜利的。

华北的斗争也将是更加艰苦、更加进步的一年。在任何条件下，敌人是不会放松华北的，我们坚持华北抗战也是肯定的方针，斗争是极其尖锐的。敌人必将企图增加其公路网、铁路网和据点的密度，以缩小抗日根据地，打断各个抗日根据地之间的联系，束缚我之机动。我们亦必进行更残酷的、更带群众性的交通斗争，打击敌人的企图，缩小敌占区，扩大抗战区，使我各个根据地之间，具有更密切的联系和更灵活的配合。敌人必将更残酷地实行其分区的连续"扫荡"，甚至可能由分区"扫荡"变为分区"清剿"，大肆摧残抗日根据地人力、物力和财力。我们也必进行严重的、连续的反"扫荡"斗争，用广泛的群众游击战争去削弱敌人，用坚强的正规军去消灭敌人，用充分的战争动员工作和不疲倦的建设去打击敌人的破坏，以建设巩固的抗日根据地。敌人必将加强其政治经济的进攻，必将强化其欺骗宣传和奴化教育政策，必将厉行其特务活动和内奸政策。我们亦必将以正确的统一战线的政策，去加强政治经济斗争，与敌人进行严重的文化宣传和斗争，并以群众的锄奸政策，最高的警觉性去打击敌人的特务活动和内奸政策。我们相信，依靠于已有的基础和不断发展的力量，特别是正确的政策，我们一定能够坚持华北抗战，打击敌人各方面的进攻，使抗日根据地更加坚强，更加巩固。

根据上面的估计，显然的，我们华北的党、华北的八路军、华北各个根据地的政府和人民，责任加重了。我们要以最大的毅力，最坚强的斗争勇气，来坚持华北的艰苦斗争。同时，还要以华北抗战和建设的模范，去增强全国人民抗战胜利的信心，打击投降妥协的危险，并准备应付可能到来的突然事变。我们有着充分的条件和信心，去迎接一九四一年新的发展与新的胜利。

迎接一九四一年新的发展和新的胜利，决定于我们的力量，尤其决定于正确的政策。

在晋冀豫整个区域说来，我们有了力量，但是无论在数的方面、质的方面都很不够。在军事方面，我们正规军的充实不够，游击队和游击战争的发展尤其微弱，军队建设和战术素养亦嫌太差。在政权方面，还不善于运用政策，贯彻政策；还没有认真执行三三制[7]的原则；下级政权改造极其不够，还有一批土豪劣绅把持下级政权，破坏统一战线政策的实行；政权与人民的联系还差，部队行政人员脱离群众的现象还是严重的，因而政权力量的发挥是非常不够的。在群众工作方面，我们有了比较普遍的工农青妇的群众组织，而且也起了很大作用。但是组织生活是很差的，是经不起风浪的，还有不少地方是形式的；某些地方还存在官办民众运动的严重错误，真正的当地的群众领袖还没有大批地涌现出来，所以基础是不够巩固的；特别是在群众组织中缺乏正确政策的教育，某些地方表现出过左过高的要求，不少地方对基本群众的生活改善，采取漠不关心的态度。这些或"左"或右的错误，都不能把群众力量广泛发挥出来，都有害于统一战线的巩固与扩大，都无法使群众工作向着健全的道路上发展。在党的工作方面，我们有了大的发展，有了相当的基础，在全区党努力之下，我们创造了晋冀豫的局面，而且胜利地领导了三年半的艰苦斗争。但是，无论军队或地方党都尚未能掌握住"严格的布尔什维克的组织路线"的方针，缺乏严格的组织生活，缺乏坚强的支部工作，缺乏必需的民主，缺乏党的和政策的教育，缺乏群众工作的研究与对群众痛苦的关切，因而党与群众的联系是极其不够的。离开群众来建设布尔什维克党是不能想象的。在团结二百万友军抗战、团结知识分子、团结士绅、团结各阶级等工作上，在敌占区工作、敌伪军工作上，我们有着一些成绩，但还存在一些弱点以至个别错误。个别区域、个别同志常常忽视这些工作，忽视争取一切可能争取的人，甚至多树了一些敌人，当然这对抗战力量有损，而对敌人有益，必须纠正。

所有这些证明，我们力量的发展是不够的，尽管这是发展中的不足，前进中的弱点，也必须引起我们的注意与警惕。

克服这种不足的现象，克服这些弱点，以适应于一九四一年的新环境，我们必须努力于三大建设的工作：

第一，建设我们的军队，重心就应该放在正规军的加强、游击战争的发展与军区工作的健全上。一切努力为着提高我们的战斗力。在全党中要造成爱护党军的热潮，在人民中造成爱护自己子弟兵的热潮。保证党军的壮大与充实，保证党军的物质供给，共产党员应起到模范的作用。

第二，建设我们抗日根据地的抗日民主政权，重心应该放在掌握与贯彻统一战线政策，正确执行三三制的原则，首先完成村区的民选，树立民主政治的基础，以及加强财政经济、文化教育的建设上。一切为着团结各阶层，发扬民力，增加根据地的财富，保证彭德怀同志提出的一九四一年经济建设计划之完成和密切政府与人民的关系。

第三，建设我们的党，重心应该放在加强群众工作，密切党与群众的联系，切实掌握政策的领导，加强党对武装的领导和严密党的组织，加强党的纪律上。一切为着高度发挥党的领导作用和党员的模范作用，提高党及群众的战斗力，树立严格的布尔什维克组织路线的基础。三大建设的胜利，就可以使我们有足够力量和正确方向去发展各方面的统一战线，开展敌占区和敌伪军工作，完成全部的任务。

三大建设的胜利，依靠于正确的政策。离开了正确的统一战线政策，一切努力都是空洞的，有了正确的政策，我们就一定能够发展，能够胜利。

三大建设的胜利，依靠于细心的有计划的组织工作。反对粗枝大叶的不实际的作风。

三大建设的胜利，也必须依靠于坚持地努力和工作的战斗性。要保障在战斗环境中不放松工作，在敌人连续"扫荡"中还能完成任务，保障一定的任务在一定时间完成，反对实际工作的机会主义。

一二九师的党和全体指战员，在执行党的政策上，在完成三大建设的任务上，都应起到模范的作用。

因此，一二九师的党和全体指战员与地方党、地方政府和全体民众一样，要以高度的政治责任心和一定能够胜利的信念，来迎接一九四一年的艰巨任务，我们的责任加重了。

一二九师的党应把自己的努力放在下列的中心工作上：

第一，保障正规军的经常充实，保障战斗力的提高，保障在一九四一年打几个更大的歼灭敌人的大胜仗。

为了部队的充实，除了协同地方进行兵员补充工作外，部队本身必须加强巩固部队的工作。巩固部队首先在于巩固部队的团结，发扬本军阶级友爱、团结一致的传统。指挥员、政治工作人员要爱护战士，关心战士的生活，注意对部队的管理教育，消灭个别的打骂现象，在生活上、遵守纪律上成为战士的模范。战士要爱护干部，接受管理教育，服从指挥命令，要帮助友邻的同志，尤其是老战士要帮助新战士。能如此，就可减少以至消灭非战斗减员，巩固部队的战斗力。

为了提高部队的战斗力，必须加强党的政治工作，加强战术和技术的教育，加强部队体力的锻炼，改善部队的给养，特别是提高干部的指挥能力。

为了歼灭敌人，打大胜仗，必须发挥部队作战的顽强性，不但要有消灭敌人一部和几部的决心与信心，而且当我们抓住了消灭敌人的机会时，应不惜牺牲以求干脆的消灭，任何犹豫迟疑都是不能容许的。所谓顽强性，应具体表现在敢于白刃扑搏上面，不能进行坚强的白刃战的部队，就没有资格称为顽强的党军。敌人在一九四一年的"扫荡"是严重的，我们有着消灭敌人的良好机会，而不消灭敌人，我们就无法巩固与建设根据地。

第二，发展广泛的群众游击战争，用普遍而有力的游击战争去扩大根据地，缩小敌占区，用普遍而有力的游击战争去消耗、疲惫和削弱敌人，去配合正规军，反对敌人的连续"扫荡"，去打击敌人对根据地的摧毁政策。

为此目的，必须在补充正规军的任务完成之后，立即进行充实与发展游击部队的工作。要大量发展地方部队才能支持残酷的斗争局面。

为此目的，必须大大提高游击部队的战斗能力和政治质量。我们对于游击队的要求必须提高，游击队的战斗力不能比正规军相差太远，而在游击战术的素养上，应比正规军还要灵活，还要熟练。也因为游击队经常处于独立活动的环境，更需要有高度的积极性与主动性，更需要有坚强的党的领导。

为此目的，必须把地方兵团、游击队放在地方党的领导与监督之下。地方党对于同级的地方武装，必须定期地检查指导工作，保障这些部队能够执行上级的命令，保障它能够执行党的政策，保障它有模范的纪律，保障它与当地群众建立血肉不可分离的联系。所有的地方部队，尤必须接受地方党的领导，任何轻视、骄傲的态度，都是绝对不能容许的。

为此目的，必须要求正规军积极地帮助游击队。我们的党军要善于领导、使用和帮助地方武装，使地方武装成为自己有力的助手。在必要的时候，正规军应抽出适当的部队去加强游击队的战斗力，在必须动员一部地方武装补充正规兵团的时候，尤应反对连根拔的现象。

第三，加强军区的建设。各军区、军分区除了善于领导地方兵团和游击队外，应把自己的重点放在民兵制度上。我们需要在一九四一年训练出大批的自卫队和青抗先[8]的干部，这些干部应该是最坚决的、最有斗争勇气的共产党员和抗日积极分子。我们需要在一九四一年全区完成发展民兵十万的计划，并使这十万民兵真正成为开展群众游击战争的基础，成为正规军补充的泉源。我们需要在一九四一年打下自卫队、青抗先的组织和工作的基础，使之像晋察冀一样，能够担负起抗日戒严、配合军队作战、侦察锄奸等任务。我们要求军区工作能够保证每期兵员计划的完成。我们要求地方党、政府、群众团体对于军区的建设、民兵基础的树立和兵员的补充，起到坚强的保证作用，每个共产党员更应成为参加军队领导民兵工作的模范。

第四，打下政治工作和管理教育的基础，加强所有干部的职务技能的教育，首先我们的正规兵团必须做到。

打下政治工作的基础，一九四一年政治工作的重心应该是：1. 依据总政治部颁布的《政治工作条例（草案）》[9]，而以一九四〇年本师颁发的连队政治工作暂行条例[10]作参考，来重新训练所有的政治干部，务使每个政治干部以至军事干部，通晓政工条例的精神和内容，切实地贯彻执行政工条例的规定，使每个政治工作干部熟练政治工作，特别熟练战时政治工作。2. 加强连队工作、支部工作，每团创造一个到两个模范连队和模范支部，用模范去影响落后，树立连队政治工作的基础。3. 高度地树立政治委员和政治机关的威信，反对破坏政治委员制度和轻视政治机关的任何表现，特别是要求政治委员和政治机关的模范作用，从自己工作中树立自己的威信。4. 进一步地审查干部，培养干部，进一步地加强党的意识的锻炼，学习党的政策，以培养干部独立活动的能力。各级干部的提拔必须经过政治机关（班排干部必须经过支部）的审查。5. 切实做到指战员一体、军民一体，发扬党内民主，实行军人大会的制度，发展青年工作，加强对群众的宣传工作，发动全体指战员爱护党军，发动全体人民爱护自己的子弟兵。6. 提高民族的和阶级的警觉性，加强锄奸保卫工作，严防民族敌人和阶级敌人内奸政策的破坏。

打下管理教育的基础，一九四一年的军事工作的重心应该是：1. 根据本师拟发之内务条令，在干部中进行深入教育，保证准确地执行内务条令，实行阶级管理。2. 提高部队的纪律，特别是战场的纪律，严明赏罚，有功者一定要奖，有错误者必须适当地惩罚，要善于运用模范例子去压倒坏的东西。3. 建立经常的教育制度，学习晋察冀的同志，善于利用一切空隙来进行部队的训练，以提高战术和技术。4. 健全参谋工作，选拔优秀的、有能力的、文化程度较高的、党的意识很好的干部，来加强参谋部门，用加强政治工作的注意力去加强参谋工作。

打下政治工作和管理教育的基础，决定于干部。我们的轮训队、抗大分校及其他各种教育部门，都须把自己的注意力放在这些上面。

第五，健全供给制度，发扬本师艰苦的作风，与一切贪污浪费现象作斗争。供给干部必须尽一切努力，在可能的范围内，去改善部队的生活。各级军政首长应加强对供给工作经常的注意与领导，加强卫生部门的工作，爱护伤病同志。

第六，根据师政治部颁发的条件，创造模范兵团、模范干部、模范党员和模范战士。所有干部，所有共产党员，所有阶级战士动员起来，为争取模范而斗争，为创造模范党军而斗争。

依靠于过去三年半努力抗战的成果，依靠于一九四〇年胜利的基础，依靠于我们不断地努力，不管未来的环境如何困难，我们都是能够克服的，我们是一定能够胜利的。

我们以胜利的姿态结束一九四〇年。同样，我们也以胜利的姿态迎接一九四一年。

注　释

〔1〕一九四一年太平洋战争爆发前的几年中，美国、英国帝国主义曾多次酝酿牺牲中国以取得和日本帝国主义的妥协。这个阴谋同一九三八年英国、法国通过与德国、意大利法西斯签订"慕尼黑协定"将捷克斯洛伐克出卖给德国的阴谋相类似，所以称之为"东方慕尼黑"。

〔2〕朱彭叶项通电，即佳电，是中共中央以第十八集团军（八路军）总司令朱德、副总司令彭德怀和新四军军长叶挺、副军长项英的名义，于一九四〇年十一月九日答复何应钦、白崇禧皓电的电报。这个电报，揭发了国民党顽固派的反共投降阴谋，驳斥了何、白强迫黄河以南八路军、新四军在一个月内撤到黄河以北的荒谬命令；同时，为了照顾团结抗日的大局，同意将江南新四军部队移至长江以北，并且进一步要求解决国共间的若干重要悬案。

〔3〕朱怀冰，当时任国民党军第九十七军军长。一九四〇年二三月间率部进攻太行区的八路军，被击败。

〔4〕冀南、太行、太岳行政联合办事处，简称联办，一九四〇年八月一日成立，是当时晋冀鲁豫边区的最高政权机关，并担负边区的立法任务。一九四一年八月晋冀鲁豫边区政府成立时，联合办事处撤销。

〔5〕破击白晋路的战役，即白晋战役，指一九四〇年五月上旬八路军第一二九师在根据地人民群众配合下，对日本侵略军抢修的白（圭）晋（城）铁路实施的破击战。此役破坏铁路五十余公里，摧毁大小桥梁五十余座，歼敌三百五十余人，打破了敌人的修路计划和分割根据地的企图。

〔6〕抗大，即中国人民抗日军事政治大学。

〔7〕三三制，是中国共产党在抗日战争时期的统一战线政权政策。抗日民主政权中人员的分配，共产党员大体占三分之一，左派进步分子大体占三分之一，中间分子和其他分子大体占三分之一。

〔8〕青抗先，即青年抗日先锋队，是抗日战争时期中国共产党领导的华北抗日根据地半脱产的青年抗日武装组织。

〔9〕《政治工作条例（草案）》，指八路军政治部制定的《中国国民革命军第

十八集团军（第八路军）政治工作条例（草案)》。这个草案是对一九三八年颁发的《国民革命军第十八集团军政治工作暂行条例（草案)》的修订，全文刊载于一九四〇年出版的《八路军军政杂志》第二卷第四、五期。一九四二年正式颁发。

〔10〕连队政治工作暂行条例，指一九四〇年八路军第一二九师政治部颁发的《政治指导员工作暂行条例》《连（队）支部组织与工作暂行条例》《救亡室工作暂行条例》《"朱德青年队"与各级青年组织及工作暂行条例》。

胜利的回顾与胜利的期待*

（一九四一年一月一日）

如果在结束一九四〇年的时候，需要把晋冀豫区（即冀南、太行、太岳区）全年的努力作一个清算的话，下面的事实已足证明，我们的成就是极其伟大的。

在一年内，八路军和决死队打了一千四百多次仗，毙伤敌人、缴获之多，为前所未有。其中最著名的是五月间的白晋战役[1]，八月二十日开始的百团大战和冀南整年未停的交通斗争。至于这些战斗胜利的意义，特别是百团大战胜利的意义，早有定评，勿庸再说，其对全国影响之大，对敌损害之重，以及对根据地的坚持与巩固，对我军民的锻炼，其成果都是不可估计的。

在一年内，我们进行了统一的斗争。过去冀南、太行、太岳几个区域，缺乏很好的联系，今年新受到敌人和顽固分子张荫梧[2]、朱怀冰、石友三等的夹击，各种建设无法进行，几个区域有被隔断的危险。经过一度斗争，才打开了局面，才有可能一心一意地与敌人进行交通斗争，也才有可能把几个区域联结成一块合乎战略要求的根据地，顺利地进行

＊ 这是邓小平发表在一九四一年一月一日出版的中共中央北方局机关报《新华日报》（华北版）上的文章。

各种建设工作。于是冀南、太行、太岳行政联合办事处应运而生，开始奠定了统一的基础。在联办统一领导、统一计划之下，根据地的各种建设，显然是进步很快的，混乱现象基本上被克服了。

在一年内，党政军民的工作，都在走向巩固、走向深入。依靠党政军民一致努力的结果，我们的正规军、游击队有了显著的发展，特别是经过五月整编之后，正规化的程度提高了。在全年交通斗争中，证明了群众工作有了相当的进步，冀南民众（自卫队、青抗先）参加破击交通斗争的，总计起来，当以百万计。假如没有这种广泛的群众的交通斗争，那现在情况之严重是不难想象的。太行、太岳区的广大民众，参加百团大战，参加平汉、正太、白晋、平辽[3]等铁道、公路的破击，参加反"扫荡"，实行各种帮助抗日军队的参战动员，都是非常热烈而成绩卓著的。抗日民主政权的进步，则表现于政权工作开始走上轨道。三三制的民主制度开始实行，财政、经济、文化、教育等等建设工作，开始了有计划、有步骤的实施，特别是在掌握正确政策上，引起了初步的注意。保障人权法令[4]之颁布，合理负担办法之修正，财政之统一，经济建设计划之确立，北方大学[5]和各级正规中小学校之创办，无一不象征着抗日根据地之日趋坚强与巩固。党在自己的巩固工作上和对各种工作的领导上，也有了不少的进步。

在一年内，我们在"面向敌占区，面向交通线"的口号之下，克服了向后退缩的现象，某些地区收到了初步的成绩。有些区域抓住了百团大战的胜利，收效尤大。无论如何应该承认，抗日政府、抗日军队在敌占区的影响，经过了一年的工作和战斗的胜利之后，有了一个大的变化。敌人曾经拼命造谣说八路军被消灭了，抗日政府被打坍了，现在还有谁相信呢？敌人曾经灵敏地利用了我们某些游击队纪律不好，某些同志到敌占区筹集资财，乱打汉奸，不做艰苦工作，不执行正确政策等等弱点与错误，大肆宣传、欺骗，并强迫敌占区同胞与抗战区对立，巩固扩大其伪组织，保护其交通线，以达其"以华制华"之目的。但在我们克服了这些错误、弱点的区域，以及在我军不断胜利，敌人弱点愈益暴露之下，敌人的诡计再无法施展了，敌占区同胞对祖国的胜利信念加强了，伪军伪组织的动摇程度增高了。这不能不说是一年内的重大收获。只要我们在正确政策之下努力下去，我们是一定能把敌人缩小于点线之间的。至于对敌伪军，我们的工作虽然不能令人满意，但亦收到了部分的效果，十余起伪军反正和五次日本士兵自动投诚的事实，可以证明这点。

在一年内，在统一战线的工作上，无论团结友军，或团结各阶层，也收到不小的成绩，这是与执行党的政策不能分离的。在文化事业与群众教育上也有了新的成就，这是与华北的党报——《新华日报》[6]的努力不能分离的。

难道还不明显吗？一年的努力，不是空过的，抗日根据地的基础进一步地打定了，抗日战争的胜利，更加接近了。一九四〇年的成就，给了我们更好的条件，去迎接一九四一年的新的发展与新的胜利！

不可否认，一九四〇年的斗争在另一方面也显示出了华北斗争的艰苦性与残酷性。敌人曾经企图在一九四〇年内增筑许多铁道、公路和据点，构成稠密的"囚笼网"，在我们不断打击之下，敌人并未能完成其计划，但是部分实现了它的计划。冀南已由一九三九年的五十八个据点增加到现在的一百六十二个了，晋东南也由一百九十八个（包括平汉、正太、同蒲线上的）增到二百五十五个了。德石铁路[7]已经修成，济邯铁路[8]还在赶修，公路数目也有些增加。这证明今天的斗争环境较之一年前要严重些了，如果我们没有整年破击交通斗争的努力，那不知还要严重多少倍。敌人在去年曾经进行了对抗日根据地的连续"扫荡"，实行大烧、大杀、大抢的政策，大肆摧毁根据地的人力、财力、物力。敌人曾经厉行其经济封锁，货币斗争，欺骗宣传，奴化教育，特务活动，设置内奸，制造敌占区与抗战区的对立等等"以华制华""以战养战"的政策。所有这些阴谋诡计，曾遭受我军民的严重打击，而敌人之残暴行为，适足以增强军民之愤怒与抗战决心，但由于我党政军民工作之不足，敌人也是收到部分效果的。

至于党政军民的工作，也存在着许多严重的弱点。以军队言，正规军的补充不够，战术素养不够，正规化程度不够，特别是游击战争的发展不够。以政权言，三三制的执行不够，政策的研究不够，与人民的联结不够。以群众工作言，组织与教育都嫌不够，群众领袖的培养不够，特别是民兵制度、自卫队工作不够。以党的工作言，组织严密性不够，党员的教育不够，特别是政策的教育与掌握不够。

自然，这些仅仅是我们前进中的弱点，发展中的不足，胜利中的困难，用不着大惊小怪。一九四〇年我们是胜利的。只看到弱点，只看到困难，难免悲观失望；只看到胜利，不看到困难和弱点，也会麻木不仁。

一九四一年的斗争，无疑地比一九四〇年还要艰苦，还要残酷，对一九四一年斗争的严重性认识不足，是极端有害的。敌人的"囚笼政策"[9]必然加紧，连续"扫荡"和对根据地的破坏必更残酷，甚至有由分区"扫荡"变为分区"清剿"的可能。敌人的经济、政治、文化、特务的进攻，亦必变本加厉地施行。而我们亦必进行更坚强的军事、政治、经济、文化斗争，去击破敌人的"囚笼政策"和各方面的进攻，扩大抗战区，缩小敌占区，取得比一九四〇年还要伟大的胜利。

新的困难与新的胜利摆在我们的面前。新的困难，需要我们加强工作去克服；新的胜利，还有待于我们去争取。

迎接一九四一年，一幅严重斗争的场面展开了。

我们要一致努力，加强正规军，充实正规军，发展游击队，健全军区工作，建立民兵制度的基础，动员民众积极参战。我们要用广泛的群众的游击战争、交通斗争去削弱、疲惫、消耗敌人，打击敌人的"囚笼政策"。我们要用正规军的顽强战斗，打几个更干脆的歼灭敌人的大胜仗。一切党政军民的努力，都是为着战争的胜利，没有战争的胜利，一切都是谈不到的。

我们要加强抗日民主政权的建设工作，保证三三制的执行，切实掌握统一战线的政策，建立民主政治的基础，以一年的时间首先完成村区两级的民选，进一步地密切政府与人民的联系。一切努力为着团结各阶层的力量，发挥人民高度的积极性，以与日寇、汉奸进行艰苦的斗争。

我们要加强财政经济建设工作，保证彭德怀同志提出的"晋冀豫一九四一年经济建设计划"之完成，并进行严重的统一财政、保护冀钞的斗争。一切努力为着打击敌人的封锁与破坏，建立自给自足经济的基础。同时，必须估计到敌人的破坏政策之严重性，而进行充分的准备，以防止敌人的破坏，并且要有破坏了还要建设的顽强性。

我们要加强文化战线，与敌人进行顽强的宣传战。采用一切形式、不同方法，不疲倦地去加强民众的抗日爱国教育。要估计到由于战争频繁，敌人摧毁，可能引起部分群众失败情绪的增长；要估计到敌人的欺骗宣传如果不受到我们的揭破与打击，也可能在部分落后群众中起到若干影响；要估计到我们过去的宣传工作，一般是薄弱的，不够深入的，所以加强宣传教育工作，打破失败情绪，提高胜利信心，是非常重要的。

我们要继续努力于"面向敌占区，面向交通线"的方针，加强敌伪军的工作。我们要与敌伪进行一村一村的争夺斗争。只有这样，才能扩大抗日根据地，把敌人缩小于点线之间。

我们要在所有干部中，造成研究政策、执行政策的热潮。没有正确政策，一切努力都是空洞的；有了正确政策，我们才能胜利。

党政军民一致动员起来！我们有足够的力量，我们有正确的政策，依靠于一九四〇年胜利的基础，依靠于不断的努力，我们有着充分的信心，期待一九四一年的新胜利！

注　释

〔1〕白晋战役，见本卷第 225 页注〔5〕。

〔2〕张荫梧，当时任冀察战区总参议兼战地党政委员会副主任委员。

〔3〕白晋，即白晋铁路，指日本侵略军为分割太行和太岳抗日根据地而修

筑的自山西祁县白圭到晋城的铁路,日军称之为东潞线。实际上在根据地军民不断破袭下,只铺轨到夏店镇。平辽,指山西平定至辽县(今左权)的公路。

〔4〕保障人权法令,指一九四〇年五月二日山西省第三行政区专员公署公布的《保障人民权利暂行条例》。主要内容是:保障一切抗日人民利益和生命财产之安全;一切抗日人民有抗日言论、出版、集会、结社、信仰自由。后又发布公告,摘要公布了条例的主要内容。条例的实施,对保障人民权利、促进社会安宁、揭发敌人谣言产生了重要作用。

〔5〕北方大学,当时在筹建中,后由于形势变化,直到一九四六年才成立。

〔6〕《新华日报》,这里指《新华日报》(华北版),是中共中央北方局的机关报,一九三九年一月一日创刊。一九四三年十月一日改为《新华日报》(太行版)。

〔7〕德石铁路,指山东德州至河北石家庄的铁路。

〔8〕济邯铁路,指山东济南至河北邯郸的铁路。

〔9〕"囚笼政策",见本卷第177页注〔4〕。

军区建设中诸问题*

（一九四一年一月三十一日）

一

茂林事变[1]暴露了中国大地主大资产阶级当权派的大阴谋。这个阴谋证明了这些顽固反共派已经接受了日寇和亲日派头子何应钦[2]之流的挑拨，企图以分裂代团结，以内战代抗战，企图经过反共内战的桥梁，达到投降的目的。虽然茂林事变还不过是分裂与内战的开端，但是局势的发展是很危险的。虽然在事变之后，中共中央革命军事委员会提出了合理解决事变的十二个条件[3]，给全国人民指明了一条争取时局好转的途径，使人继续团结抗战的要求，还没有失去最后的希望。但是谁也知道，既然顽固反共派敢冒天下之大不韪，与亲日派一起玩弄这样危险的火焰，证明他们是下了最大决心的，如果没有全国人民的紧急努力与强大的国际压力，想要他们悬崖勒马，接受十二个条件，是很困难的。

全国人民和华北人民必须提高自己的警觉性，严密地注

---

* 这是邓小平在八路军太行军区第二次武装干部扩大会议上的报告，发表在八路军第一二九师政治部一九四一年二月一日出版的《抗日战场》第二十期。

视事变的发展。因为亲日派与顽固反共派的联合大阴谋，其范围之广泛，其心计之险毒，是极其惊人的。他们懂得，共产党八路军、新四军是抗日最坚决的部分，是对日投降的极大障碍，所以他们不仅要消灭江南的新四军，还企图消灭整个共产党八路军、新四军；他们懂得，中国人民是不愿投降的，所以他们不仅对付共产党，而且他们的刀锋正对着整个的抗日人民，他们不但不释放抗日的张学良、杨虎城[4]，连马寅初[5]这样有名的学者也因主张抗日而被捕了；他们懂得，民主政治和三民主义是合乎抗战需要，能够制止少数人胡行乱为的，所以他们坚持一党专政（实际上仅是少数人的专制），压制人民的自由，处处违反三民主义和总理遗嘱[6]；他们懂得，华北由于实行了民主政治和三民主义，故能成为坚持抗战的堡垒，所以他们企图将八路军、新四军全部迫入华北地域，然后采用寇奸夹击的方式，使八路军、新四军与华北人民同归于尽，以达到帮助日寇完全控制华北，使华北人民变为亡国奴的目的。

摆在全国人民特别是华北军民面前的，是一个非常严重的局势。一方面我们要以一切努力从军事、政治、经济、文化等各方面去与日寇进行严重的斗争，一方面却不能不与投降反共逆流斗争。我们希望能够经过一切努力，迫使当局接受中共十二个条件，以期合理解决皖南事变，并保证继续团结，继续抗战，以争取抗战的最后胜利，但我们却不能不准备足够力量，以应付不幸到来的寇奸夹击的局面。

如果说寇奸夹击抗日军民是以武装斗争为核心的话，我们抗日军民反对寇奸的夹击也无疑地应以武装斗争为核心。特别是在坚持华北抗战上，如果我们忽视了武装的建设，那我们就无法与日寇进行胜利的斗争，几年敌后抗战的经验，给我们清楚地证明出来了。

所谓武装建设，应该包括正规军、地方武装和民兵自卫队等三方面的建设。这三种抗日武装和半武装的力量，在抗日斗争中是缺一不可的，而将三种武装与半武装力量结合为一个整体，以进行胜利的武装斗争，则是军区的责任。所以，军区建设成为武装建设的中心一环。

忽视了武装建设，就无法应付寇奸夹击的局面，就无法战胜日本强盗；忽视了军区建设，就没有坚强的武装建设，更没有坚强的胜利的武装斗争。

二

谈到军区建设，我们已经有三年多的历史经验和教训了。抗战开始，我们就根据过去苏维埃运动时的经验，在敌后提出了军区建设的问题，在每一个战略基地，设立了军区组织机构，并且规定军区的任务是：

（一）组织与领导强大的地方武装，包括地方兵团和游击队，开展普遍的顽强的游击战争，并配合正规军作战。

（二）组织与领导强大的群众的半武装组织，建立普遍的自卫队，特别是建立坚强的民兵（由基干自卫队和青抗先组成）制度，实行有组织的参战动员，戒严、锄奸、游击敌人、侦探、报信、配合军队作战，转送军用品、战利品和伤病战士，及兵员补充等。

（三）依靠游击队的基础，发展成为正规军；依靠民兵的基础，有计划有组织地补充正规军。

这就是说，军区担任了积蓄武力与使用武力的责任，担任了把劳动力与战斗力结合起来的责任，担任了把正规军、游击队和民兵自卫队结合起来，开展全面的武装斗争的责任。也只有这样全面武装、半武装力量的结合，方能顺利地执行我们的"基本的是游击战，但不放松有利条件下的运动战"的作战指导原则，与现代装备的日本军队进行斗争。

不可否认，三年多的军区建设收到了一些成绩，主要表现在：

（一）前后生长了相当数量的地方武装，并经过地方武装组成了相当数量的正规兵团。

（二）各地方武装，一般还能站在自己的岗位上起到相当的作用，如抗战初期之晋中游击支队，最近之冀南武邑游击大队，及太行区几个县的游击队等等。

（三）开始锻炼出一批新的当地的武装干部，并经过地方武装输送了一批到正规兵团里去。

（四）部分地区开始脚踏实地建立民兵工作，特别是青救对于青抗先的组织与工作，收到了初步的成效，某些地区的民兵已经能够起到配合军队作战，主动袭扰敌人，保卫抗日政权和人民，戒严锄奸等作用。

（五）某些地区的游击小组，更起到了一些积极的作用。

（六）对正规军的兵员补充，尽了部分的努力，虽然成绩不大。

经验告诉我们，哪里的军区工作做得好些，游击队、自卫队比较健全些，战斗力和政治领导比较坚强些，则那里的抗日政权就比较巩固，正规军就不致"裸体跳舞"，且能得到适当的休整机会，而敌伪的活动也就比较困难。反之，哪里的军区工作做得不好，则一切情形就大大不同了。

应该承认，这里军区工作做得好的地方还是不多的。如果拿冀察晋的军区工作来比较，那真是天渊之别了。冀察晋有着强大的地方武装，而且具有相当的巩固程度和战斗力，有着坚强的民兵工作，能够调动自如，能够整批地动员民兵加入正规军，所以那里从来没有发生过兵员补充的困难。我们这里呢，军区工作还没有走上轨道，严重的弱点表现在我们的面前：

（一）地方基干兵团和游击队的数量和质量均极不够。从数量上看，我们晋冀豫整个区域的地方武装数目，还不及冀中一处之多。从质量上看，还有不少游击队表现出政治不健全的现象，行动不够积极，对党及政权不够尊重，对政策的执行很差，常常发生破坏抗日民族统一战线政策的行为，对群众关系不够密切，因而这样的游击队是无法巩固与发展的。

（二）民兵工作还未打下初步的基础，还未引起一般同志的重视，不了解这是武装工作的泉源。建立民兵制度是去年四月就提出的，除了青救对青抗先有初步的努力外，一般只有号召而少实际工作，大部地方没有利用百团大战来推动民兵工作，整整地空过了七个月，最近才开始引起一般的注意。即以一般自卫队而论，经过三年余之久，现在连组织都是空洞的，其他也就可想而知了。

（三）正因为游击队和民兵基础极不强固，所以广泛的群众游击战争没有开展起来，影响正规军常常"裸体跳舞"，影响到对敌斗争与根据地的巩固。

（四）对正规军的补充和帮助是很不够的，一般不了解这是军区工作的责任。过去对正规军的一些补充，常常以改编游击队的方式去完成，这种不正确的方式，也影响到地方武装的坚强与壮大。至于那种连根拔的消灭游击战争的方式，更是严重的错误。

（五）党政军民在军区工作中的协同一致是很差的，大家舍不得抽调最好的干部做武装工作，直到现在各级武装部门还未健全起来。

显然的，不纠正这些弱点和错误，要想把军区工作做好是不可能的。

三

要把军区工作做好，首先要求党政军民的同志明了军区建设的重要性，即是说建设军区首先要从思想建设做起。

所谓思想建设，就是不仅懂得武装斗争的意义，还要懂得正确的武装政策。过去无论党政军民，对此了解都是非常不够的。

正规军的同志，只看到自己的正规兵团，不懂得建设地方武装和民兵的重要，因而常常发生吞并地方武装，不帮助地方武装，不帮助民兵工作，舍不得多拿出几个干部，小眉小眼，这是不懂全面武装斗争的狭隘性。我们发现有些同志，某些时候很热心地帮助游击队和民兵工作，可惜他们的用意仅仅是为着补充兵员，为着抓一把，否则他们就不热心了。他们不懂得，没有强大的地方武装，正规军就缺少了耳目手足，就得不到群众游击战争的掩护而进行必须的休整，结果一有敌情不能不亲自出马，"裸体跳舞"。他们不懂得，没有民兵的基础，正规军不会得到源源补充的。狭隘观点的结果，难道不是"自作孽"吗？

军区系统和游击队的同志，一般的缺点是只看到本区域的基干武装，如军分区的基干兵团、县基干营，看不到普遍的游击队、游击小组的作用，更看不到自卫队和民兵的作用，所以他们的精力只用之于基干武装，忽视了小游击队和民兵工作。晋中分区对平定、昔阳、东冶头游击队长期不管，即其一例，甚至也与野战兵团一样，喜欢并吞游击队。有些军区系统的工作同志，对于军区的指示是不大注意研究的，本身任务还弄不清，更谈不上把工作做好了。还有些"老子天下第一"的人，不尊重同级地方党和政府的领导，这不但得不到地方党政的指导与帮助，工作做不好，而且是很危险的倾向。这种人有的是由军队中派出的，有的也是由地方党、政府、群众团体输送到武装部门工作的，似乎一拿到武装，人的性格都起了变化似的。这证明武装是最好的东西，同时也是最危险的东西。最好的东西，是因为它掌握在党的绝对领导之下；最危险的东西，是因为它不尊重党的领导，脱离党的掌握。这些不听党招呼的"老子天下第一"的同志，难道还不深自警惕吗？

党政民的地方工作同志，注意武装问题的固不乏其人，但忽视武装问题的亦大有人在。在武装开始创建的时期，许多党政同志曾把武装工作看成为最主要的工作，把最大的精力用在游击队上面，这种精神是很好的。但是那时的缺点在于忙于游击队的供给，而忽视了游击队的政治领导，忙于脱离生产的武装，而忽视了民兵自卫队的工作，尤其是忽视了对党的政权和民运的领导，对正规军的联系帮助也很不够。

在后一时期，因为要有计划地进行地方武装的组织训练与作战，所以把所有武装统一于军区指挥，而置于地方党的政治领导之下。这种改变无疑是正确的，但因为解释工作不充分，发生了一些偏向。某些地方工作同志以为这是军区的事了，采取不管的态度；某些军队同志以为这与地方党政无关了，发生了不尊重党政领导的现象。结果弄得互相关系疏隔，甚而互相埋怨，游击队民兵工作始终做不起来。这种现象经过百团大战和敌人的连续"扫荡"之后，有了一个转变。大家重视武装问题了，但实际工作还是很不够的。说到优待抗日军人家属和归队运动等工作，应该在政府的法令之下，由党政民的工作去保障实行，但恰恰也是大家所轻视的，不了解这正是站在自己岗位上去建设武装，去巩固军队战斗力的具体工作。甚至有个别干部，某些机关，不但不进行归队运动，还要吸收逃兵参加政府、群众团体的工作，这等于瓦解部队，当然是一个严重的错误。至于群众团体，除青救对青抗先、青年营等有了相当的努力外，其他如工救[7]、农救、妇救[8]，对武装问题本有很多工作要做，可惜一般是忽视的。

最后谈到我们军队党和地方党的领导机关，在主观上大家的确想把军区工作弄好，也做了一些工作，但我们还未能采取一切有效步骤，把军区工作认真做起来，如干部培养、具体指导、切实检查等，尤其对那些忽视军区工作的倾向，没有进行必要的斗争与教育，这也是必须用自我批评精神指出的。

只有严正的自我批评，才能了解过去军区工作薄弱的原因之所在，也才能找寻出今后努力的方向。

四

我们党政军民同志一致努力的军区工作方向是什么呢？我们的正确的武装政策是什么呢？

（一）先说军区与野战军的关系。

在作战方面，需要野战军、地方兵团、游击队与民兵有机的配合，才能以广泛的经常的游击战争去疲惫、消耗、削弱、封锁敌人，才能以顽强的正规军去抓住"有利条件下的运动战"，歼灭敌人。所以军区的责任是使用多支地方兵团、游击队、游击小组和民兵，进行不断的游击活动，以遂行保卫抗日政府和民众，扩大抗战区，缩小敌占区，并掩护主力兵团休整之任务。正规军的责任是利用一切可能争取的时间以至战斗的间隙，加强自己的整训，提高战术技术，加强政治工作，高度发挥顽强性，以便于遂行抓住机会坚决消灭敌人一路或几路之任务。这种一般的分工是必要的，但这不是说不相配合不相联系了，恰恰相反，正规军必须领导地方武装遂行游击战争，并且亲自参加游击战争，地方武装或半武装必须切实地配合正规军作战。

过去正规军的缺点是不切实帮助领导地方武装，在作战时总是不善于使用游击队，所以弄得"裸体跳舞"，一有敌情就不能不自己出马，弄得休整都很困难。正规军不断地分散游击，无疑地要减弱自己的战斗力与顽强性，所以常常放过消灭敌人的机会。过去地方党政、地方武装同志，也常常埋怨正规军不打仗，这是对正规军过分的苛求。过去正规军一般是小仗打得过多，好仗打得过少。个别部队不积极作战，是应受责备的。这种现象一方面是由于不了解正规军的性能，一方面也是由于对地方武装的不信任。在这种观念之下，也必然产生忽视地方武装的倾向。还有一种对正规军的责备是，正规军中某些干部对地方党政不尊重，以及吞并地方武装。这种责备是完全正确的，但同样也应指出，军区同志、地方工作同志对正规军的帮助也是不够的。

正确的关系是怎样呢？

正规军对军区的责任是：

1. 切实帮助军区建立地方武装和民兵自卫队，要供给军区以好的干部。正规军每到一处，必须帮助训练游击队和协助民兵自卫队的组织与教育，要把这种工作当作是自己的责任，成为经常的制度。在没有游击队和民兵自卫队的地方，正规军更要负创立的完全责任。

2. 在作战时，一定要注意到游击队的使用和民兵任务的分配。在使用游击队时，要估计到游击队的性能，使用于适当的方面，交代任务要很清楚，必要时应派得力军政干部去帮助游击队遂行战斗任务，要用一切方法使游击队能够取得一些小的胜利，从胜利中提高其战斗力。对民兵的指导更要细心与耐烦，莫使它吃亏，莫编散其组织，态度要很和蔼，注意其生活，不可以军队的严格纪律去对待民兵，处处要尊重民众干部的意见，即有不对也应采取说服方式。同时参战时间不可过久，对民兵的一切允诺都要讲信用。打仗的胜利品，要有计划地分给配合作战的游击队和民兵。一切方法为着密切正规军和游击队民兵的关系，使游击队和民兵乐于与正规军亲近，乐于参战，这对于加强正规军的信仰和吸引力，有极大的好处。就是地方武装与民兵的关系也应如此。

3. 不得强编或吞并游击队，即在必要时也只能经过军区、军分区有计划地抽拨若干补充正规军，反对连根拔的错误。对民兵更不能以强迫或用参战名义等欺骗方法编入正规军。在有民兵组织基础的区域，只能经过军区系统（县为武装科）的统一计划，依靠党政群众团体的努力，用真正的政治动员去动员民兵加入军队，但正规军必须派干部协助动员工作，反对坐待补充的现象。

4. 野战兵团应经常派出慰问团到自己的联系县，进行抗属慰问工作，对自己的联系县的武装工作应负极大的帮助责任。在协助地方武装工作时，一定要依照军区当时的工作计划，不可自作聪明，另来一套。

5. 野战军到任何一处，均须与军区、军分区、县武装科或游击队取得联系，取得其各方面的帮助，如敌情、地形、居民状况、粮食供给等等，并商得一致的工作计划。

军区对野战军的责任是：

1. 负责正规军的兵员补充，在地方党政群众团体的协助与保证之下，完成每次兵员补充任务，并保证兵员的质量。

2. 随时调查地方优待抗日军人家属状况，并向政府及时提出建议。

3. 指挥地方兵团、游击队和民兵自卫队配合正规军作战。在一般情况下，应以积极的迫近敌人的灵活的游击动作，掩护正规军之休整，随时将所得情报通知野战兵团。

4. 协同政府帮助野战军动员逃亡战士归队，防止地方军政机关收容逃兵。

5. 随时将本区域的状况及武装建设计划通知自己的联系兵团，如军分区对联系旅，县武装科对联系团，以求得野战兵团之协助。

6. 担任野战军的后方勤务，如兵站、医院、供给等，帮助正规军维持纪律，密切与人民的关系。

7. 推动当地党政群众团体组织对正规军的慰问，特别对联系兵团的关系，务求密切。

（二）加强地方武装与广泛发展游击战争。

没有广泛的游击战争，就没有巩固的抗日根据地，没有坚强的地方武装（地方兵团、游击队），也就没有广泛的游击战争。我们晋冀豫区的地方武装和游击战争都是很薄弱的，必须有一个大的转变。因此必须：

1. 大量发展地方武装，今年上半年内至少要发展一倍以上。所有游击队、地方兵团的组织，都要非常精干，成分要求纯洁。过去某些游击队老弱残病、亲戚朋友等非战斗员很多，骡马一大群，既耗费公款，也不会有战斗力，必须坚决纠正。

2. 大大提高地方兵团、游击队的战斗能力。地方武装要有扭住敌人、不怕疲劳的顽强性，要有坚决消灭少数敌人的信心与战果，要积极地确实地遂行自己的战斗任务，同时要有比野战军还要熟练的游击战术。要反对某些游击队"保安队化"，不敢接近敌人，不积极活动，做假报告等惧怕敌人的右倾情绪。

3. 加强地方武装的政策教育，特别要懂得敌占区工作的各种政策，因为游击队不仅执行钳制、封锁、疲困、消耗和打击敌人的任务，更主要是执行缩小敌占区、扩大抗战区的政治任务。不懂得正确政策，不但不能完成政治任务，连在敌占区存在都是不可能的。过去某些地方部队到敌占区去胡行乱为，破坏党的政策，乱筹粮款，乱捉人，乱安汉奸帽子，把敌占区看成为"殖民地"，其结果是帮助了敌人的统治。因此，加强地方武装的政治领导，是极端迫切和重要的。每个地方部队中，都要有坚强而有工作能力的民运工作队（组），每次军事行动必须与政治工作连接起来。要努力进行争取伪军伪组织的工作，这是与遂行游击队任务不可分离的重要部分。游击部队的模范的群众纪律，亦极重要。

4. 要建立地方武装的军事、政治、供给等各种制度。虽然不可能要求地方部队同正规军一样的严格，但一般的要求是必须的。首先是政治委员、政治工作制度，必须切实建立，特别估计到游击部队独立活动的环境，没有坚强的政治制度，是很容易出毛病的。正规军的各种军事制度，不应机械地搬到游击队中去（对地方兵团是完全适用的），但一定的营规、指战员关系、适当的纪律以及人员武装的统计等等，还是非有不可的。至于供给制度，尤须严格，否则容易发生贪污腐化的危险。军区、军分区必须有计划地保障游击队的供给，否则在"独立自主"的美名下，违反政策贪污浪费的现象，就会不可避免地产生出来。在游击部队中执行各种制度有一个基本的特点，就是要求更带群众性，即比正规军的民主成分更要多些，只有当所有游击队员都懂得自己任务和关切本队命运的时候，游击队才能顺利完成自己的任务。

5. 游击队要发展成为野战军，这是游击队最光荣的前途。把游击队局限于现存的阶段是不对的，党必须采取不断的教育方式，诱导游击部队不断发展，逐渐走上正规化的道路。反对保守观念，同时在转变游击队成为野战军时，亦不可操之过急，反对一扫而光、连根拔的观念。

6. 游击队应是土生土长的，要与当地群众结成亲密的关系，要有坚决与敌斗争，保护人民利益的决心，要为人民所信赖。同时游击队还要有土生土长的本地干部，要善于选择和培养这样的干部成为坚持当地斗争的领导者。当然我们不认为一切本地人都是好的，仅仅土生土长的条件是不够的，还必须加上政治条件，因为没有政治条件的本地干部，是最易产生土匪主义、军阀主义的，是必然与群众脱离而遭失败的。

（三）建立民兵制度与加强自卫队工作。

军区的任务既然是要把劳动力与战斗力结合起来，进行全面的抗日武装斗争，并担负起补充正规军的责任，那没有民兵基础和加强一般自卫队工作，是不可能实现自己任务的。所以民兵和自卫队，是武装工作的基础，是正规军的泉源。

依据"太行军区的组织及其工作纲要"的规定：

1. "一般自卫队（警备）、基干自卫队和青年抗日先锋队等都属于军区不脱离生产者的武装组织"，而以"基干自卫队与青抗先为自卫队骨干"，亦即为民兵之组成部分。

2. "凡年在十六岁以上至五十岁以下之男子，二十岁至四十岁（此次会议改为十六岁至四十五岁）之妇女，均应参加自卫队"。"基干自卫队是动员二十岁至三十五岁之壮年男子以自愿参加组成之"，"青抗先是动员十六岁至二十三岁男子以自愿参加组成之"。

3. 不脱离生产的武装组织的参战任务（这是参战任务，决不是支差）如次：

（1）抗日、戒严、铲除汉奸、肃清敌探；

（2）破路、拆堡、空舍、清野；

（3）侦送情报；

（4）救护伤病员（无论任何情况，白天夜晚都应随有随送），运输战斗器材（弹药、战利品等）；

（5）游击敌人，配合军队作战（游击小组）；

（6）进行敌伪军以及土匪会门工作；

（7）组织兵员补充。

并规定一般自卫队之任务，着重于（1）、（2）、（3）、（4）、（6）诸项，而基干自卫队、青抗先（民兵）则应全部执行之。

此外，对这些不脱离生产的武装组织系统干部任免等，该纲领都有明确的规定。

这里还要说到的是下面几个问题：

1. 规定一切不脱离生产的武装组织都属于军区管辖，这是非常必要的。因为武装工作是具有其特殊性的，要有军区系统（本身也是党及政府的一部分）的组织机构，去统一计划组织训练、参战、补充等事项，才能发挥其效能。如果把群众武装组织附属于各个群众团体之内，则会发生武装组织与群众组织混淆的毛病，实际上等于取消武装组织，或取消群众组织，而且群众组织也不可能去计划和指挥训练、作战等事项。我们规定军区来统一群众武装组织的管理，绝不是放松了群众团体对武装工作的责任，反之武装工作得不到群众团体的协力，是绝对做不好的。过去青救注意了青抗先的工作是对的，农救、工救、妇救忽视了武装工作是不对的。

群众团体对于武装工作的责任是：动员自己的会员加入自卫队、基干自卫队和青抗先，教育自己的会员成为参加武装斗争的模范，输送最好的干部到武装部门工作；在扩兵动员时，积极动员会员参军；组织对军队的慰劳；优待抗属等等。同时，为了密切与军区系统的联系，经常注意武装工作，各群众团体应有武装委员的设置，并参加同级的武装委员会。

军区系统的武装工作计划，除某些必需的秘密之外，一般地应通知群众团体，取得其配合与帮助。对于民兵自卫队的干部，一般地应商得群众团体之同意，如青抗先干部的调任应商得青救之同意。军区系统组织之武装委员会应吸收群众团体的武装委员参加，并须有定期的会议。

2. 政府法令上规定一定年龄的男女公民，都有参加一般自卫队之义务。这是为争取抗战胜利所必需的，也是为打下将来民主共和国的军事建设基础所必需的。但这不是说依靠政府和军区的一纸法令就把自卫队工作做好了。要懂得没有充分的政治动员、解释工作，使民众明了参加武装斗争之必要，同时加以党的切实领导，党员的模范作用和群众团体的有力配合，那一切都是空洞的。过去用造名册的官僚主义的方式，其结果是为大家所熟知的。至于基干自卫队、青抗先，既是由自愿参加组成的，更非有艰苦的一点一滴的工作，不能打下民兵制度的基础。

3. 一切不脱离生产的武装组织，都是带半武装性的。我们的工作方式以至组织形式，都必须估计这个特点，就是要带更多的民主性。如果照军队一样采取自上而下的方式，必致产生与群众脱离的现象，过去的经验也充分证明了这点。所以各级自卫队、基干自卫队和青抗先的军事政治干部，均应做到由队员大会、代表大会选举。首先要从区村做起，县以上的干部，在目前过渡期间还不能不采取委任的形式，但一到基础相当打定时，就应选举。但同时因为这是一种武装组织，必须维持其上下的指挥系统，故各级干部在选出之后，必须经过上级的加委，一切参战活动，也必须以命令和说服相配合去完成，单纯的命令方式是不会启发群众积极性的。

各级民兵自卫队干部的加委，太行军区已经规定"县级干部由办事处（专署）军分区报告于联合办事处及军区任免之。区村干部由县府任免之"。有同志主张这些干部由群众团体选任，如青抗先的干部由青救选任，这是不妥当的，因为群众团体是没有而且也不应该有行政权的。

4. 各级政府对不脱离生产的武装干部有任免权，有武装使用权，但一般应经过自己的武装部门，即军区、军分区、县武装科、区武装助理员去执行。政府应定期讨论武装工作，接受武装部门的报告，并给以指示。

5. 民兵不应有专门的经济开支，不能吃公粮，否则会浪费公款，增加人民负担。其脱离生产的干部和工作机关，应列入政府预算开支（军分区以上则由军事系统开支）。民兵参战在三天以内自带给养，由县政府统一筹发，第四天以上则由军队供给之。

（四）把一切地方武装置于地方党的政治领导与监督之下。

　　保证党在武装中的绝对领导是极其重要的。地方武装具有更多的独立性，经常分散活动，故必须放在地方党的指导与监督之下，因地方党对于这些分散活动的武装的一切情形，能够最灵敏地收到反映。这与独立军事系统不但不是矛盾的，而且是相辅相成的。

　　地方党对于地方武装，区党委对于军区，地委对于军分区，县委对于独立营（大队），分区委对于小游击队，支部对于游击小组，必须尽到下列的责任：

　　1. 政治上负责保证执行上级军事的政治的命令，保障执行党的政策和对群众的亲密关系。

　　2. 定期接受地方武装军政首长的正式报告，每月至少讨论一次地方武装的工作，及时派人检查其党政工作。

　　3. 有权在不违反上级军事机关的命令之下，决定同级地方武装的军事行动。

　　4. 注意研究上级军事政治机关的命令、训令，才能确当地指导同级地方武装之行动与工作，且对锻炼各级党部学会掌握武装，学会领导战争的艺术，有极大的好处。

　　5. 输送最好的干部和党员到武装中工作。

　　6. 关心正规军和地方武装的补充、供给工作，及时加以指导和帮助。

　　所有军区系统的地方武装，确定在军事系统上、政治工作系统上，隶属于军区、军分区司令部、政治部，但必须接受同级地方党的政治领导、批评与检查。至少一个月向同级党作一次正式的报告。在不违反上级军政命令之下，应该接受同级地方党的独立军事任务。同时要负责掩护地方党之安全。

为了保障地方党对地方武装的政治领导，军区、军分区、地方兵团、游击队的政治委员、政治部主任及党的条件合格的军事首长应参加同级党的委员会为委员。

为了加强不脱离生产的武装的领导，必须把这一重要工作放在各级党的日常议事日程之上。各级党部的军事部、科和军事委员，应当健全起来，应指定最得力的干部充任。

此外还要说到政府、群众团体与地方武装的关系。前面已经说了对不脱离生产武装的关系，这里只谈对脱离生产武装的关系。

1. 地方武装（野战军一样）的政治任务，是扩大抗战区，缩小敌占区，保护抗日政府、抗日人民，打击汉奸伪组织。因此要绝对执行抗日民主政权的各种政策，要与政府、群众团体协同开展敌占区工作。

2. 地方武装任何时候都要尊重抗日政府和群众团体，并要成为模范。接受政府、群众团体的意见和批评，与政府、群众团体取得密切的联系，邀请行政首长和群众团体代表到部队中作报告，由军人大会选派代表参加群众团体会议、群众大会。掩护政府机关、群众团体之安全。

3. 政府、群众团体要关心地方武装（对野战军一样）的生活、兵员补充、群众纪律和执行政策的情形等等。爱护人民的子弟兵，如同爱护自己的手足一样。

五

最后，为了军区建设的胜利，必须还有下列的保障：

（一）要有坚强的干部。正规军、地方党、政府和群众团体都要舍得干部，把最好的干部源源不绝地派到武装部门去。

（二）要有共产党员的模范作用。党要加强党员军事化的教育与工作，一切党校训练班都应有军事课程，使每个党员都懂得掌握武装之重要性。党员无论在参军、参战、参加民兵等工作上，都应起到先锋的作用。

（三）青年是天生的武装柱石，要把青年参加武装工作的积极性大大发扬起来，这不应只是放在青年同志身上，而应放在党的整个领导上，放在军区的整个计划上。

（四）要有党政军民一致的努力，不是互相埋怨，互相观望，而是互相配合，协同一致。

（五）要反对实际工作的机会主义。我们有了正确的武装政策，有了军区的工作计划，这仅仅表示了我们要求胜利的愿望。武装建设任务的完成，要依靠我们忠实于自己的政策、自己的计划，要经过不断的努力与切实的检查。不检查、不执行或缺乏完成计划信心的实际工作中的机会主义，只有遭致失败的结果。

毛泽东讲：没有武装就没有中国无产阶级的地位，中国革命想前进一步都是不行的。"建立武装部队是建立根据地的最基本一环，没有这个东西，或有了而无力量，一切问题都无从说起。"[9]

今天的局势，更加迫切地要求我们加强武装建设，特别是加强我们最薄弱的军区工作。党政军民全体同志，大家努力起来！

注　释

〔1〕茂林事变，即皖南事变。一九四〇年十月，国民党军事当局强令长江南北和黄河以南坚持抗日的新四军、八路军全部开赴黄河以北。中国共产党一方面驳斥这一无理要求，一方面从维护抗日大局出发答应将安徽南部的新四军部队调到江北。一九四一年一月，皖南的新四军九千余人，取得国民党当局的同意，向江北转移。部队行至安徽泾县茂林地区，遭到国民党顽军七个师八万余兵力的突然袭击。经七昼夜浴血奋战，弹尽粮绝，除小部分突围外，大部壮烈牺牲，一部被俘。军长叶挺被扣，副军长项英、副参谋长周子昆遇害，政治部主任袁国平牺牲。

〔2〕何应钦，当时任国民党政府军事委员会参谋总长。

〔3〕十二个条件，指一九四一年一月二十日毛泽东在《为皖南事变发表的命令和谈话》中提出的十二条要求。内容如下：一、悬崖勒马，停止挑衅；二、取消一月十七日的反动命令，并宣布自己是完全错了；三、惩办皖南事变的祸首何应钦、顾祝同、上官云相三人；四、恢复叶挺自由，继续充当新四军军长；五、交还皖南新四军全部人枪；六、抚恤皖南新四军全部伤亡将士；七、撤退华中的"剿共"军；八、平毁西北的封锁线；九、释放全国一切被捕的爱国政治犯；十、废止一党专政，实行民主政治；十一、实行三民主义，服从《总理遗嘱》；十二、逮捕各亲日派首领，交付国法审判。

〔4〕张学良，东北军爱国将领。一九三五年十月任国民党军西北"剿匪"总司令部副总司令，一九三六年与中国共产党就停止内战、联合抗日等问题进行谈判，同年十二月和杨虎城一起发动西安事变，要求蒋介石停止内战，一致抗日。西安事变和平解决后，被蒋介石长期关押。杨虎城，西北军爱国将领。曾任国民党军第十七路军总指挥、西安绥靖公署主任。一九三六年十二月和张学良一起发动西安事变，一九三七年后被蒋介石长期囚禁，一九四九年在重庆被杀害。

〔5〕马寅初，一九三八年任重庆大学商学院院长。曾在立法院提出对发国难财者征收"临时财产税"议案，在社会各界人士中引起了强烈的反响。一九四〇年十二月，因对国民党政府的贪污腐败和战时经济政策进行了揭露和抨击，被蒋介石逮捕。

〔6〕总理遗嘱，指中国国民党总理孙中山一九二五年三月十一日病危时的遗嘱。

〔7〕工救，指工人救国会。

〔8〕妇救，指妇女救国会。

〔9〕见毛泽东《抗日游击战争的战略问题》(《毛泽东选集》第二卷，人民出版社 1991 年版，第 423 页)。

冀南工作迫切需要打开新局面*

（一九四一年二月三日）

彭左：

送来敌修路桥总报告及一九四一年工作要求收到。望根据师十一日转集总的电，参酌各方实际近况，就一年工作大体要求上，拟出三个月实施计划摘告。我们只能作如下的建议：

一、日寇将拼命修道，如济邢[1]、济邯两铁路，并将以临清为枢纽，形成向东向西的散布网，以便于战略展开和经济吸收（如棉花、粮食）。同时巩固卫河、滏阳河两河水路，使之成为南北运输线。这些将成为今年斗争的焦点。

二、我们的斗争是破击与反"扫荡"，都必须结合劳动力与战斗力，展开冀南全面斗争，使敌人顾此失彼，并以军事为轴心，用总力战[2]把敌人孤立于疆外，使敌在点线上出则扑空碰壁，驻则四面被封锁。

三、为要实现以上两项，必须严格检查实现党的指示和各种统战政策。组织冀南一切力量，爱护八路军，团结于八路军周围，如一人一样，以进行破击与反"扫荡"斗争。不容下层在政策上发生错误，特别在敌占区不容造成对立和有利于敌的现象，这是发动广大群众斗争的基本问题。

---

* 这是邓小平和刘伯承给彭德怀、左权的电报。

四、战役战术的发展，要使各分区（冀鲁边、鲁西北、冀鲁豫在内）互相呼应，特别各分区乘虚扩张战果，要发展抗日沟，填毁护路沟、河；要发扬伏击与反伏击，主动地以弱耗强，以强灭弱，以散耗集，以集灭散，以宽面佯动掩护主力，一点制胜；特别要紧是在敌接合部的机动，要加强侦察与防谍工作，要利用单炮机动、抵近射击，夺取必要的据点；注重野战消灭敌人的有生力量，夺取资材。要建立工兵指挥破路工程，普发地雷战。要以小部扭敌，本部积极机动打敌，并严密警戒，指定值班部队以防敌袭。

五、对各据点伪军工作要特别加强，要由军、地、党物色一批得力、适宜的干部，加强这一部门，打开这一局面。这一工作要采取许多不同的策略与方法，利用各种线索去做，呆板和守成规是收不到多大成绩的。伪军工作的展开，对冀南的对敌斗争和根据地工作均有很大好处。同时，要培养各分区能独立地积极活动，纠正只有上级命令才积极行动的现象。

六、军队建设，特别是野战军，要完成四个月整军计划，针对破击与反"扫荡"的需要进行教育、训练，特别是白刃格斗。冀南各军分区的游击队要大大地发展，要学习冀中，不仅数量大，而且达到相当巩固的程度。要彻底实现你们的计划，不吝惜干部，使其健全，有能力独立展开全面战，使冀南成为冀鲁边、冀鲁豫两军区的高点与模范。在民众武装斗争中，要加紧军民的，特别是干部的思想准备，提高胜利信心，以粉碎敌人腐蚀我们的思想战。

刘伯承、邓小平
二月三日

注　释

〔1〕济邢，即济邢铁路，指山东济南至河北邢台的铁路。

〔2〕抗日战争战略相持阶段，八路军针对日本侵略者实行政治、军事、经济、文化等各方面相结合，以控制占领区、进攻抗日根据地的"总力战"，提出利用政治、经济、人员、武器和交通等因素与日本侵略者打总力战。

关于成立晋冀豫边区
临时参议会的提议[*]

（一九四一年三月十六日）

本人受中国共产党北方局之委托，向冀南、太行、太岳行政联合办事处第二次行政会议，提议成立晋冀豫边区临时参议会^[1]，其理由如下：

第一，华北敌后抗战已进入新的阶段。新阶段之特点表现为：一方面斗争更加艰苦，一方面胜利更加接近。敝党自抗战以来，始终与华北人民及各党各派各阶层先进分子，一致主张在任何困难情况下，坚持华北抗战，努力于根据地之建设与巩固，使华北能于今日成为长期消耗、削弱、疲惫、钳制敌人，配合全国作战之堡垒，他日成为反攻、最后驱逐日寇之前进阵地。并在抗日根据地中，真正实行抗战建国纲领和革命的三民主义，为新民主主义共和国打下坚实之基础，以示范于全国。此种努力，数年如一日，且已获得很大成效，今后尤当适应新的斗争环境，采取更有效之步骤与工作，以期顺利渡过难关，克服困难，而使既定方针日底

＊ 这是邓小平在冀南、太行、太岳行政联合办事处第二次行政会议上的报告，发表在中共中央北方局一九四一年三月二十一日出版的《新华日报》（华北版）。

于成。

第二，联办所辖区域，包括冀南、太行、太岳及冀鲁豫四区，由此四区组成一地域广大、人口众多之具有战略性质的抗日根据地。而本根据地适处华北各战略根据地之中心，在连接各根据地及与大后方联系上具有特殊之意义。因此加强本根据地之政治、军事、经济、文化等设施很为重要。

第三，抗日根据地的建设与巩固，其中心环节，厥为民主政治之树立与发挥，以及三三制的抗日民主政权之认真建设。过去三年以来，本区因为在敌寇伪军进攻之下，抗日根据地的开辟需时，反共顽固派对民主政治的多方阻挠和民意机关尚未全部成立，以致三三制民主政治之建设，甚嫌不够。及联办成立，其施政方针、组织机构，一本统一战线原则，处处照顾各阶层利益，尽力邀请各党各派各界先进参加领导，半年以来，政绩卓著，为全区人民所拥戴。然真正由人民选举之有权力的民意机关，尚未成立，虽事实尚难办到，究属缺陷。

第四，联办半年努力，已将全区事实上统一起来，而为晋冀豫边区奠定统一行政机构、统一政令之基础，建立统一的有权力的晋冀豫边区参议会实为刻不容缓。

第五，晋冀豫边区参议会必须由人民直接选举议员组成，不应丝毫草率，致伤民主政治之真实意义。此项选举工作非短期准备所能完成，而统一全区的民意机关之树立，又为目前敌后抗战所必需，故建议由联办召集晋冀豫边区临时参议会，以加强全区行政机构，更加团结全区人民及各党各派，包括国民党、共产党及其他各抗日党派于一堂，以利敌后抗战，及本根据地之进一步巩固。

根据上述理由，迅速成立晋冀豫边区临时参议会实属必要。并建议于本年抗战第四周年纪念日即七月七日，召集第一次会议。

边区临时参议会议员之产生，以顾及事实之可能与真能代表人民意见为原则，主张采用下列推选办法：1. 已成立参议会的冀南，由主任公署参议会推选三人，各县参议会每县推选一人，为边区临时参议会议员。2. 冀鲁豫区、太行区、太岳区每县推选一人，为边区临时参议会议员，由各县县长负责召集各党各派各界临时代表会议推选之。各县临时代表会议由该县宪政促进会[2]、牺盟、工农青妇文商各救国团体各党各派，包括国民党、共产党及其他党派，各推代表五人至十人组成之。各党各派各抗日团体，均可提出边区临时参议会候选议员一人，冀南尚未成立参议会之县，亦适用此方法。3. 联办行政会议现任委员，得为边区临时参议会议员。4. 晋冀豫区抗日军队，得推选二人为边区临时参议会议员。5. 抗大推选一人，其他中等以上学校联合推选两人，计太行太岳区一人，冀南冀鲁豫区一人，为临时参议会议员。6. 各商业联合会推选三人，计冀南一人，冀鲁豫边区一人，太行太岳区一人，为临时参议会议员。7. 公正士绅名流学者，请联办聘请若干人，为临时参议会议员。8. 所有由主署参议会、县参议会或县临时代表会议推选之边区临时参议会议员，均应向全区全县人民公布。9. 主署参议会、县参议会或县临时代表会议，均有向边区临时参议会提出各项提案之权，并不限制各议员在边区临时参议会上由个人提出议案及发表个人意见之权。10. 各区各县推选边区临时参议会议员之工作，应于五月十五日前完成。

　　最后，中共北方局希望边区临时参议会之组织成分，能切合三三制之原则，能真正代表各党各派各阶层之意见。三三制的民主政权原则，为本党所提出，为本党全体党员所忠实奉行的主张，即在敌后抗日民主政权中，无论民意机关或行政机关的组织成分，都主张共产党员只占三分之一，或少于三分之一，其他党派和无党无派的，赞成抗日赞成民主的人士，占三分之二，即是说，除了汉奸、亲日派和反共反民主的人以外，一切抗日党派抗日人士，都有参加抗日民主政权之权利。我们认为，三三制政权形式，不仅是抗日民主政权的最好形式，是符合于抗日民族统一战线的政权形式，且为将来新民主主义共和国的最好形式。我们共产党人素来反对一党专政，既不赞成国民党一党专政，也不主张由共产党包办政权，因为任何一党专政的结果，都只能顾及一党之私，不能顾及全体人民的意志，而与民主政治相违背。我们共产党人认为，在今天民族危机异常严重的关头，必须集中全民族一切抗日阶级抗日党派的力量，才能最后战胜日本帝国主义。所以必须有代表各抗日阶级抗日党派的三三制政权，才能实现这样伟大的任务。并且我们认为，在战胜日寇之后，我们还必须团结全民族各阶级各党派的力量，建设中国成为真正独立、自由、幸福的三民主义的新民主主义共和国。所以那时依然应实行三三制政权，以完成建国任务。因此，我们主张在华北各地抗日民主政权中厉行三三制，如果某些地区共产党员参加政府工作的比例，不符合三三制的标准，则应加以改正，并望晋冀豫边区临时参议会中，能符合三三制标准，此不仅为敝党与全区人民所期望，亦为敝党党员及全区人民所愿努力实现者也。谨此提议，尚希裁决。

注　释

〔1〕晋冀豫边区临时参议会，一九四一年七月七日在山西辽县（今左权）开幕，参加会议的包括冀南、太行、太岳和冀鲁豫四个地区的参议员。七月九日，晋冀豫边区临时参议会改名为晋冀鲁豫边区临时参议会，是边区最高权力机关。

〔2〕宪政促进会，是抗日战争时期中国共产党和各民主党派为开展宪政运动成立的抗日民主团体。

加强平汉线两侧敌伪军的政治瓦解工作*

（一九四一年三月三十一日）

一、最近我们决定对平汉线工作的具体布置特简告你们，参考布置白晋、同蒲工作：

（一）接敌区及敌占区加强武装斗争，以区为单位成立游击队。每区至少三十人至六十人以上，由区长兼任游击队长。成分要纯洁，不准有一个兵痞、流氓、土匪、逃兵混入，要非常精干，要有本地与群众有联系，政治坚定，刻苦勇敢的干部率领。这些游击队的名义不必统一，以群众所愿意的名称出现，不冠八路军决死队、游击队亦可，主要是保证党的绝对领导。这些游击队穿便衣，给带枪证，供给要统一于军区，不准到敌占区筹粮款、乱捉人、杀人。这些游击队要坚持在当地活动，着重接敌据点的封锁、侦察、破袭。

（二）加强沿铁路线工作，以县为单位，指定专门同志管理这个工作。目前每县都要找出三个以上同志，利用社会关系，深入铁路线，进行长期埋伏工作与秘密情报工作。一切工作方式与组织形式都要切实研究，按照北方局指示

---

* 这是邓小平和刘伯承给太岳、冀南、太行抗日根据地及所属有关部队的指示。

执行。

（三）对铁路两侧之敌伪据点，应每个据点指定一个专门同志管理，进行长期瓦解敌伪尤其是伪军及争取群众的工作。这些线索不发生横的关系，由县委指定常委一人专门管理，严防泄密破坏。

（四）沿平汉线，按工作需要设立几个大据点，并指定专门同志主持，配备足够干部进行较大的争取瓦解工作，由区党委或军政委直接管理之。

（五）敌占区、接敌区政策，北方局已有专门指示，目前主要是打开门路多方面去做。争取青红帮[1]工作是打开土匪、会门工作的一种门路。要舍得干部，要用必须的经费，请你们讨论一次。

二、根据冀南经验，宣传日寇拉中国人到太平洋打大仗事，对瓦解伪军，提高民族意识，加强对敌斗争起了很大作用。目前应特别抓住下列事实，在敌占区、在根据地进行广泛的宣传鼓动工作：

（一）敌强拉壮丁，训练青年，集中伪军，目的是利用中国人打中国人。最近日本允德国在华招兵五十万开到欧洲打大仗、做苦工。日本拉中国人开到太平洋同英美打大仗，打死了抛在海洋里喂鱼虾，永世不得回家。

（二）东北同胞亡国的惨状，新华报[2]已登几个材料，都是新由东北回来人讲的。

（三）日本在占领区强占中国人财产，如霸占工厂，邢台敌圈地，随便没收等事实及其毒化、奴化政策。

（四）敌人善于挑拨离间，以华制华，如首先制造土匪大肆抢掠，然后利用防匪组织会门，以达其伪化目的。

（五）日本泥脚陷入中国，又要南进太平洋打大仗。只要中国抗战下去，日本死亡是肯定了。

类似以上要点，抓住具体的事、具体的人，利用各种形式不断地反复宣传。把一个地方的例子迅速传播到各地去，特别送到报馆去，同时态度要非常诚恳，才会令人相信。对伪军，要站在关切他们的利益上，收效尤大。

注　释

〔1〕青红帮，指青帮与红帮两个中国民间秘密结社。青帮源于明朝罗祖教支流，成员为江浙等地的无业游民和浪荡江湖者。红帮最早为明朝天地会代称，其支派有哥老会、小刀会、红钱会等，由福建、台湾发展至两广及长江流域。民国成立后，有些组织渐为反动势力操纵和利用，沦为以流氓匪特为主体的组织。抗日战争时期，青红帮部分成员沦为汉奸。

〔2〕新华报，指《新华日报》（华北版），见本卷第233页注〔6〕。

时局和几个政策问题[*]

（一九四一年三月）

茂林事变后的局势

（一）茂林事变在国内在国际都起了很大的震动。

在国内，各党派的表现是：1. 大地主大资产阶级的亲日派，以何应钦为代表，积极策动内战，主张痛快干一下，以便实现其经过内战达到投降，出现"贝当^{〔1〕}政府"的全部阴谋。2. 大地主大资产阶级的英美派，历来反共是坚决的，亲日派投其所好，策动其爆发了茂林反动事变，并发布了一月十七日反革命命令^{〔2〕}，一月二十七日的蒋介石讲话^{〔3〕}，大有气势汹汹，非干不可之势。但在其主人（英美）忠告之下，和全国人民反对之下，乃又企图将巨大的全国性的茂林事变，尽量解释为地方事件。但反共政策仍在继续，变本加厉地继续其反共政治动员，通令称我党为"奸党"，到处逮捕共产党员和八路军办事处人员，打击和肃清抗日进步分子等等。而其军事反共计划亦未停止，仍在步步实施着。这般顽固家伙，虽在主人忠告、万人责骂之下，略呈窘

* 这是邓小平在中共中央北方局讨论冀南工作的会议上发言的一部分，发表在中共中央北方局一九四一年四月一日出版的《党的生活》增刊。

态，不能不收敛一下，然其反共之志未尝稍懈，企图对我各个击破，这是很清楚的。3. 中间派则一般对我同情，不满国民党的反动措施。有痛骂何应钦阴谋者，有表示愤慨忧虑者，有电蒋[4]责斥何应钦者。而华侨的态度，表现得更为明显。4. 各小党派均甚愤激，有主张坚决反对者，有主张发起民主联合运动与中共一块抵抗者。5. 各杂牌军表示恐慌，他们认为八路军是大杂牌，他们是小杂牌，而且清楚了解他们也在被排斥之列，国民党一贯政策是用杂牌打杂牌，并把他们放在反共的最前线。6. 至于全国人民，无疑是对我党我军同情，反对茂林反动事变，反对反共的。

在国际方面：1. 苏联坚决反对反革命的茂林事变。2. 英美赞成限共，但不主张反共大内战。因为中国内战有利于日本，不利于英美，英美今天需要的是以中国牵制日本。居里[5]来华，港督代表赴重庆，美大使调任，英援华委员会主张中国团结抗战，都可看出英美态度。3. 日本当然兴高采烈。事变有利于中国分裂，日本可利用此机会加强诱降，以便达成其迅速解决中国事件，实行南进之迷梦。但日寇是要打击中国的，反对英美倾向的，也不赞成国民党把八路军、新四军全部挤到华北的方针，因为这对日寇确实掌握华北的方针是不利的。所以日蒋矛盾还是严重的。

所以，国际国内的条件，都是有利于中国团结抗战，有利于打击亲日投降派，有利于打击反共派进攻的。

（二）事变后我党的主张。

1. 事变后，我党提出了解决事变的十二条件[6]，接着又向国民参政会[7]提出了十二条临时解决办法[8]。这些条件是全国人民、进步人士及广大中间势力所拥护的正当要求，表示了我党光明磊落仁至义尽的立场，表示了我们愿意和平解决事变的愿望，表示了我们始终主张团结抗战的真诚。所谓组织新中央政府的主张是错误的。而且事实上也只有国民党实行了十二条，中国的团结抗战才有保障，所以必须坚持十二条。

2. 事变后，特别在一月十七日的反革命命令公布后，我党公开地明白地发表了独立的政治立场，并采取由中共中央革命军事委员会挺身而出，保护坚决抗日的新四军的有力步骤。这在全国人士面前表示了我党有办法，不是吓得退的，也不是打得坍的。我们向来主张团结，不愿分裂，但如投降反共派制造分裂时，我们并不怕分裂，而且有责任有能力出来收拾局面，继续抗战。这种态度，这种气魄，对团结大多数，团结中间势力，均极重要。

3. 同时党中央号召全党全军加强思想上、政治上、组织上的准备，以应付可能到来的寇奸夹击的局面。

（三）时局发展的趋势。

1. 中日矛盾是基本的，日蒋矛盾也仍是目前的主要内容。这是因为日本灭亡中国的方针是始终不变的。无论其采取什么方法来解决中日战争，它的条件是不会降低的，即便在条文上似乎不很苛刻，而在实质上总是灭亡中国，所以中日矛盾始终是基本的。同时，日本诱降与挑动中国内战的阴谋也是不会放松的。最近畑俊六代西尾任中国派遣军总司令时，日本即声明将以政治方法解决中日问题，甚至放出汪政权移华北的空气，以引诱大地主大资产阶级当权派上钩。

中国大地主大资产阶级当权派今天基本上仍是倾向英美的。英美为了自己帝国主义目的，绝不是为中国的利益，要求切实掌握中国当权派，利用中国以制日，而中国当权派也对英美负有牵制日本之义务，所以还要抗日。不管其出发点如何，抗日的积极性如何，总表现目前日蒋矛盾是严重的，这对于抗战还是比较有利的。固然对日投降的危险依然存在，但在今天说来，这不是主要的。中国人民坚决抗日，这也逼使大地主大资产阶级还不能不利用抗日，即在反共问题上，也还企图以抗日来作幌子。

2. 大地主大资产阶级反共是不会停止的，且在准备上，在行动上，在宣传与组织上，还会更加积极。最近事实（进攻华中八路军新四军的布置没有停止，且在继续逐步实施；继续加紧封锁陕甘宁边区；庞炳勋[9]受命积极准备东进向我军进攻；大批特务派入八路军新四军区域进行破坏；全国到处摧残进步势力等等）都可证明这点。因为日寇的挑拨，亲日派的活动，还要继续起到相当大的作用；英美不赞成目前爆发大内战，但也绝不赞成中国实现独立自由和解放，所以对限共反共还是赞助的；大地主大资产阶级的反共成见是很深的；全国人民和进步势力、中间势力的力量，还没有发展到足以停止大地主大资产阶级动摇的程度。我党提出之十二条，如果没有更大的国际压力与全国各种势力的压迫，是不会为国民党当权派所接受的。

3. 因此，在目前国际国内局势下，大地主大资产阶级发动反共大内战的企图，虽受到相当的限制，但各个区域的反共行动还在发展，而且仍有由各个区域反共行动发展到全局破裂的危险。时局的严重性并未减轻。

（四）我党目前的策略。

1. 掌握住中日基本矛盾，充分利用英美与日本的矛盾

（在国内表现为日蒋矛盾），坚持抗战下去，以争取抗战的最后胜利。

2. 坚持我党提出的十二条件，因为只有这样的正当解决，才能保证坚持团结坚持抗战的局面。

3. 大大发展统一战线，一切为着争取大多数，团结大多数来克服内战与投降的危险。不管在任何情况下面，我们要坚持统一战线政策，坚持三民主义，坚持各党各派（国民党及其他一切抗日党派）的合作。

4. 加紧从政治上、组织上、军事上准备自己，以应付可能到来的寇奸夹击的局面。任何松懈都是不容许的。

（五）坚持华北抗战是我党的确定方针。

在任何情况下都要坚持，不仅今天要坚持，即使全局破裂也必须坚持，并使华北成为应付寇奸夹击局面的战略基点。

前一时期，我们曾提出南援问题，这与坚持华北的方针是不矛盾的。要知道只有坚持华北才于全局有利，同样只有从全局着眼，才更有利于华北的坚持。认为南援即等于放松华北的观点，是错误的。今天不是强调南援，而应强调坚持华北抗战。

坚持华北抗战不是口号，而是实际的工作。我们不但要从宣传教育上动员，使党政军民认识华北斗争的长期性与艰苦性，而且要懂得如何以高度的胜利信心，充分的组织工作，去深入各方面的工作，从不断努力中发展足够力量，以便顺利地对敌斗争，坚持华北抗战，并能应付任何困难的以至寇奸夹击的局面。

决定政策的原则

"在目前反共高潮的形势下，我们的政策有决定的意义。"〔10〕茂林事变把国内局势推到非常紧张的程度。应付严重局面的关键，在于力量，尤在于正确的政策。有了正确政策，才能发展力量，才能争取大多数，以争取时局好转和应付大的突然事变。

必须认识，今天的政策与过去内战时有原则的区别。苏维埃后期，由于不认识中国革命是半殖民地的资产阶级民主革命与革命长期性这两个基本特点，而产生了许多过左政策，如：以五次"围剿"与反五次"围剿"〔11〕为两条道路的决战；消灭资产阶级的过左的劳动政策；消灭富农（分坏地），肉体消灭地主（不分地）；打击知识分子；肃反中的"左"倾；政权中共产党员的独占；共产主义的国民教育宗旨；过左的军事政策，夺取大城市与否认游击战争；白区中的盲动政策；党内组织上的打击政策等等。

这种政策适与大革命后期陈独秀领导的右倾机会主义相反，而表现为"左"倾机会主义，其结果都使中国革命受到严重损失。这种政策不仅今天不能适用，就是过去也是错误的。

大革命后期的错误是一切联合，否认斗争。苏维埃后期的错误是一切斗争，否认联合。我们今天的抗日民族统一战线政策，既不是一切联合，否认斗争，也不是一切斗争，否认联合，而是综合联合与斗争两方面的政策。其具体的原则是：

（一）一切抗日民众联合起来（或一切抗日的工农兵学商联合起来），组成抗日民族统一战线。

（二）统一战线下的独立自主政策，既须统一（联合），又须独立（斗争）。

（三）在军事战略方面是战略统一下独立自主的游击战争，是基本的游击战争，但不放松有利条件下的运动战。

（四）在和反共顽固派斗争时，是争取多数，反对少数；是有理、有利、有节；是硬，不硬到破裂统一战线，软，不软到丧失自己立场。

（五）在敌占区与国民党统治区域的政策，是一方面发展统一战线工作，一方面采取隐蔽精干政策；是在组织方式与斗争方式上采取长期埋伏积蓄力量的政策。

（六）在针对国内阶级关系规定我们的政策时，是发展进步势力，争取中间势力，孤立顽固反共势力，与打击亲日势力。

（七）对顽固派是革命的两面政策，即对其尚能抗日方面是联合政策，对其坚决反共方面是孤立政策。顽固派在抗日方面又有两面性，即对其坚决方面是联合政策，对其动摇方面是斗争与孤立政策。顽固派在反共方面亦有两面性，即对其尚不愿从根本上破裂国共合作方面是联合政策，对其向人民高压及军事进攻方面是斗争与孤立政策。要把这种两面派分子与汉奸亲日派区别开来。

（八）即在汉奸亲日派中亦有两面分子，我亦应采取革命的两面政策，即对其亲日方面是孤立政策，对其动摇方面是拉拢与争取政策。要将两面分子与坚决的汉奸分别开来。

（九）既须对于反对抗战的亲日派大地主大资产阶级与

主张抗战的英美派大地主大资产阶级加以区别，又须对于主张抗战但又动摇，主张团结但又反共的两面派大地主大资产阶级与两面性较少（不是没有）的民族资产阶级及中小地主开明士绅加以区别，在这些区别中建立我们的政策。上述各种不同政策，都从这个阶级关系的根本区别而来。

（十）对待帝国主义亦然。我们是反对帝国主义战争的，但须区别：日本与其他帝国主义；英美与德意；德意与日本；"东方慕尼黑"的英美与赞助抗日的英美等等。同时要区别社会主义的苏联与帝国主义，英美人民与英美帝国主义等等。在这些区别上，建立我们的外交政策。国民党认为敌人只有一个，其他都是朋友，实际上是亲英亲美政策。我们的外交政策的原则则是，争取多数，反对少数。外交政策的运用则是，在坚持独立战争与自力更生原则下，尽可能利用外援，而不是放弃独立战争、自力更生去依赖外援或依靠任何帝国主义。这是我们与国民党不同的。

党中央在提出这些明确的原则之后，特别指示我们，克服干部中对于策略问题上的顽固的片面观点，必须从历史上及目前党的政策的变化与发展上，作全面的统一的贯通的了解，才能克服左右的摇摆。[12]

几个具体政策

（一）武装政策。

1. 巩固与加强正规军。今天主要是充实正规军，提高正规军的战斗力与顽强性。这始终是冀南党（军队党、地方党）的严重任务。不能因为加强地方武装而放松了正规军

（野战军）的补充。为了加强正规军，对正规军的要求是：大大提高军事、文化、政治水准，应抓住机会（一切可能争取的空隙）整训，大大发挥顽强性；野战军的使用，不可过于分散、过于频繁，平时可分小部带领地方武装游击，特别在地方武装未培养起来时，必须分散一部游击活动，主要求得于破击中，克复必需的据点中，和反"扫荡"中消灭敌人；正规军应善于诱导培养地方武装，要舍得抽调干部到地方武装；正规军要做到真正是人民的子弟兵，不仅纪律好，并且真正关心民众疾苦，到一处做一处地方工作，要成为遵守政策、执行政策的模范。

2. 发展广泛的群众的游击战争，这是冀南武装建设的中心。第一需要广大的地方武装即地方军兵团、游击队；第二需要广大的民兵基础，包括游击小组；第三需要普遍的自卫队组织与活动。

对地方军兵团、游击队的要求是：要有足够的数量，地方武装要培养坚强的战斗力，要有比正规军还要灵活的游击战术，要能在任何困难条件下撑持当地的艰苦斗争局面，平时要积极地活动；地方武装的成分要纯洁，组织要精干，在组织要求上不应如正规军之严，但一定的制度，特别是政治制度、营规、统计等必须建立；地方武装必须以当地与群众有联系的干部为骨干去组织，正规军派去的干部应起帮助培养当地干部的作用，当地干部的选择亦必以政治条件为主；地方武装不应再采取过渡到正规军的方式，但必须在地方武装中有计划地宣传八路军、野战军，并依靠原有基础发展成为正规兵团。反对保守观念，即在不能不抽调一部补充正规军时，也只能在不损害当地坚持武装斗争的原则下抽调三分之一以下（以不采用此方式为原则）。

地方武装要与人民结成血肉不可分离的联系。这决定于：本地有威信的干部的率领；成分的纯洁；纪律的优良；与社会各阶层建立密切联系；执行政策，不筹粮款，不乱没收等；积极作战，积极对敌，积极保护人民利益；保证在党的领导之下。地方武装的领导关系，确定为军区的统一指挥，军区政治机关的统一领导，但必须置于当地地方党的政治领导之下（另有指示具体规定）。

对民兵的要求是：民兵以模范班（基干自卫队）、青抗先合组，成为发展到义务兵役制的基础；民兵必须以自愿方式组成，必须在武装斗争中建立起来，发展起来，不能丝毫采取强制抽签、抄名册等方式，不要重复过去错误，不能采用物质引诱（吃公粮）等欺骗方式组成；不应把民兵缩小到狭小基础上，在冀南必须完成民兵计划，群众组织应输送自己会员到民兵中去；要建立经常的教育训练制度；要在建立基础之后，能实现有计划地有组织地动员加入军队（目前不应以此列入民兵任务中）。

对一般自卫队的要求是：这是普遍的公民义务，但不能简单以造名册方式组成，必须经过充分政治动员；过去仅有形式的组织应加以整理，并建立其工作。无论民兵和一般自卫队，必须实行充分的民主，任何官办方式都要失败。民主表现在：队员选举、罢免干部；队员讨论本队问题，干部尊重队员意见，使队员关心本队命运。如此才能发挥队员的积极性。

3. 确实建立军区工作。建立独立的军区系统。军区系统干部必须以本地干部为主，但野战军必须供给必需的干部；照规定确定地方党与军区系统的正确关系；军区必须以同样的注意力去指导地方军兵团、游击队和民兵自卫队；军区必须有强大的巡视团，加强对下级的检查与帮助。

4. 地方武装、民兵武器的来源。从敌人方面缴获；军区有计划地收买；在群众中动员（不能丝毫强迫）；土炮、地雷及各种民间武器的大量使用。依靠上级发枪是不可能的，上级只能在可能范围内适当调剂。

5. 武装干部问题。应尽可能吸收那些同情我们的国民党军官及无党无派的军官参加我军，给以特殊优待，以增强我军的军事建设。这在基干的正规军特别重要。

我军共产党员在数量上垄断一切的制度现在应改变。自然不应在我军实行三三制，但只要军队领导权在我党手里（这是不能丝毫动摇的），便不怕大量吸收同情分子（不是破坏分子），这是没有危险的。而且非此不能争取全国同情，扩张革命势力，所以是必要的政策。

在发展地方武装问题上，不惧怕由同情分子、进步分子组织军队，并应帮助之。地方干部在地方武装中有决定的意义。

6. 发展交朋友工作，利用机会建立外围军（另有建立外围军的专门指示）。

7. 对国民党军队采取人不犯我、我不犯人的政策，尽量发展交朋友工作。

（二）接敌区和敌占区政策（北方局二月二十五日已有专门指示[13]）。

1. 决定接敌区和敌占区政策的原则。

估计到敌人在接敌区和敌占区（特别敌占区）的压迫掠

夺政策，特别在所谓新体制之下，亡国奴的命运直接威胁着人民，故统一战线有着更广泛的基础，认为地主阶级是敌人的基础是错误的，我之政策应带更大的广泛性。估计到敌人的欺骗、利诱、造谣、武力压迫等作用，我之政策应带非常的谨慎性。政策错误反可帮助敌人，过去许多地方都产生了这样的恶果。

敌占区，特别估计到我一时不能收复的地区，必须采取长期的埋伏政策、隐蔽政策与组织上的精干政策。接敌区应采取敏捷灵活的组织形式与政策运用，在敌人据点附近不能不采取革命的两面政策。把基本区的具体政策和一切组织形式、工作方式机械地搬到敌占区或接敌区，只有自取失败。武装斗争是中心环节，无论敌占区、接敌区都要掌握这一中心环节。争取伪军伪组织中的两面派，争取会门、土匪、青红帮成为开展敌占区、接敌区工作的重要环节。反对惧怕到敌占区接敌区工作、步步退缩的右倾观点，认识那里具有开展工作的充分条件。反对粗枝大叶、公式主义，认识那里是细密的组织工作，是长期的艰苦工作。

2. 广泛发展统一战线，团结一切中国人，保护一切中国人。

在敌占区强调阶级矛盾，发展阶级斗争是错误的。只有在阶级团结的精神下，才能开展那里的工作。一切政策运用都必须依此原则。因此减租减息、雇工增资[14]、合理负担等法令不能机械搬到敌占区去用，只有在地主雇主愿意和双方同意的条件下，才能部分实行。

在接敌区也不能把基本区的政策机械地搬去，应估计不同村庄，运用不同政策。我有群众基础区，在群众拥护抗日政权条件下，纳缴负担（公粮、田赋、合理负担等），但亦应估计到那里对敌还可能有负担，故应教育群众应付敌人，减少对敌负担，我则减其负担。我无基础区，则应不强迫其负担，而集中力量指导群众减轻对敌负担，做到成为革命两面派的区域。

禁止到敌占区、接敌区去乱捉人、罚款、没收、乱杀汉奸。一切要放在对付敌人，打击捕捉少数死心塌地的为群众痛恨的大汉奸，不准暗杀，必须经过群众公审处置。共产党员要善于找出与帮助当地与群众有联系、有威望的人士，不管是哪个阶层的人，只要是抗日的，采用各种形式去团结群众，对敌斗争，并须在敌占区善于利用已有的合法组织，经过长期工作，逐渐增加其抗日内容，如会门、联庄[15]等。

对敌斗争（敌占区更多是合法的，但亦有非法的，如武装斗争；接敌区则是合法与非法并用）以不致使群众受到大的损失为原则。利用一切生动例子，如邢台敌没收土地、抓青年当兵等，扩大宣传，提高抗日情绪。

3. 对伪军伪组织。

确定认识其中死心塌地的汉奸是极少数，大部是两面派。我必须利用这一特点，加强争取伪军伪组织工作。利用一切线索，如朋友家属等关系，打通伪军伪组织的关系，这是一个经常的组织工作，要有计划地训练与派遣同志打入，做长期的埋伏工作。对伪军伪组织要求不可过高，第一步达到建立关系，交朋友，送情报，然后达到进一步的关系，如争取伪军反正等。争取伪军不可急求反正，要选择于我更有利的时机才反正，但暴露时应坚决反正。要切实保守秘密，不准记入日记本，不准知道的人太多，只能一二人知道，不准写书面报告等。要建立专门组织，指定某人专门负责某个线索，但要由指导机关统一进行。

4. 对土匪。

对敌占区土匪，我不可能消灭，树敌是愚蠢的。反之，我应利用土匪实现下列作用：抢日本财物，使它发生特种游击队的作用，保护我之交通，给以若干便利；经过艰苦工作，改编之为抗日游击队（外围）。如敌占区土匪是敌人组织的，我则一面不放松对其争取瓦解，一面则可在防匪口号下组织民众（加上抗日内容）。对这样的土匪，也只有在极有把握条件下，才可决心一鼓歼灭之（这是消灭汉奸武装）。

对接敌区土匪，如可能消灭时，则一鼓消灭之。利用防匪，组织民众防匪抗日武装斗争，使民众懂得土匪是日寇组织起来的。同时不放松打入土匪进行瓦解争取的工作。轻易决定打土匪，是弄巧反拙。用抗日政府公开接交土匪，也会失掉民众信仰。

5. 对会门。

敌人拼命组织与引诱、挑动会门以对我，因此，我应加强争取瓦解会门的工作，这在敌占区、接敌区都很重要。对会门，我们是采取争取与瓦解的方针，但须估计各种会门有其不同的背景和内容，我之策略运用亦应不同。粗率急躁反可帮助敌人，过去已有不少教训。

对敌占区会门，不应采取强迫取消其名义办法，而应利用原有的会门组织形式，打入进去进行长期工作，逐渐增加其民族意识与抗日内容，一直发展转变成为抗日群众的合法组织形式。对接敌区会门，应首先采取有效步骤，停止其蔓延，如加强会门附近各村工作，政府军队布告禁止组织会门，宣布组织会门为敌人的阴谋等。已经组织起的会门，如距敌据点很近，则争取其变成实际的抗日群众组织。如不能做到这点，则采取对敌占区会门策略，进行长期争取瓦解工作。对反对我、通敌有据之会门，一面打入，长期争取瓦解，一面抓住良好机会打击消灭之（不可事先宣布），打也是为的争取。打时以不杀伤群众为原则。无论哪种会门，都要切实注意，争取其群众。

6. 组织问题。

党的组织。在敌占区应是隐蔽精干政策，重质不重量。组织是绝对秘密的，采用过去白区党的组织形式。在接敌区则应严格分开公开工作与秘密工作。确定党的组织是秘密的，党的小组不可有横的关系，由支委会分工领导。做公开工作的同志，可设一小组，不与其他各组织发生关系。支部书记、副书记以一人领导公开小组，一人领导秘密小组。一切新发展的党员，都应该是秘密的，不与原有党员混合编小组。一切开会接头方式，都要变更。如遇情况严重，存在困难时，公开同志应暂时退出，保存干部和党员，不可蛮干。

群众组织。敌占区应利用合法组织去团聚与组织群众，谨慎地组织群众，但不放松采取类似抗日救国会的组织去团结抗日进步的群众，即这样的组织亦以灰色名义为好。接敌区应按工作基础和距敌远近来决定组织形式，如基础好的村庄，则可保存原有群众组织，必要时亦可以灰色名义迷惑敌人；基础不好或无基础的村庄，则取灰色形式组织群众。

政权组织。敌占区主要是争取伪政权，打入伪政权作长期埋伏，应付敌人，保护抗日人民，进行可能的抗日工作，而不是成立抗日政府的问题。接敌区则应争取保存抗日政府的组织和工作，但应容许运用革命两面派的政策，即实际是抗日政府，但可另设村长应付敌人。党应有专门同志管理敌占区、接敌区工作。

7. 干部问题。

党应选择适当干部去做各种不同的工作，并且必须加以训练，否则不起作用。要舍得本钱，不可在狭小范围去找干部，数量要多，不同干部给以不同任务。要善于运用非党进步分子、同情分子去做这些工作，不可束缚于党员的范围。

8. 公开工作与秘密工作要有正当的联系，但不能把公开工作与秘密工作混淆起来，要严格分开。不能把秘密线索交给军队或其他同志。

（三）财经政策。

要保证实现北方局决定的一九四一年经济建设计划，要保证完成一九四一年的财政计划。这里只提到几个小意见：

1. 合理负担。坚决做到百分之八十负担户的规定，累进率要重新研究。

2. 税收贸易。反对乱没收，过去没收的错误是自杀政策。严格纠正合作社的贸易统治政策。

3. 建立严格的财政制度。冀南要结束旧账，切实建立金库，反对贪污浪费，反对打埋伏，要建立严格的财政纪律。

4. 积极发展工农商业与商品流通，争取逃亡地主资本家回来，吸引外来资本家到根据地开办实业。应奖励私营企业，国营企业只能当作民族企业之一部分，避免任何有益企业的破坏。

5. 关税政策与货币政策应当与发展农工商业的基本方

针相适合，而不是相违背。保护冀钞是一个严重的斗争，是党政军民的责任。最近敌人拼命破坏，我应加强保护冀钞的斗争：（1）政治上强调坚持华北抗战；（2）加强对敌斗争；（3）繁荣市场；（4）打击伪钞；（5）正确执行对法币的法令。

6. 财经是认真精细的工作，而不是粗枝大叶的口号或计划。

7. 冀南供给太行山是严重的政治责任。冀南同志对这个责任应有明确的认识，过去是了解不够的。

（四）三三制与民主政策。

1. 三三制不仅在形式上做到，更重要的在其内容。现在冀南党员包办政权的现象，仍未停止，这是一个艰苦的教育与斗争过程。所谓内容，主要是民主问题。没有民主，即使党员少于三分之一，也是空的。因此，要切忌党员包办，党员更无杀人捕人权。

2. 行政机关、民意机关，必须允许国民党员参加，民意机关中还可容纳少数右派分子参加。在开始建立抗日政权的区域，党员还可少于三分之一。

3. 公安局不是恐怖机关，而应是民主政权的一部分，有保护一切抗日人民、抗日党派之义务。一切不反对抗日政府的地主资本家，与工农有同等的人权、财权及言论、集会、思想信仰之自由。政府只干涉在我根据地内组织破坏与暴动的分子，其他一律保护，不加干涉。

（五）其他政策问题。

1. 在劳动政策方面，应注意工人加薪不应过多，以维持一人至一人半生活为原则。今天还不可能实行八小时工作制，某些生产部门可实行十小时或十一小时，一般是比原有工作时间略为减少。要教育工人遵守劳动纪律及合同，资方亦然。乡村工人工资待遇更不宜过高，否则还会引起农民反对、工人失业与生产缩减。

2. 在土地政策方面，要严防过左的没收土地、随便处理公地、无偿收回典地等错误。

3. 在锄奸政策方面，要坚决镇压那些坚决的汉奸与坚决的反共分子，但决不要乱杀人，牵涉无辜分子，要禁止任何机关都能捉人杀人的混乱现象。对动摇胁从分子要予以宽大待遇。对叛徒也予以自新之路，在其不继续反共条件下，可予以不杀待遇，如能回头革命，还可予以优待，惟不能入党。

4. 在文化教育方面，应容许资产阶级自由主义思想的教育家、文化人、技术家来根据地与我们合作办学校、办报、做事。要大量吸收知识分子、半知识分子到我们学校学习。要放手任用、放手提拔知识分子和文化人。

5. 党的领导机关必须保障党的各种具体政策之执行。下层在执行政策中错误是难免的。领导机关的责任是及时检查、及时纠正。冀南党对政策的注意，虽较前略好，但极不够。必须加强政策教育，善于利用具体例子去教育同志，要加强政策的研究和检查。军队的党要成为执行政策的模范，要给地方党以应有的帮助。

最后，冀南工作的转变，要依靠于自上而下的和自下而上的充分的自我批评，要依靠于大大发扬党内民主，要依靠于细心的组织工作，反对官僚主义，反对实际工作中的机会主义。

注　释

〔1〕贝当，一九四〇年时任法国内阁总理，六月下令法军全部停火，对德投降，组织亲法西斯的法国维希政府，任总理。

〔2〕指一九四一年一月十七日蒋介石以国民政府军事委员会名义发布的解散新四军的反革命命令。

〔3〕指一九四一年一月二十七日蒋介石在重庆国民党中央纪念周发表的讲话，声称皖南事变"完全是我们整饬军纪的问题"，"并无其他丝毫政治或任何党派的性质夹杂其中"。

〔4〕蒋，指蒋介石。

〔5〕居里，当时任美国白宫行政助理，一九四一年二月代表美国总统罗斯福来华访问。访华期间曾与周恩来会谈，了解皖南事变情况。随后，他会见蒋介石时正式声明：美国在国共纠纷未解决前，无法大量援华，中美间的经济、财政等各问题不可能有任何进展。美国的态度给当时的国民党以很大压力。

〔6〕十二条件，即十二个条件，见本卷第254页注〔3〕。

〔7〕国民参政会，是国民党临时全国代表大会于一九三八年三月三十一日决议设置的最高咨询机关，对国民党政府的政策措施没有任何约束权力。参政员由国民党政府指定，国民党员占大多数，而且国民党政府不承认各抗日党派的平等合法地位，也不让他们的代表以党派代表的身份参加国民参政会。中国共产党参政员在一九四一年皖南事变以后，曾经几次拒绝出席参政会，表示对国民党政府的反动措施的抗议。

〔8〕指一九四一年三月二日，作为共产党的部分参政员出席国民参政会的条件，中国共产党向国民党政府提出解决皖南事变的十二条临时办法。内容如下：一、立即停止全国向共产党的军事进攻；二、立即停止全国的政治压迫，承认中共及各民主党派的合法地位，释放西安、重庆、贵阳及各地的被捕人员；三、启封各地被封书店，解除扣寄各地抗战书报的命令；四、立即停止对《新华日报》的一切压迫；五、承认陕甘宁边区的合法地位；六、承认敌后的抗日民主政权；七、华中、华北及西北的防地均维持现状；八、中共领导的军队，于十八集团军之外，再成立一个集团军，应共辖六个军；九、释放皖南所有被捕干部，拨款抚恤死难者的家属；十、释放皖南所有被捕兵员，发还所有枪支；

十一、成立各党派联合委员会，每个党派派遣代表一人，以国民党的代表为主席，中共代表副之；十二、中共代表加入国民参政会主席团。

〔9〕庞炳勋，当时任国民党河北省政府主席、冀察战区副总司令兼第二十四集团军总司令。

〔10〕见毛泽东《论政策》（《毛泽东选集》第二卷，人民出版社1991年版，第762页）。

〔11〕指土地革命战争时期的第五次反"围剿"。一九三三年九月，蒋介石调集约五十万兵力，采取堡垒主义的新战略，向中央革命根据地发动第五次"围剿"。这时，王明"左"倾教条主义的领导错误地用阵地战代替游击战和运动战。他们先是实行进攻中的冒险主义，继而又犯了防御中的保守主义错误。结果，红军屡战不胜，陷于被动，苦战一年未能打破"围剿"。一九三四年十月，中央红军主力部队被迫撤出中央革命根据地，进行长征。

〔12〕见毛泽东《论政策》（《毛泽东选集》第二卷，人民出版社1991年版，第765页）。原文是："党内许多干部对于策略问题上的片面观点和由此而来的过左过右的摇摆，必须使他们从历史上和目前党的政策的变化和发展，作全面的统一的了解，方能克服。"

〔13〕指一九四一年二月二十五日中共中央北方局发出的《关于敌占区及接敌区工作的指示》。指示要求，必须正确了解与坚决执行中央关于隐蔽精干与长期埋伏的敌占区工作总方针，必须明确认识敌占区工作环境与特点，足够估计敌人的统治力量及其统治的方式与方法；执行广泛的统一战线，精干组织，谨慎地组织群众。

〔14〕抗日战争时期，晋冀鲁豫边区的抗日民主政权，为发展战时生产、提高劳动热情、保护工人与增进劳资双方利益、巩固抗日民族统一战线，曾颁发过有关雇工增资内容的法令。其中规定：雇工的工资依照各地生活状况，一般以除工人本身外再供一个人至一个半人的最低生活费用为标准。延长工时必须按钟点增发工资；假日继续工作，除发原工资外，应按标准增发工资。

〔15〕联庄，即联庄会，见本卷第98页注〔1〕。

大量吸收知识分子
参加军政工作 *

（一九四一年四月三日）

各旅、军区与政治部并报王谭罗陆[1]：

甲、原河南滑县县长兼黄河支队长陈树辉同志系抗战后县长，为该县有声望的群众领袖，我党很好的同情者，后到抗大学习，毕业后由抗大鉴定为文化干事，经由师政调回冀南军区，复由军区政治部分配到八旅任文化干事工作，不幸于去年十二月于曲北寺头战斗中牺牲。

乙、陈树辉同志之牺牲是我们很大的损失，特别是在过去，这样好的在群众中有声望的同情者未被发现，尤其说明我们为培养知识分子而耐心了解考察非常不够，在工作过程中了解考察工作更差。陈树辉同志的工作经历，师及军区政治部的组织部门均未能及时发觉，而在八旅一个相当工作时间亦未能在审查中发觉。这表现出我们组织工作上的马虎与非常不细密，实际是埋没了有特长与特殊地位的知识分子人才，也是我们在知识分子工作上一个很大的缺点。

丙、本师各部对知识分子的认识及团结与培养是有了基

---

* 这是邓小平和蔡树藩、黄镇给八路军第一二九师所属各部并报王稼祥、谭政、罗瑞卿、陆定一的电报。

本的转变，但是还未足够了解到，部队如不吸收与团结大批进步知识分子与半知识分子参加部队工作，想要部队很快进步及提高政治水平与军事技术是不可能的。然而至今尚有些部队（特别是老部队，尚存在农民狭隘观点的干部），对知识分子的团结培养不够，特别是大胆提拔更为不够，要求苛刻，并不了解殖民地半殖民地知识分子的作用，以后来源不易。这还是我们今日对知识分子工作的一个严重问题。

丁、为了今后更正确处理知识分子这一问题，特提出以下几个具体意见：

（一）有计划有组织地重新在知识分子中来一次了解考察，用各种方法使他们将自己过去历史、特殊技能说出来，以便按其历史及特殊技能分配以适当的工作，勿使其埋没或作代价不够的牺牲。

（二）对现任职的军事政治干部知识分子应很好地在工作中斗争中培养，耐心教育，以发挥他们的积极性与长处，并应大胆地提拔，不应久在一级，压住他的能力及其积极性。

（三）连队文化干部，工作一定时期，号召政治测验和部队生活锻炼，应即按其思想能力（特别是特殊技术）提拔其参加政治工作或军事工作，不应长期停留在文化干事岗位上。发现不适宜当文化干事而应分配以其他工作者，即应调动其工作。

（四）在各地特别是新地区应以各种方法（如军队教导队、政府办学校、文化团体等）大量地吸收知识分子与半知识分子参加工作。

以上各项望各部讨论实行。

邓蔡黄

四月三日

注　释

〔1〕王谭，指王稼祥、谭政，当时分别任八路军政治部主任、副主任。罗陆，指罗瑞卿、陆定一，当时分别任八路军野战政治部主任、副主任。

针锋相对地反对
"治安强化"运动 *

（一九四一年四月三日）

冀南、四旅、太岳及太行各旅：

敌伪三月三十日起，在华北推行"治安强化"运动[1]，其内容是：

一、各种会议宣传动员，强调共产势力已届肃清，人民要最后努力以享太平，并采取一切办法加强反共宣传。

二、组织讨伐队，动员军事讨伐，主要还在于自卫团及民众之集训检阅，并压迫人民配合讨伐队向我"扫荡"。

三、劳动奉仕运动，即强迫人民修治有关治安之城垣、堡垒及道路、桥梁、电线等，其目的在强化交通斗争。

四、实行清查户口"防匪"演习，新民会[2]、青年团、保甲长、县公署、警察全部出动，其目的在肃清抗日势力，镇压民众抗日情绪，并强化保甲及青年团等组织总动员，目的加强对我破坏及强化内奸政策。

五、繁荣经济，其目的在打击我之经济。

由此可知敌之"治安强化"运动是包括军事、政治、经

---

* 这是邓小平和刘伯承给八路军第一二九师冀南、四旅、太岳及太行各旅的电报。

济、文化各方面。重点在欺骗民众，故主要在政治进攻，但军事上亦必有所举动，这也证明敌人更加紧强化华北斗争，我应提高警惕。

为反对日伪在华北推行"治安强化"运动，现提出如下对策：

一、展开宣传攻势，强调坚持华北抗战，强调日本必败，强调日寇拉中国人打太平洋大仗和帮助德国招募五十万中国人到欧洲打仗等阴谋。

二、利用游击队打散、阻挠等方法，打击敌人集训检阅自卫团、青年团等阴谋，为人民想办法。

三、强化群众性的交通斗争，打击敌人修治道路、堡垒、电线、城垣之企图。

四、侦知敌人集会地点、时间，用游击队、便衣阻止群众到会，打乱其会场，但不得伤害群众。

五、打击敌人的特务机关，严防内奸。

六、执行各种正确政策。目前对保护冀钞，应加特别注意。根据当地具体情形确定具体办法。明确认识敌之"治安"工作，决非几个运动了事，而是敌人掌握华北的长期方针。因此，我之各种斗争也是长期的。

刘邓

注　释

〔1〕"治安强化"运动，是日本侵略者为扩大和加强在华北的统治所采取的法西斯措施。其主要内容是：对"治安区"（指敌占区）实行"清乡"，强化伪

军、伪组织，清查户口，建立保甲制度，进行奴化教育，以禁绝抗日活动；对"准治安区"（指游击区）进行蚕食，广设据点，设立封锁线，辅以特务情报网，以分割、压缩游击区，扩大占领面；对"非治安区"（指根据地）加强军事"扫荡"和经济封锁，实行烧光、杀光、抢光的"三光"政策，以彻底破坏抗日根据地的生存条件。自一九四一年春至一九四二年冬，日本侵略者在华北地区连续进行了五次"治安强化"运动。

〔2〕新民会，是抗日战争时期日伪在华北沦陷区进行奴化教育并从事间谍活动的组织，于一九三七年十二月在北平（今北京）成立，后在华北各省、市、县设立了分会。

反对麻木，
打开太行区的严重局面*

（一九四一年四月二十八日）

一

百团大战给了晋冀豫边区各方面工作以最大的考验，也给了一二九师工作以最大的考验。百团大战证明了晋冀豫边区无论在军事上、政治上以及党和群众工作上，都有了相当基础，足使敌伪胆寒，足使全体军民具有充分的信心走向抗战胜利的道路。但百团大战同时也暴露了我们工作上的一些弱点，使得我们在百团大战之后，虽在主力兵团方面得到一些补充与休整，但在根据地的巩固上，则甚为严重。这表现在：敌占区日益扩大，抗战区日益缩小。如果继续下去，必将影响到抗日根据地的人力、物力、财力的枯竭，而遭致不

---

* 这是邓小平发表在一九四一年四月二十八日出版的中共中央北方局机关刊物《党的生活》第三十六、三十七期合刊上的文章，后又刊载于中共中央太行分局一九四一年五月十五日出版的《战斗》增刊第七期。《战斗》加写的编者按说："邓小平同志这篇文章严肃地指出本区目前的严重形势，并明确地指出克服这种严重局面的条件与方法。希全党同志，特别是各级负责领导同志，能于接到本刊时，立即联系当地具体情况组织讨论，动员全党为打开目前的这个严重局面而斗争。"

应有的恶果。革命者的责任，不是掩饰局势的严重性来麻痹自己，而是以足够的警惕性去认识这种严重性，寻求形成严重性的根源，并提出克服严重局面的办法。

二

形成严重局面的原因是什么呢？

首先，由于敌寇、汉奸从各方面加紧对我们进攻，敌人的"囚笼政策"有了进一步的成就，铁路、公路和据点加多了，正在逐步地侵入我们抗日根据地的内部。敌人善于总结自己的经验和教训，及时改进某些战术上、宣传上、特务工作上的弱点，大胆地抛弃不合用的东西，一点不守旧，不顽固。所以，最近一时期，敌人无论在军事上或在经济、政治、文化、特务上，对我们进攻的方式都更加巧妙而毒辣了。特别指出的是，敌人弱点很多，但它非常善于利用我们的弱点去弥补它自己的弱点，善于针对着我们来进行各种破坏工作。如我们进行归队运动，敌人则提出"保护逃兵"的口号；我们进行屯粮工作，敌人则破坏屯粮；我们进行春耕，敌人则破坏春耕；我们提出在敌占区采取革命两面派政策，敌人则提出在我抗日根据地内采取"汉奸两面派政策"（在某地已发现）；我们提出南援新四军的口号，敌人则抓紧造谣说八路军退出华北了。即以游击战术而论，敌人尽力学习，并善于组织游击集团的活动，在军事上，敌人也有许多比我们还要高明的地方。这些都是值得我们严重警惕的。

其次，大地主大资产阶级顽固反共派在亲日派何应钦辈的策动之下，积极挑动内战，也从各方面向我们进攻。的确，要承认这般亲日派、顽固派是"外战外行，内战内行"的。抗日根据地也时刻在他们的破坏与威胁之中，无论在太岳或太南，都曾几次遭到他们的袭击与扰乱。几百个特务人员位置于我们附近，专门进行对我党、我军及根据地的破坏，积极实行其内奸政策，叛徒阚兴学、聂广云就是他们勾引跑的。他们同日寇一样，派遣武装便衣队到根据地内部，破坏抗日秩序。特别是这般"内战内行"的家伙，也善于利用我们工作上的某些弱点来弥补其自己的弱点，如在茂林事变后，好几处都发现了国民党特务机关的活动，冀西破坏分子大肆宣传所谓"国法军纪"，西井发现"巩固团结扑灭叛乱"的标语，武乡有若干村在其领导之下破坏屯粮，此类事实发现不少。最近庞炳勋在何应钦的指示与强迫之下，已开始东进，向冀鲁豫区和冀南、鲁西区进攻。以目前局势而论，反共大内战的爆发，在国际国内条件下，是要受到限制的，但这不是说某些地区的寇奸夹击局面都没有了，更不是说反共行动放松了。这也是值得我们严重警惕的。

但是，形成严重局面的主要原因，不在于敌人和顽固反共派的进攻，而在于我们自己工作上的弱点。事实证明，敌人并不特别厉害，敌人的弱点比我们多得多，敌人的战斗力也较前薄弱。在我们周围一般是日军减少，伪军增多，敌人没有多大社会基础，我们有一切把握能够战胜敌人。问题在于我们自己工作还差，以致敌人能够利用我们的弱点，而我们不会利用敌人的弱点。我们在对敌斗争上，不少地方表现无能，所以形成了严重的退缩现象，右倾情绪和恐日病大大增长起来。谁要忽视了这个事实，那不仅是麻木，而且是罪过。

三

那么，我们的弱点和错误表现在什么地方呢？

第一，在武装政策上，我们犯了一些原则上的错误，就是对地方武装的并吞主义与放任主义。因为并吞游击队的结果，地方武装始终建设不起来，当地群众的武装领袖也培养不起来。因为放任主义的结果，游击队的党政工作、作战训练、供给卫生都不去管，结果许多严重现象发生，有了武装也无力量。所以并吞主义和放任主义，都是忽视地方武装的倾向，都是违背"基本的游击战"的战略指导的原则错误。这个错误主要是军队党负责，首先是我们领导同志要负责，地方党在放任的错误上也要负一些责任。特别要指出的，我们这个区域在武装建设上，缺乏长远打算的精神，对地方武装的培养极差，尤其是长期忽视民兵自卫队的建设，结果群众游击战争发展不起来。正规军又不得不分散打游击，兵员补充困难，使我们在武装建设上兜了一个大圈子，这不能不说是一个对过去错误的处罚。

因为百团大战后，把一部分游击队补充正规军，正规军集中整训，于是敌人趁虚而入，大肆摧残，增设据点，根据地缩小，地方党政机关和群众失去依靠，悲观失望情绪大大增长。所以说武装政策的错误是形成严重局面的基本原因。

第二，在本区内存在着"关起门来建设"的倾向。以太行区而论，我们在基本区的建设和巩固工作，的确是有成绩的，但在总的对敌斗争方面，我们则太缺乏能力了。地方党、政府、群众团体如此，军队党亦如此。我们的地方工作，在基本区都还是热热闹闹，但在接敌区和敌占区则是严重的退缩。甚至对敌在根据地内的内奸政策和破坏活动，也表现麻木不仁，失掉知觉。不少地方误解保障人权法令，明知敌探汉奸活跃也毫无办法。我们的军队在集中整训方面有了不少成就，但不幸各分区的地方武装也集中整训，而放松了对敌武装斗争，结果敌人步步逼近，休整也困难了。经验告诉我们，不把对敌斗争作为一切工作的中心，不把对敌斗争与根据地的建设密切联系起来，其结果将是一无所成。敌人在根据地横冲直撞，人心不安，说得上完成春耕任务吗？人口众多，物产丰富的地区被敌人占去了，说得上经济建设有成绩吗？兵员补充不发生困难吗？敌人由点线到面，把我们各个根据地隔断，还能说得上各个根据地之间的联系与配合吗？最近一时期物价高涨，冀钞跌价，敌探奸细到处活跃，晋中区春耕消沉，不是偶然的。

　　第三，"面向敌人，面向交通线"，一般还停在口号上，而缺乏真正的细密的组织工作。就连宣传工作我们都做得很少。不能认为我们的组织工作只是在巩固党、建设根据地方面需要，而应了解在各方面，在对敌斗争，伪军伪组织工作，土匪、会门工作，敌占区、接敌区的政策运用，文化宣传工作等等，都需要有坚强的组织工作。没有坚强的组织工作，任何响亮的口号，都会变成空话。口号喊了几年了，成绩是不多的。要是研究一下敌人破坏我们的方法，是何等精细，何等巧妙，真令人惭愧无地。特别在敌占区、接敌区的政策运用上，我们各地都很差，不懂得敌占区的长期的隐蔽精干政策和接敌区策略的灵活运用，所以在那些地方说不上多大工作成绩，即建立好的部分工作，也很快被敌破坏。这类血的教训已经不少，可惜至今没有足够认识与应有转变。

第四，在我们一部分干部中，存在着严重的失败情绪，恐日病也在发展，不敢到敌占区和接敌区活动，不敢到那里去做工作，武装部队不敢接敌，不断向后方退缩，这是恐日病的具体表现。一切感觉无办法，不相信地方武装，军队同志与地方同志互相埋怨，这是失败情绪的具体表现。有一种人，口里说得非常勇敢，实际上毫无办法，不是说干部困难，便是说别人不对，不研究敌人，不研究对策，一到敌情严重，环境困难，便束手无策，这是失败情绪的另一种表现。一个真正勇敢的人，真正不怕敌人的人，不仅表现在个人不怕死，主要表现在敢于同敌人作各方面的斗争。还有一种人，一提到对敌斗争，只知道一个打字，如何打，如何斗争，他是不想的，局势如何严重，他都觉得不在乎，这种在政治上害麻木病的人，其前途也必然是悲观失望的。

第五，党政军与群众的联系都非常不够。群众一般感觉到军队、政府无力量，不能保障他们，失望情绪大大发展起来。邢西[1]群众大吃大喝，二分区群众大用大赌，有些村干部把春耕贷款拿去吃喝嫖赌，都是"得过且过"的失望表现，也是敌人腐蚀民族的成绩。我们军队党、地方党对这种现象，也表现无能，不懂得从加强对敌斗争中去领导群众，振奋群众，教育群众，细心了解他们的痛苦，及时为他们解决疑难。敌人加紧活动，我们要是没有办法，群众一定不满和不安。事实证明，群众是抗日的，是拥护抗日政府和军队的，只要我们军队一活动，不断地打击敌人，军队、政府处处关切他们，他们就马上起来积极参加斗争了。

第六，党政军民的配合很差，这是影响对敌斗争的主要原因之一。敌人的"总力战"[2]，军事、政治、经济、文化、特务配合得很好，我们则零乱分散与各自为政，所以表现不出大的力量。至若某些地区发生一些不融洽，互相埋怨，闹无原则的小资产阶级的意气之争，那更是自杀。

四

百团大战后，尽管我们在基本区收到不少成绩，但在整个区域来说是严重的。我们不应过高地估计工作成绩，而应清楚地看到目前太行区的严重局面与工作弱点。麻木不仁是非常危险的。

全区同志必须以高度的警觉性，用一切努力来克服目前的严重局面。我们有足够信心与充分条件来转变这个局面。

甲、党中央及军委给我们指示的路线、策略和战略战术指导原则，是绝对正确的，只要我们细心地研究，切实地执行，就一定能战胜敌人。这在过去我们是不够的。

乙、敌人的弱点是根本的，无法补救的，基本是一个民族问题。中国人是不愿当亡国奴的。敌人的残暴压榨，引起了群众的仇恨与愤怒。敌人兵力不足，兵力分散，不能不大量利用伪军，而伪军是中国人，只要我们执行瓦解、争取伪军的正确政策，将给敌人以致命的打击。敌人要南进，脚踏两只船，国力日益削弱。日本必败，这是肯定的真理。

丙、我们的弱点是前进中的弱点，是能克服的弱点，而且我们总在不断克服自己的弱点。如果我们弱点减少，工作加强，正确执行政策，宣传教育深入，党政军民团结一致，敌将无隙可乘而束手无策。

丁、我们有几年艰苦创造出来的基础，有大批干部作骨干，只要我们不骄傲，不老大，不麻木，有前进精神，没有困难不能克服。

戊、最近一个多月的经验，也证明我们能够打开严重的局面。冀南在认识了严重局面之后，积极加强各方面的斗争，收复了十个据点，消灭了一些敌人，争取了几股伪军反正，展开了游击战争，结果群众兴奋起来了，局面有了初步的转变。我们太行区的三分区由于给了敌探、奸细、伪组织以大的打击，使敌人失去爪牙，目瞎耳聋，而不敢横行无忌了，群众斗争也活跃起来了。三分区这个初步胜利，是因为党政军民密切配合的结果。一分区一部分地区由于武装斗争的一些小小胜利，也大大发动了群众。这证明只要我们执行正确的政策，积极对敌斗争，任何严重的局面都是能够打开的。

五

但是我们太行区的局面，还没有渡过困难的关头，许多地方还是很严重的。即以一、三分区而论，也仅是展开斗争的开始，成绩也还不大，只能证明我们有条件去打开严重的局面，而不能有丝毫的满足与松懈。

如何打开严重的局面呢？

第一，最中心的是武装斗争，没有坚强的武装斗争作核心，其他一切都困难。因此必须：

甲、党政军民以一切努力，完成每县一个独立营，每个接敌地区一个游击队的武装建设计划。确定这些地方武装是在任何情况下坚持当地斗争的武装，不得再有并吞行为。为使某些地方的武装能够顺利地建设起来，并能完成自己的任务，必须从积极袭扰、封锁、打击敌人的行动中去建立与扩大，保证这些地方武装成分的纯洁性和党的绝对领导。最近某些县份把地方武装用去为机关磨面、打柴、守卫，重复过去纠正过的地方武装"保安队化"的错误，或让逃兵当干部等等现象，必须立即纠正。

乙、野战军在地方武装尚未培植起来时，应分散一部领导现有地方武装，积极向敌活动，从积极行动中打击敌人，保护群众，掩护春耕，以提高群众斗争热情，提高地方武装战斗能力，并号召群众加入地方武装。过去正规军同志不会诱导、帮助、接近地方武装的错误必须纠正。

丙、积极组织广泛的人民武装，特别是民兵。最近某些地区民兵活跃的模范，应发扬到各地去。有了正规军、游击队，没有普遍的民兵自卫队，还是不能打下武装建设的基础，也还不能进行长期坚持有力的对敌武装斗争。同时必须指出，冀南某些县份的党，最近集中力量组织模范班（即太行区的基干自卫队），而放松县区基干游击部队的建设，这又是另一偏向。其来源是怕组成之后又编了。这个偏向是很危险的，必须克服。太行区也必须防止。因为只有民兵而无游击队，则游击集团永远不会形成起来，武装斗争永远没有力量。

丁、地方党必须学会管理武装，领导战争。我们早已确定军分区要受地委的政治领导，县区基干队要受县委、分区委的政治领导，但是这一时期是执行得不好的。有些县干队、独立营还在军分区、县委之间钻空子，对县委则说军分区有任务，对军分区则说县委有任务。这种干部，除了教育之外，还须加以纪律的制裁。同时，为了避免这一现象起见，特别是为了便利武装建设与武装斗争起见，确定接敌的县和区，由县长、区长兼基干队队长，县委、分区委书记兼政治委员，另设副的军事政治干部，进行日常作战管理教育等军政工作。对地方党政同志不兼军职的县区，上级的命令应同时通知地方党，以便实际起到监督指导的作用。地方党政群众团体必须把爱护党军、爱护武装作为自己的责任，只会埋怨军队是不能解决问题的。如冀西同志，只埋怨某团不打仗，纪律不好，不了解该团生活极苦，极大部分时间背了粮食，同时由于借不到席子和麦草，睡在湿地上面，很多人生病生疥疮，这样部队是不会提高与巩固战斗力的。我们固然主要责备军队同志管理教育太差了，但如地方党政能在可能范围内给部队以多少帮助，使之能以更多时间积极作战，不是合算得多吗？

戊、武装斗争不是打一两次仗就能解决问题，而是要坚持不断地努力。我们常常看到有些地区打了一两个小胜仗就松懈下来了，这是错误的。军队党、地方党对武装斗争的指导，要做到认真地组织游击集团，把正规军、游击队和民兵结合起来，进行不疲倦地扭住敌人的据点、交通线的活动。这样，没有较固定的游击集团是不可能的。

第二，要环绕着武装斗争，展开全面的对敌斗争。武装斗争能够打开局面，但要巩固与深入斗争，就必须从各方面去努力，而且只有全面斗争的配合，武装斗争才能取得胜利，否则是孤掌难鸣的。在目前，我们尤要加强下列工作：

甲、根据北方局的指示，加强敌占区与接敌区的工作。

对敌占区、接敌区政策，党已有不少指示，可惜我们的同志不研究，执行马虎，所以局面开展不起来。因为不懂得运用隐蔽精干政策，不懂得秘密工作，甚至暴露夸张，我们的同志在敌占区牺牲的何止一二百人，干部不断牺牲，工作基础也不断被敌摧残，这是很大的损失。在接敌区，一般不懂如何去领导群众斗争，如何为人民着想，如何打下长远的工作基础，如何坚持那里的武装斗争，如何采用必须的革命两面派政策，而且不少地区把根据地的一套搬去，结果反为敌所乘，我们工作开展不起来，反日益退缩。我们的部队不断受袭，干部牺牲不少，都证明我们在那些地方还没有与人民建立血肉不分的联系，自己变成了孤家寡人。没有群众作依靠，要想不受袭击，不遭损失，是不可能的。

乙、利用一切线索、一切机会，加紧争取与瓦解伪军伪组织。敌人强化伪军伪政权，我们则应强化瓦解、争取工作，这是具有战略意义的事，不可马虎、敷衍。冀南在这一工作上有了初步成就，我们太行区还要切实努力。

丙、展开强烈的文化斗争。敌人的奴化教育与造谣宣传，是收到部分效果的，其原因是由于我们的宣传教育工作太少太弱了。我们过去的宣传品不仅数量少，而且质量也差，我们有真理说不出。敌人则数量多，方式灵活巧妙，且善于针对农民落后性进行宣传，善于说假话，故能收到一些效果。今天必须动员一切文化机关，改善与加强文化工作。要研究敌人，揭破敌人的造谣欺骗；要利用沦陷区的具体事实，指明亡国奴的惨痛；要利用一切生动例子，指明日本必败、中国必胜的真理；要善于传播斗争经验和教训，教育群众斗争的方法，特别要提倡民族自尊心、自信心和斗争顽强性，启发人民的民族觉悟、民族气节与爱国热情。要把文化宣传工作做好，首先要教育我们做文化工作的同志去了解群众，针对敌人，按照群众的水准，去进行我们的宣传。过去我们宣传教育老百姓的东西太少了。

丁、加强锄奸斗争，有计划有步骤地打击敌探奸细，严厉镇压秘密维持会等活动。对这些混蛋的容忍等于自杀。在进行这个斗争时，必须要有很好的侦察工作、周密的计划，不放过一个汉奸，不冤枉一个好人。在处置时，对首要分子要严办，对胁从者要宽大。最近三分区在严密侦察之后，把汉奸、敌探、秘密维持会一网打尽（自然还有未发觉的），结果敌人失掉耳目手足，群众情绪大大提高，各种工作开展起来，这是很好的经验。有些地方还存在误解保障人权法令，放纵汉奸活动的现象，应即纠正。

戊、要开展对敌斗争，必须开展根据地内和敌占区、接敌区的统一战线工作，要采取一切步骤去团结一切可能团结的人。能如此，我们便会增加许多瓦解、争取敌伪军的工作员、进行群众教育的宣传员和了解敌情的侦察员，而且我们可以得到更多机会去建立点线工作。

第三，要有细密的组织工作。只说是没有用的，主意打定之后，就要继以组织工作。如对敌伪军，必须指定专门干部负责，一定对象要有一定的同志负责，并及时检查其工作，给以具体的指导和帮助。不可因一时工作无成绩而轻易调动，只要坚持做下去，一定能收到效果的。

第四，要克服失望情绪和恐日病的心理。古人说："哀莫大于心死"，这是值得我们警惕的。必须指明抗战胜利条件、艰苦道路与光明前途，提倡卧薪尝胆的工作，以克服失望情绪和恐日病。一方面从耐心教育着手，着重激励政治节操，同时对那些把公款拿去吃喝嫖赌、贪污腐化、恬不知耻的人，还必须加以适当的纪律制裁。

六

党政军民的同志，一致警觉起来，在党的正确政策之下，以坚强的意志、奋勇的精神，不疲倦地工作，克服当前的严重局面。如果因为我们的麻木不仁或因我们的张皇失措，而使根据地遭到不应有的损害，那我们的罪过太大了。

几年的经验证明，只要我们认识了困难，我们就能够克服困难；只要我们懂得了局面的严重，我们就能够改变这个局面。今天我们需要从发展对敌斗争中来进一步地巩固抗日根据地，并大大地发展根据地，我们要把"面向敌人，面向交通线"的方针变为实际。

注　释

〔1〕邢西，今河北邢台一部分。

〔2〕"总力战"，是抗日战争战略相持阶段日本侵略者实行的政治、军事、经济、文化等各方面相结合，以控制占领区、进攻抗日根据地的战略方针。

对抗大的新希望[*]

（一九四一年六月一日）

热烈地庆祝抗大五周年，因为它在中国共产党领导之下，给予中国革命的贡献，是极其巨大的。

几万个革命青年，经过抗大火炉的锻炼，一批一批地输送到抗日战争的最前线。抗大的威力，已经在全国每个角落里显示出来。几万干部在各方面所起的作用，是不可估计的。

希特勒^[1]的徒子徒孙们，用各种各色的卑鄙手段打击抗大，把成千成万的优秀青年送到"集中营"里，过着囚犯的生活。他们没有任何罪名，仅仅是因为他们要爱国，要抗战，要进步，要进抗大。然而，反动派的企图是徒然的，抗大还是愈抗愈大，青年们还是一批一批地进了抗大，一个一个的分校设立起来了。而且正在"集中营"受难的青年们，也还是身在"集中营"而心在抗大，他们没有亲身领受抗大的培植，也没有抗大的文凭，可是他们，除了很少数意志薄弱者外，都能在囚犯的生活中去认识真理，认识奋斗的目标和对象，锻炼自己成为坚强的革命者。把这批因要进抗大而

---

* 这是邓小平发表在一九四一年六月一日出版的中共中央北方局机关报《新华日报》（华北版）上的文章。

遭难的青年们，称之为抗大的"名誉学生"也未始不可的。

在前线的八路军中，抗大的威信是由抗大同学们的实际工作建立起来的。一般的呼声是抗大同学太少了，这应该成为抗大还要壮大的理由。

斗争的发展，自然不仅要求抗大"愈抗愈大"，而且要求"愈抗愈深"，使抗大成为建设抗日军队的火车头，成为提高军事政治科学的领导者，这是大家对于抗大的新希望。在抗大主要部分亲临前线的条件下，是一定能够满足大家期望的！

一如过去一样，抗大在共产党领导之下，必将继续壮大，继续深入，继续发展它在中国革命中的伟大作用。

注　释

〔1〕希特勒，德国法西斯首领，纳粹党党魁。一九三三年在德国垄断资产阶级支持下出任总理，次年总统兴登堡死后，自称国家元首，实行法西斯统治，积极扩军备战。一九三九年九月派德军入侵波兰，挑起第二次世界大战；一九四一年六月大举进攻苏联。一九四五年四月三十日在苏军攻入柏林时自杀。

关于"七一""七七"纪念周
宣传教育的补充指示*

（一九四一年六月十七日）

宋任穷、刘志坚[1]同志：

为执行北局[2]野政指示，师政特作如下规定：

甲、在一周内着重宣传、解释以下各种问题：（一）反对敌寇一打一拉的诱降政策及新的"东方慕尼黑"的危险，及克服这一危险的条件。（二）宣传晋冀豫临时参议会及边区政府成立的意义。（三）中共中央北方局对晋冀豫边区建设的十五项主张[3]，特别是抗日民主政权三三制的主张。（四）我党二十年领导中国革命斗争史及我党领袖毛泽东同志传略。（五）从理论上及各种实际例子说明敌寇必然失败和中国革命一定要胜利，提高全军全区人民胜利信心。（六）说明最后胜利的艰苦性、残酷性和长期性，指明我们能够坚持华北抗战和能够胜利的条件，发动全体同志研究敌人，讲求对敌斗争的办法。

乙、各级政府机关有计划召集党的活动分子会、支部大会、党员大会来纪念党的二十周年，请党内负责同志作专门报告，要联系到部队本身党的工作。

---

* 这是邓小平和蔡树藩、黄镇给宋任穷、刘志坚的电报。

丙、号召每个支部在纪念党二十周年时切实检查党的生活及组织状况，号召全体党员对党的工作及党如何领导部队诸问题提出意见，并切实注意保证战斗班、排党员占百分之三十的比例。

丁、在"七一"这天要奖励模范党员及模范干部、模范支部，在纪念大会上发奖章及奖品。也可以各支部为单位召集住地士绅座谈会，解释我党的十五项主张，并征求意见。

戊、各旅要写专门宣传单、小册子、画报等。

邓小平　蔡树藩　黄镇

十七日

注　释

〔1〕宋任穷、刘志坚，当时分别任冀南军区司令员、政治部主任。

〔2〕北局，即中共中央北方局。

〔3〕十五项主张，指一九四一年四月五日邓小平代表中共中央北方局提出的《对晋冀豫边区目前建设的主张》，共十五项内容，作为召开边区临时参议会的指导纲领。

我们站在反法西斯的最前线 *

（一九四一年六月三十日）

当中国反日本法西斯强盗的神圣抗战第四周年的时候，德意志法西斯匪徒在奴役欧洲十四个国家之后，又将其血手伸进苏联了。苏联人民掀起了极度的社会主义的爱国热忱，展开了保卫祖国，保卫民主，保卫人类文化和自由的英勇战斗。全世界一切拥护民主、拥护文化和自由的国家和人士，正在组成坚固的反法西斯的统一战线，动员一切力量，以粉碎希特勒及其帮凶们——日意法西斯征服全世界，奴役世界人民，毁灭世界文化的迷梦。

中国站在反法西斯的前线。伟大的中华民族已经同奉希特勒为盟主的日本法西斯鏖战四年了，今天更与苏联和其他反法西斯的国家并肩作战着，成为反法西斯统一战线的重要组成部分。四年来，我们曾经得到苏联大量的诚挚的援助。苏联给了我国抗战以无限的鼓励和帮助，解决了我们许多的困难。今天我国与苏联之间，更是休戚相关，患难与共。中国和苏联站在一条战线上，我们互相声援，互相鼓励，互相帮助。中国的胜利就是对苏联的实际援助，苏联的胜利也就

---

* 这是邓小平发表在八路军第一二九师政治部一九四一年七月一日出版的《抗日战场》第二十七期上的文章。

是对中国的实际援助。

日本强盗一贯执行其"灭亡中国建立东亚新秩序"的不变方针，而以迅速解决中国问题为其先决条件。正因为它的先天不足、国力不厚，所以总希望以取巧方式来实现其"东方盟主"的幻梦。几年来，特别在占领武汉后，敌人没有一天不是以政治进攻为主、军事进攻为辅的方法来达其解决中国事件亦即是灭亡中国的目的。在一年零十个月的两大帝国主义集团的战争中，日本强盗在东方起其半独立性的助威作用，以声援德意。它曾利用英美无暇东西兼顾的弱点，胁迫英美让步，以制造"东方慕尼黑"的危险；它曾两次进攻苏联边疆，企图占领苏联土地并饵诱英美让步，最后在苏联红军威力之下，不得不屈服而有苏日中立条约[1]之订立；它曾利用每一个国际上和中国内部的事件，或以政治诱降，或以军事配合迫降，虽屡遭失败而丝毫不懈。在今天，德苏战争[2]已经爆发，英美加强了东方注意力，日本的地位并无多大的改善，但日本法西斯的欲望必因而更炽。最近一礼拜的消息已可看到这一点：对苏联，它企图趁火打劫，用履行三国盟约[3]，撤退苏联境内妇孺，加紧渔业谈判，阻止他国供给苏联等恫吓手段，以期获得苏联的若干让步，但这种强盗式的图谋，在苏联强大国力和正确政策之下，是不会有多大成就的；对南进，它是不会死心的，且必乘机加紧起来，但在英美较多注视东方的时候，日本南进的困难显然增加了。然则日本强盗的"出路"在哪里呢？依然是"迅速解决中国事件"，依然是企图巩固占领区，进一步诱降迫降中国，以便利用中国的人力物力财力，像希特勒奴役捷克人、南斯拉夫人、匈牙利人、罗马尼亚人……一样，把中国人压迫到前线，为日本法西斯的"东亚新秩序"而牺牲。不管敌人对苏联采取如何步骤，不管敌人如何执行其南进方针，它对于灭亡中国的决心是不会有丝毫改变的，而且必然要利用当前国际局势的变化而变本加厉的。

我们中国人民要以高度的警觉性，注视时局的发展。我们必须坚持统一战线，坚持团结，坚持进步，更亲密地结合全民族的力量，与日本法西斯强盗战斗到底！我们必须更进一步地与苏联联合，并肩作战；与世界一切反法西斯的国家和人民联合，为拥护民主，维护人类的自由与文化而战斗！我们要反对敌人的诱降迫降，反对亲日派破坏抗战的一切阴谋诡计，因为只有抗战我们才有生路。我们要反对倒退，反对黑暗，因为只有进步才能使抗战事业抵于胜利之境。我们要反对一切反苏反共的言论与行为，因为这是帮助德意日法西斯的。只有团结，只有国际反法西斯统一战线，只有国内抗日民族统一战线，才能使中华民族得到最后解放。坚决反苏反共二十余年的丘吉尔[4]都放弃了过去的成见，中国反苏反共的人们也应有这样的觉醒。四年抗战证明了：伟大的中华民族是不可征服的。它曾击破了日寇速战速决的计划，它曾使敌人陷入困境，它曾不断克服困难和投降妥协的危险，它已经树立了长期坚持抗战的基础。尽管抗战的道路是艰难的，只要我们抗战下去，团结下去，进步下去，我们一定能够在长期斗争中最后战胜日本帝国主义。

我们敌后华北的军民，更要以高度的警觉性，密切地监视着敌人的一举一动，因为敌人强化华北是必然加紧的。在百团大战后，我们即曾估计到敌人有由分区"扫荡"到分区

"清剿"的可能，最近敌人以大兵力"扫荡"冀东抗日游击根据地，就是这样打算的。自然这一企图在冀东军民坚强的斗争之下，没有获得很大成果，但是敌人这一毒辣的诡计，应引起我们足够的注意。反对敌人的"总力战"，亦应是包括军事、政治、经济、文化及反特务的全面斗争，而以政治进攻为主。过去我们曾经不断强调武装斗争是正确的，因为没有坚强的武装斗争为核心，就会使全面斗争缺乏支柱，减弱力量。但是强调武装斗争决不能解释成为单纯的武装斗争或以武装斗争为主。全面斗争应以政治进攻为主，而以武装斗争为骨干。武装斗争的目的是为着打击敌人，更便利于政治进攻的发展与胜利的获得和巩固。武装部队必须要成为政治进攻的有力工具，必须成为执行政策的模范。过去有些同志只强调武装斗争，以致忽视了基本的政治进攻的观念，是完全错误的。因为武装斗争只有当它获得了政治进攻的效果时，才能巩固，也才能发展，否则武装一走，那里的工作还是原封不动的。百团大战在军事上的胜利是极大的，但由于缺乏政治进攻的努力，其结果是不完满的。而我们的游击队如果不把政治进攻作为其主要的任务，便无法完成其任务，且在政治上缺乏注意力的状况下，还容易为敌人所腐蚀，过去这样的例子也是有的。在武装斗争上，我们必须真正掌握住"基本的是游击战，但不放松有利条件下的运动战"的指导原则。这一方面要求我们发展普遍的群众游击战争，认真组成有力的、巩固的、与当地人民具有血肉联系的、为当地群众领袖所带领的游击队，因为只有这样的游击队，才能真正坚持当地长期艰苦的游击战争，也才能使基本的游击战有力量；另一方面要求我们有强大的正规军，把正规军充实起来，加强其整训，以便遂行有利的运动战。把正规军分散一部遂行小游击队任务的办法，只能是一时的。这些为四年抗战所获得而为今后斗争所必需的经验，应为全体同志所了解。武装斗争特别是游击战争的进行，最近已获得初步的成效，但地方游击队的发展还没有收到应有成绩，因而正规军还不能不分散一部游击，这种现象应该克服。特别是我们的同志对于对敌斗争以政治进攻为主的原则还认识不够，更要纠正。我们必须加强敌占区、接敌区的工作，加强敌伪军、伪组织的工作，在保护人民利益的原则下去进行组织敌占区、接敌区人民对敌的工作，加强文化宣传工作，要把这些工作建筑在长期打算、建设巩固基础的要求上，而不为一时的小胜利小成就所迷惑，冲昏了自己的头脑，以致轻易一试，遭到挫败。我们必须加强根据地各种建设工作，进行强有力的反对敌人特务的斗争，晋冀豫边区更应为中共北方局提出的十五项主张的全部实现而努力。我们的武装斗争必须环绕于全面的政治进攻而更加强化起来。只有当着我们的政治进攻收到显著成效时，才能说我们的根据地和敌占区、接敌区的斗争有了坚强的依靠，也才有了对敌作长期艰苦斗争的基础。最近晋冀豫边区临时参议会的召开，象征着我们的团结，我们敌后抗日根据地的日益坚强与巩固。我们必须在正确政策之下，团结一切力量，打下长期斗争的坚固基础。我们必须这样进行对敌斗争，我们能够这样进行对敌斗争。因此我们有把握说：华北的军民必须发扬四年坚持敌后抗战的光荣事业，继续坚持下去，发扬下去，成为全国坚持抗战，坚持团结，坚持进步的有力因素，并从长期斗争中，最后战胜日本法西斯强盗。

苏联人民和红军在斯大林同志的英勇领导下，一定能够完成其保卫祖国，打倒法西斯侵略者的任务，胜利一定是属于苏联的。

中国人民在中国共产党及人民领袖毛泽东同志领导之下，一定能够不断克服困难，走向胜利的道路。

中国人民和苏联人民一块，与世界一切反法西斯的国家和人士一块，正在进行着艰苦的胜利的战斗，国际的反法西斯统一战线和中国的抗日民族统一战线的巨流正在汇合起来，最后葬送希特勒、墨索里尼[5]和日本军阀匪徒们的命运。

注　释

〔1〕苏日中立条约，是苏联和日本于一九四一年四月十三日在莫斯科签订的。主要内容是：缔约双方保证维持两国间和平和友好关系，相互尊重领土完整和互不侵犯；如缔约一方同第三国发生战争时，另一方将保持中立。一九四五年四月五日，苏联政府声明废除该条约。

〔2〕德苏战争，也称苏德战争，指第二次世界大战期间苏联人民反击法西斯德国及其盟国侵略苏联的战争。一九四一年六月二十二日，德国对苏联发动突然袭击。苏联人民在斯大林为首的苏联共产党和政府的领导下，开始了英勇的卫国战争。苏德战场成为第二次世界大战的欧洲主战场。一九四四年苏军发起总反攻，一九四五年五月二日攻克柏林，八日德国无条件投降，历时四年的德苏战争最后结束。

〔3〕三国盟约，指《德意日三国同盟条约》。一九四〇年九月二十七日在柏林签订，是德国、意大利、日本三个法西斯国家为扩大侵略战争而缔结的公开的侵略性条约。

〔4〕丘吉尔，英国保守党领袖。在德国纳粹党执政后，提出联苏制德的主张，反对绥靖主义。第二次世界大战爆发后，任海军大臣。一九四〇年组织战

时联合内阁，任首相，领导英国参加反法西斯战争。

〔5〕墨索里尼，意大利法西斯首领。一九二一年组织法西斯党。一九二二年用暴力夺取政权，建立了法西斯专政。一九三九年同德国缔结政治、军事同盟，次年追随德国参加第二次世界大战。一九四三年七月，由于军事失败和国内反法西斯运动的高涨，他的独裁政权垮台。一九四五年四月二十八日被意大利游击队处死。

中日人民革命事业是一致的 *

（一九四一年七月一日）

一、觉联[1]支部一年来的工作估计。

觉联是日本进步的革命团体，今日适逢支部周年纪念，我代表一二九师的共产党向这个国际的革命团体致革命的敬礼。觉联支部一年来为一二九师做了很多工作，我代表一二九师全体指战员向诸位同志致真诚的谢意。

这一年来的工作表现在：全体同志都帮助我师敌军工作质量的提高；高木同志和我们并肩在正太线英勇作战；拾井、中根、森冈诸同志深入敌占区宣传；及川、户村等同志，教育部队刺枪、掷弹筒。这些工作固然是对我军的帮助，但同时也是诸位同志自己的工作，也就是为了打倒我们共同的敌人——日本帝国主义的共同事业。

二、中日人民革命运动的联系性。

八路军是中国人民的军队，同时是中国共产党领导的军队，因此他久历苦难而不垮，他无坚而不摧；他的目标是为中华民族解放而斗争，并且还要为世界社会主义革命而斗争。日本人民要求得自己的解放，必须要站在共产国际与日

---

* 这是邓小平在日本士兵觉醒联盟太行支部成立一周年扩大会议上的讲话提要，发表在八路军第一二九师政治部一九四一年七月十六日出版的《抗日战场》第二十八期。

本共产党的领导下才有可能。因为日本共产党的目的是解放日本人民，实行社会主义的革命。因此中日人民革命的目的与利益相一致，因此在八路军中的日本同志和我们精神感情相融洽，同样的其他国际革命友人如美国、法国同志，也都由于世界革命利益相一致，能和我们一起斗争。特别由于日本是封建的帝国主义，对日本人民革命压迫凶恶，因此日本人民要自由、独立，更需要中国革命的配合和协助。

三、我们有正确的目标，同时我们有胜利的条件，我们更有充分的胜利信心。

从国际看，帝国主义两大阵营，疯狂战争，互相削弱，以苏联为堡垒之全世界被压迫民族及帝国主义国家内无产阶级革命的运动，日益高涨扩大。

从日本看，从几个现象来看，日本也要失败。大汉奸周作人[2]等赴日参观时，日本不让他看真实情形，但他偷看到日本国内街上只有老年妇女，很少年青人。他说东京吃到的东西，不值北平好而多，回来后悲观失望。同样有许多汉奸，都在另找出路。日本在华侨民，自认没有前途，大刮中国人的钱，预备刮饱钱，早日逃回国；或和中国人订条约，说现在我保护你，将来你掩护我；或讨中国老婆，预备将来失败后装中国人。

从本质上来观察，日本也必然失败。日本外交政策孤立，亲德意、亲英美都动摇不定。两面交结，两面失败。日本人口大量死亡，战死、病疫死。现虽提出"生产啊！生殖啊"的口号，但战争病苦下，人口是无从增多的。经济上现余早用完，失业增多，贸易停滞，物价高涨。日本士兵厌战反战增多，这正是日本人民觉悟提高的表现。

四、在胜利的条件和胜利的信心下，要更加一致地努力，要以中日共产党的国际主义精神为核心，团结起来，争取革命胜利的到来。

共产党的国际主义教育，教育了中国人民为求自己解放必须和世界无产阶级联合起来，日本的党同样地也教育着日本人民，因此日本帝国主义最怕这一着。日本华北最高司令官多田骏说："防止日本人民的赤化，比防止中国人民的革命更为重要。"但日本帝国主义是狡猾凶暴的，它对革命还要最后挣扎，因此革命还是艰苦的斗争过程，中日革命力量还须大大发展。

觉联是日本的革命组织，这对中日人民的解放和世界革命的贡献与意义都是很大的。虽然今天还是不大的力量，但我们"不应该依据不再向前发展的（虽然现在还是占优势的）社会阶层，而应该依据正在发展着的有其将来的阶层，尽管这些阶层在目前尚不是占优势的力量"[3]，为此，觉联诸同志应加紧工作，加紧思想上准备，加紧革命的锻炼，则其力量是将会增大的。中国与苏联有句俚谚，即"星星之火，可以燎原"。我们的前途就是这样，同时我们又好像是各个不同的革命川流，将会汇集到一条革命的巨河里去。这条巨河的革命浪潮会把日本帝国主义淹死的。

注　释

〔1〕觉联，即日本士兵觉醒联盟，是在华日本人反战组织之一。一九三九年十一月七日在山西辽县（今左权）成立，在华北各根据地均设有支部。一九四二年八月和华北各根据地的其他日本人反战组织合并成立在华日本人民反战

同盟华北联合会。一九四四年四月，在华日本人民反战同盟华北联合会改组为日本人民解放联盟。

〔2〕周作人，当时任伪华北政务委员会教育总署督办。

〔3〕见斯大林《论辩证唯物主义和历史唯物主义》（《斯大林选集》下卷，人民出版社1979年版，第430页）。原文是："这就是说，不要指靠已经不再发展的社会阶层，即使这些阶层在现时还是占优势的力量，而要指靠正在发展的、有前途的阶层，即使这些阶层在现时还不是占优势的力量。"

冀南工作存在的问题及建议[*]

（一九四一年七月二十一日）

毛朱王叶^{〔1〕}并军区区党委诸同志，并报军委彭左罗：

九日电示^{〔2〕}说明：

一、指出破坏敌在华北蚕食政策的中心环节，在于有正确的政策，主要应从政治上着手，而不能只是军事进攻，或以军事进攻为主。同时指出了，由当地健强干部率领，与地方人民有血肉联系，地方武装是坚持平原的基本条件。依据这个指示原则来检查冀南最近一时期工作是有意义的。北局三月会议^{〔3〕}已经强调了平原游击战争中的各种政策问题，特别对敌占区、接敌区伪军、伪组织、土匪、会门等，都有明确的规定，对武装政策有详细的检查，着重指出了地方武装的重要性，并具体规定冀南地方武装比正规军应为二比一。因此北局三月会议对冀南的指示是完全正确的，是与军委指示相符合的，军委指示则更加明确了。

二、三月会议后，冀南工作的转变程度，我们没有得到详细报告，无从知道，但有几点值得严重注意：

（一）敌人据点已由今年初的二百七十七个增至四百二

＊ 这是邓小平和刘伯承、李达、黄镇给毛泽东、朱德、王稼祥、叶剑英，同时给冀南军区、中共冀南区委，并报中共中央军委，八路军前方指挥部彭德怀、左权、罗瑞卿的电报。

十五个，铁路、公路则正在加修中，敌兵力增加，对我封锁更严，破坏也就更紧，"扫荡"也更频繁。

（二）我正规军近一时期是尽了责任的，各方面都有了进步，但由于地方武装仍未普遍发展起来，而不得不继续分散执行游击队任务。不断作战，已感疲惫，加之兵员没有补充，不断减员，因之大大削弱了战斗力量。

（三）地方武装和民兵的成绩不大，地方干部和群众只希望正规军去，而漠视了自己地方武装和民兵的建设与正规军的补充。

（四）据路东来人说：北局三月会议的精神尚未深入区村，冀南主署工作差，信仰亦不够高，同志之间不很团结、负责同志对人不诚恳、团结非党人士也不够，群众团体工作不深入，党的情形不知道。从最近执行武装工作和财经工作等效果看来，下级干部似乎未真正了解北局精神，还未认真动员起来。

三、我们觉得冀南危机的真正之所在，不是敌人如何厉害，而是我们自己的工作接不上气，党政民没有认真动员起来。事实上，冀中的据点比冀南多三分之一，敌人的兵力也比冀南多一半以上，但由于党政与群众协同工作一致，地方武装的基础坚强，因此能够坚持，能够完成每个任务。而朱占魁[4]区所以受挫，其主要原因也在于"左"的政策和对地方武装漠视，这些经验教训应予深切研究，即以冀南而论，武邑县的模范例子是值得大大发扬的。

四、由此我们建议：

（一）切实检查北局三月会议及军委六月九日指示传达情形，并以耐心的说服方式，使各级干部一直到支部同志了解，为这一正确方针而努力。特别要联系到实际情形，求得深入检查。具体根据各县、区、村环境决定具体任务，这样才能实现真正的转变。

（二）军区党委、主署、群众团体的负责干部，最好能分一部到各分区具体帮助转变。一个县一个区地工作，研究出一些问题。其他各地、县、区委亦应如此，把工作放到下面去。发几个指示和决议、要报，只依靠电报命令是不行的，是不能解决问题的。

（三）对敌占区、接敌区伪军、伪组织等政策的执行，要采取具体的、细密的组织工作去保证。

（四）由党内动员一批在群众中有威信的本地干部出来，组织与率领地方武装工作，耐烦地向党员及群众解释党的武装政策。对正规军、各分区基干团的组织单位缩小，以充实战斗连队为原则。同时加强扩兵工作的准备，保证今年内完成七千八百五十人的计划。我们认为，目前仍以最大努力以建立地方武装和民兵为中心，到秋收后才动员补充正规军，以突击方式完成计划。现在应以两个月时间来做充分准备，没有充分准备又会遭到流产。

刘邓李黄

二十一日

注　释

〔1〕叶，指叶剑英，当时任中共中央军委参谋长、八路军参谋长。

〔2〕九日电示，指一九四一年六月九日毛泽东、朱德、王稼祥、叶剑英给

刘伯承、邓小平并彭德怀、左权、罗瑞卿的电报。电报提出在冀南平原地区同日军斗争的方针和政策。

〔3〕三月会议，指一九四一年三月中共中央北方局召开的研究冀南工作的会议。会议通过了北方局对冀南工作的指示信。

〔4〕朱占魁，当时任冀中军区第十军分区司令员。

在一二九师参谋长
会议上的讲话[*]

（一九四一年七月）

我们进入华北抗战已经四年了，召开全师参谋长会议还是第一次。在这次会议上，我们将总结过去作战与建军的经验教训，并提出今后参谋工作的新方针。

我首先说说我军所处的环境。抗战整整四年了，我们一二九师在党的领导下进入华北敌后，依靠全体指战员的努力，创造了晋冀豫抗日民主根据地，并在几年的艰苦局面下坚持了根据地。现在我们各方面的工作已逐渐走向深入，但我们的斗争也更加尖锐与艰苦了，同时我们也更接近了胜利。今天我们的斗争已奠定了进一步发展的基础，有了不少的成绩。

从地方工作来看，首先，在政权工作方面，今年"七七"召开了边区临时参议会，这不仅是在形式上把太行、太岳、冀南、冀鲁豫各个抗日根据地紧密地联系起来，而且也是几年敌后抗战的成绩和根据地各种建设的成绩的具体表现。临参会的召集及三三制政权的建立，根据地的新民主主

---

　　* 这个讲话发表在八路军第一二九师政治部一九四一年九月一日出版的《抗日战场》第三十一期。

义标志更加明显了。在群众工作方面也有了新的开展，群众组织逐渐加强。在冀南群众积极参加对敌交通斗争，民兵在各个地区都同样有了新的活跃，都表现了群众工作的成绩。这些都说明，我们的努力已使抗日根据地更加坚强与巩固了。

从军事工作来看，首先，在军事建设方面我们有了很多的成绩。我们决不能像个别同志只看到部队人员的不够充实，以致影响自己的工作情绪。我们必须看到，在军事建设上我们获得了很大的成绩，百团大战就是我军的总检阅，证明了我们过去建军的成绩，百团大战以后的整训工作更有了很多新的收获。

其次，在政治工作方面，我们也有了一些进步。这里只说一个问题，我们在部队中适当地发扬了民主。曾有个别同志不了解民主的重要，不了解我们是革命的队伍，需要适当的民主，反而害怕民主。我们批驳了。我们必须适当发扬民主，提高全体人员的积极性，发动大家来关心自己的军队，我们的军队才能真正地巩固与发展。我们革命军队的最高原则是要求具有高度的集中性，但必须有适当的民主才能实现高度的集中性。政治工作的任务是要巩固指挥员的威信，而适当的民主正可以提高指挥员的威信。过去我们没有一天不讲民主问题，总是遇到反抗和阻碍。有些人总是把反对极端民主化提到最高峰，实际上取消了应有的民主的极端民主化是要反对的，但适当的民主正可以克服极端民主化。今天在我们提出发扬适当的民主之下，可能有些极端民主化的现象发生，但是我们并不害怕，这是容易克服的，这样的例子已经不少。

再次，我们在战术技术的训练上，经过几个月的整训显然提高了。即以技术而论，最近射击、刺杀各种训练班的开办都收到了很好的成绩，特别是提高了研究技术的兴趣，纠正了顽固守旧、不愿学习的缺点，因此提高了部队的战斗力与顽强性。师长[1]曾经指出在军事干部中还要消灭"武盲"，这必须引起我们全体干部的注意，加紧学习战术，提高指挥能力，克服"一冲就了事"的观点。

后勤工作，在总司令部的帮助之下，也有了很大的进步，建立与执行了供给制度，但供给工作中还存在着不检查工作的官僚主义作风，卫生工作方面新的建树很少，进步得还很不够，尤其在医药的供给上使部队经常感觉困难，不够需要。今后各兵团参谋长必须深入地检查这一问题。

总的说来，我们在各方面都有了很多成就，但离我们的要求还很远。这是由于我们的斗争环境更艰苦、复杂、恶劣了，对敌斗争虽已开始好转，但局面还是很严重的。我们决不能单纯地埋怨地方工作不坚强，配合得不好，这样结果正是麻痹了自己。我们必须站在军事工作的岗位上，首先检讨军队本身的工作，承认自己的工作还存在着很多缺点。我们要知道敌人的手段更加巧妙了，可是我们研究敌人是很差的。敌人虽然是帝国主义，而在军事上边一点不顽固，它善于学习我们的战术，吸收与研究经验教训。现在如果撇开政治条件不讲，敌人的游击战术在某些方面已超过了我们。在军事上，我们曾遭受敌人许多次的袭击，如整个二分区只有一个县政府没有受过敌人袭击，这是我们的耻辱。敌人的政治阴谋更加毒辣，挑拨离间、欺骗造谣、威胁利诱、组织会门、苦肉计等等，用各色各样的手段来破坏我们，尤其它的特务工作是有相当成绩的。然而我们个别的部队中存在着严重的麻木现象，没有把警惕性提到应有的高度，因而受到了相当的损失。我们今后必须注意这一点。保守军事秘密，特别是掌握军事秘密的司令机关，更应该提高警惕性。

同时，我们许多同志对全力战[2]的认识是非常不够的。必须清楚地指出，我们的对敌斗争应是以政治斗争为中心而以武装斗争为骨干的全面斗争，武装斗争必须放在正确的政治任务上才能收效。百团大战重要的教训之一是，我们军事上的胜利是伟大的，但在政治动员上是不够令人满意的，大军一走，正太线的工作还是原封不动。以后我们任何军事行动，即是一个小游击队的破击，也必须加强政治工作，讲求如何去进行敌占区工作，如何争取伪军伪组织、土匪、会门，如何去团结敌占区同胞等等。这些应是一切武装部队自己的责任，同地方党政群众团体一块去做。把这些政治工作的责任完全归之地方同志，好教军人只管打仗的观点，是错误的。我们过去对某些政策掌握不紧，如对地方武装的"放任主义"与"吞并主义"，还有军队与地方关系与人民关系不够密切等等，都是我们今后要努力克服的。

至于说到司令部工作，我觉得还没有把注意力放在部队上，而仅局限于直属队的狭小范围。我们必须了解司令部是为部队而设立的，是部队的头脑，必须面向部队，深入下层，及时了解部队的困难，设法帮助下级解决困难。此外，司令部的工作还缺乏细密的组织工作，没有克服粗枝大叶的工作方式，今后必须彻底转变，进入有计划的细密的组织工作。如在作战的组织工作上，要求把正规军与地方武装密切地配合起来运用，开展全面的全力的对敌斗争。要细心地研究敌人，筹划对策，着眼在长期打算上建设我们的武装，等等。

最后说一说参谋人员的修养。

第一，要在政治上加强自己，不仅从意识上加强锻炼，而且要忠于职守，完成任务。在今天的工作中不了解政治，仅知道军事，是不能完成我们的任务的。革命战术的特点，就是处处估计到政治情况，要了解各项政策，才能使军事与政治密切地结合起来。

第二，要提高参谋工作者的能力。做参谋工作的有两种成分，一种是工农干部，一种是知识分子，各有其优缺点。要克服弱点，提高自己。工农干部要努力于文化的学习，知识分子要注意实际的锻炼，加强职务技能的学习，提高工作效能。今天我们参谋工作者的来源，大部分还是土地革命出来的工农干部，所以我们重点还是要提高这些干部的文化知识，使之变为知识分子，使之成为合格的参谋人才。为达到这个目的，也必须吸引一批合格的知识分子加入参谋工作。这样，才能提高参谋工作，也才能提高原有的参谋工作者。

第三，要认识参谋工作的重要性，反对不安心、轻视参谋工作的观点。必须努力提高自己，担负起党所给予的任务。

第四，要一切为着部队，提高部队的战斗力，减少部队的困难，这是非常重要的。

注　释

〔1〕师长，指八路军第一二九师师长刘伯承。

〔2〕全力战，即总力战，见本卷第 258 页注〔2〕。

必须早日开办北方大学[*]

（一九四一年九月十三日）

尚昆[1]同志：

为了适应根据地建设之需要，北方大学必须早日开办，以培植各种专门人才。已得北方局指示，开始筹备大队长。其计划及请示问题简报如下：

一、确定为华北各抗日根据地共同设立的正规大学，因此采用共同发起的办法，由发起人推选董事会，由董事会聘校长，学校行政以董事会为最高权力机关。所在地方，须与政府取得密切联系，但亦不属于任何区域政府领导，这样才可以提高学校威望，广纳名流学者。在党内由北方局直接领导。

二、发起后请朱总司令领导，其他尽量找在华北及可能来华北之大学教授、有声望之教育者、学者，名单由北方局决定。

三、拟设文理法三院，逐次举办，先开农业、教育、社会科学各系。

＊ 这是邓小平、杨秀峰、戎子和给杨尚昆的电报。一九四一年十月十六日，收阅朱德、杨尚昆复电：同意你们对于北方大学意见，校长最好由杨秀峰兼任，设副校长管理日常工作。大后方动员学员已十分困难，此大事只好靠自己解决。

四、已与北平燕京大学取得联系，该校已派人来，可以取得物质帮助，如图书、仪器等。还可能争取一部分平津学生来学习。请能早开。涉县索堡镇能正确执行党的教育政策，给教师以适当待遇，是一个很好的争取敌占区文化人、知识青年的办法。据我们派往北平的人说，司徒雷登[2]、燕大张东荪[3]均愿担任名义董事。张并有意来此地转往延安，但在动摇中。

五、索堡极适合大学校址之用。尽大规模将窑洞做校址，以抗院[4]作基础。抗院农业教育两专科本月开课，有三十余学生。

问题主要是：

一、教授少。请齐燕铭、黄松龄[5]二位速来。

二、陶行知[6]如不能来，张申府[7]如何？如成仿吾[8]同志能离晋察冀来长北方大学，也很好。

以上计划和意见请指示，以便加紧进行。

邓小平、杨秀峰、戎子和[9]

十三日

注　释

〔1〕尚昆，即杨尚昆。

〔2〕司徒雷登，美国人，当时任燕京大学校长。

〔3〕张东荪，社会活动家，当时任燕京大学教授。

〔4〕抗院，指抗战建国学院。

〔5〕齐燕铭，当时任冀南行政主任公署太行办事处主任。黄松龄，原朝阳学院教授，一九四○年七月因在四川成都从事进步活动被解聘，当时正在赴延

安途中。

〔6〕陶行知，人民教育家，当时任生活教育社理事长、国民参政会参政员。

〔7〕张申府，当时任国民参政会参政员。

〔8〕成仿吾，当时任华北联合大学校长。

〔9〕戎子和，当时任晋冀鲁豫边区政府副主席。

国际国内都有克服
抗战困难的有利条件 *

（一九四一年九月二十八日）

目前，国际上存在两个阵线的斗争，一个是德、意、日法西斯侵略阵线，另一个是英、美、苏反法西斯阵线。这个战争的特点是持久性。反法西斯斗争，是包括苏、英、美、中、南太平洋以及反法西斯等力量。这个力量是雄厚的，这种雄厚不是在某一次战争中表现出来的，而是说持久有力量，能最终决定胜负。

在国际方面，列宁格勒战争[1]现在遭到了失败，美国也在南方战线有计划地撤退。这是一个损失，但不能决定整个战争的胜负。现在正在进行的三国会议[2]，证明民主方面能持久，能最后胜利。德、意在三个月战争中损失惨重，士气低落，不能持久。美、英都在积极援苏，其他被奴役的小国也动员起来了，反法西斯力量的影响在扩大。日寇用了很多方法拆散反法西斯阵线，但都没有成功。现在日本又组织七个师团、两个坦克旅团、七个团准备进攻中国，造成既成事实，达到它自救和解决困难的目的。

---

* 这是邓小平在八路军第一二九师师直排以上干部大会上所作关于形势和任务报告的要点。

　　在国内方面，抗战依旧是目前主要形势。华北的斗争形势从敌人"治安强化"运动后更加紧张、尖锐，敌人在进攻战略和方针也有变化，如集中兵力"扫荡"一个分区；稳扎稳打，步步为营，消灭我们的有生力量；实行"清剿"和"三光"政策[3]，制造所谓无人区。由于敌人全面的进攻，各个根据地会产生悲观、失败情绪和经济上的严重困难。尽管有这些新的、严重的困难，但我们的抗日战争不是孤立的，国际国内都有克服困难的有利条件，我们一定能够克服困难，粉碎敌人的"扫荡"。要在做好屯集、收集粮食，完成财政计划和补充兵员这三大工作的基础上，进一步加强锄奸工作，肃清内奸、特务活动。强化军队协助地方工作，缩减机关，把干部抽到地方去。要在群众中进行爱护伤病员的教育，保证在战时伤病员不损失。加强敌占区工作，加强政治攻势。

注　释

　　〔1〕列宁格勒战争，指一九四一年九月至一九四四年一月苏联军民为击破德军对列宁格勒（今圣彼得堡）的包围封锁所进行的战争。

　　〔2〕三国会议，指一九四一年九月二十九日至十月一日在莫斯科召开的苏、美、英三国部长级会议。会议签订了第一个对苏供应协定书。

　　〔3〕"三光"政策，指日本侵略军对中国抗日根据地实施的烧光、杀光、抢光政策。

应对敌人全面"扫荡"的方针*

（一九四一年九月三十日）

敌人这次是全面"扫荡"，摧毁性大。我们的斗争方针是，采用群众广泛的、强硬的游击战争，主力时时转移，必要时分散，一部分作游击，领导游击战争。具体准备是：（一）健全军分区，特别要从组织上健全，加强干部配备。（二）用各种形式，对游击队进行一次检查，求得游击队质量的提高。（三）加强粮食斗争。实行屯粮、抢收。（四）加紧资材的准备。（五）要加强工作团的组织。工作团放在分区游击队，集中训练，在"扫荡"中武装起来。

---

* 这是邓小平在八路军第一二九师召开的准备反"扫荡"会议上讲话的要点。

关于安阳工作的方针 *

（一九四一年十一月二十日）

安阳是一个封建势力占优势的区域。敌人利用封建势力，对安阳运用不同政策和巧妙的统治方法，不单纯是军事力量的控制，而是政治力量的控制。我们今天对安阳的工作主要是明确政策。过去我们政策的出发点是巩固根据地，缩小敌占区。今天的口号是：巩固根据地，发展敌占区统一战线，加强日伪军工作。这三个口号是互为依据的。

今天安阳的方针是，巩固现有区域，建立党，建立政权，建立地方武装。对安阳地区的政策与各方面都不相同，要多注意说服教育，多注意统一战线工作，方法不要生硬，要照顾各阶层利益，缩小阶级矛盾。

工作的重心是，发展敌占区、接敌区的统一战线，加强对会门、土匪和日伪的工作。敌人可能利用多种方法来反对我们。我们要站在团结中国人来反对敌人的立场，保护中国人民的力量，孤立死心塌地的汉奸，巩固组织基础，在可能的范围内建立地方党的组织，开展知识分子工作，宣传工作应放在组织工作之内。我们要从长期打算，做好秘密工作，要用革命的两面派政策，用互相联合的方法来对付敌人。

---

* 这是邓小平在有关负责同志参加的讨论安阳工作的会议上讲话的要点。

安阳工作以政治为主。地方武装要与群众不可分离，要有外围军，在政治上能掌握，能改造他们。情报工作要很好地组织。

反"扫荡"的战略指示[*]

（一九四一年十一月二十二日）

军委：

我们在冀察晋、太岳反"扫荡"之后，曾于十月十六日给各兵团反"扫荡"的战略指示，简报如下：

第一，现敌人常集结最大兵力"扫荡"一个区域，强化其"总力战"，持续到一两月之久，企图彻底摧毁抗战的人力、物力、财力，特别是以主力消灭我军有生力量。他在"扫荡"时首先以佯动迷惑我们，突然布阵以突入根据地，抓住山梁要点构成据点、公路线，以便供给大军的接济，封闭我们的机动。而后，陆军、空军配合分股"清剿"，企图彻底摧毁根据地。这一局面目前十分严重，须要警觉、研究与克服，不可麻木对待。今对其战略特点分述如下：

（一）事先强化降雨，实太阳，动员实行谣言攻势，以侦察和迷惑我军。

（二）"扫荡"时向合击点疏散开，成十路以上的并列纵队，如梳子形状。其间隔不过十里，每纵队有两个梯队不等，其主力走山梁，以三十人至五十人的便衣队走山沟，注意搜索、联络，如发现我军时则其主力交互包围，将以此种

---

* 这是邓小平和刘伯承、李达给中共中央军委的电报。

并列纵队造成铁壁合围，企图把我军包围缩小，在狭小地区而消灭，并在我军可能转移的要路上设伏或追击我军。

（三）敌人的飞机群经常在根据地轰炸与侦察，妨碍我之运动。如其属于助战等则在陆军之前担任侦察，即在发现我军时也不单独攻击而要等待其陆军攻时才配合进行轰炸射击，特别是阻击我军去路。

（四）搜索、消灭首脑机关，甚至有时以空军着陆实行此种动作。

（五）进行拐骗的袭击，或夜行晓袭或假装撤退，诱我疏懈，然后急转袭击，或以飞机故意掷下来的假文书，作出假装的弱点，诱我去寻求以便中其诡计，至于敌人便衣队经常是装八路军侦察，诱我特别是破坏军民团结与抗战军队各部间的团结。

（六）突然出动奔入根据地，控制要点，构筑据点。这不只是他稳扎稳打，而主要是摆成圈套，迫我军陷入其中。故其在一地域辗转实施大小的合击，以至反复行之，甚至在一地域有反复至十余次之多。在“清剿”时对抗战工作人员搜杀尤为厉害，撤走时敌人各部队交错行进，星织布营。

（七）在根据地内大烧、大杀、大抢，摧毁军民食粮财物，特别对我军后方军事建设与潜藏的资财，摧毁挖掘尤为彻底。甚至有其高级官督察其军队搜索一山一沟，进行挖掘一星期之久者。

加强侦察、防谍佯动和通讯联络，使能适时明知敌情，掩护我军真实的动静，以便进行正确的机动。

第二，每个军分区、县和区等地域及任何武装组织（连武委会、公安局及其他部队在该地域的后方机关都在内，但一般是听县指挥部的命令行动）的作战事项均归同分区及县长统一指挥。县、区、村应成立临时指挥部，县长、区长、村长就是县、区、村指挥各级武委会的主任，就兼任各该级的副指挥。如正规军较大部队在某地域活动时，为便利作战配合起见，则由军区、军分区指定正规军相当首长统一指挥之，但上述各级指挥的组织不变更并且依托他进行指挥。县、区、村各级指挥部内设政治主任、作战训练参谋、侦察通讯参谋，如果部队人员派到各级地区帮助工作有军事才干等则由县、区、村指挥部聘之为各该级的参谋长或副指挥（指挥注重基干游击队，由武委会主任执任时，指挥则注重民兵）。无论地方军队或野战军队指挥机关的组织务求减少人员，务求精干。把干部分派到民兵游击队中去，强化民兵游击战，强调检查工作指挥方式。野战军与地方军各级指挥机关应有党政民随军代表指挥民众进行军事勤务，保持军民间的协同动作和防止敌人假装八路军破坏军民间的团结。各级指挥机关同各部队首长都应随时注意研究敌人在"扫荡"中使用新的兵团战术及"总力战"。一切新的办法及我们对策重新说明都要不断搜集，通报各部队以使其防备与发扬。

第三，通讯联络除对原有组织严加整理外，各电台应该约定时间或随时通报。一到作战紧张，只准发紧急的作战电报，纠正过去无理由地只发报不收报之行为，补救彼此行动不易通报起见，可借用平静区域的电台转报，以起调节作用。在敌我活动复杂的区域内电话通讯凡先于军事行动必须使得电台秘密通话防人窃听。如电话被人摧毁无法修复时则由军分区指挥该地域进行侦察可转情报工作。

各部队应以简易的记号信号通讯，尤其是通讯人员以信号通讯，徒步通讯在有可能遇敌的地区行动时使用便衣队，应加用暗号。县、区、村民兵指挥系统下的侦察通讯参谋，除组织使用本身通信工作（邻村情报联系制度要紧）外，在根据野战旅、军分区、县区村指挥等的指示组织联系时，对于正规部队应自动负起传达情报与文件的任务。野战军队、地方军队对于通讯联络问题，必须估计到敌人假装八路军，特别是敌人便衣队诡计百出，我们民兵游击队分不清是敌是我，随时自卫备战，我们便衣队又与敌人便衣队随时接触等情况，是与以前情况不同了。这种情况的通讯联络要靠各级武委会民兵人员渗到正规军中进行熟人做记号的联络办法。各区、各村之间的情报联系制度、游击联系制度，要在这种情况中起很大作用。我军各部队如不注意这种通讯联络，将与民兵游击队互相冲突。

第四，侦察勤务。各军分区除严格整理作战要线的谍报工作外，应成立独立的便衣队以掌握政治工作（政策掌握要紧）。专门经常不断地出入敌占区进行军事政治侦察，特别要以夜袭、奇袭、急袭的战斗动作，利用俘虏或得文件以查明敌情、准备部署与行动。现在主要是要随时汇报大"扫荡"以前的行动如何，其后续部队与补给线辎重运输状况如何，"扫荡"撤退行动如何，随时报告正规军。应立即加强便衣队的组织与训练。如无便衣队者应在现有部队中挑选成立之，每营应有一个排，每团每旅各应有一个连（军分区基干团必须成立便衣连）。他们军事与政治质量都要强的，特别是其指挥员要有经验，有精明和机敏的品质。在反"扫荡"战役中，这些便衣队要能以机动灵活方法取文件，要查明敌人的兵力部署和敌人行动如何，特别要查明的是敌人的弱点，例如敌人伤病员的接收部队外翼、侦察分击的部队之所在，辎重队运输情形如何，交通线基本段守备状况如何。此外还要与敌人便衣队进行佯动诱惑敌人，这样才能保障本队正确的机动。这种便衣队在敌人大"扫荡"以前应出入敌占区的战役要点，查明"扫荡"动态。便衣队的组织应大量打入作战地的本地人，以便与本地民兵游击队容易联络，在行动中并应从武委会中民兵中抽适当人员随行，以便与他们联络，如果能够约到本地民兵游击队一路行动更为便当。这样打击敌的便衣队，不致于错误打到自己的民兵游击队。一切材料的取得与整理，特别在判断情况时须考查来源，勿为敌人活动伪造谣言所迷惑。所得材料的报告通报要克服一切困难，力求迅速传到，以免失时机。

游击集团在根据地与游击区者，各游击集团在全面展开积极动作实际就是配合野战军战斗。其与野战军必须协同动作，在必要时必须为野战军查报敌情。游击集团基干队应指挥游击队民兵普遍发扬使用地雷、滚雷、手榴弹、土炮断开道路等破坏动作，特别要把顺山梁可走之路削成陡壁，使敌人难以顺山梁走进而便我军活动。这些设施必须以麻雀战配合之力才能增加其效力。游击集团必须在敌人必经之路安置地雷伏击敌人，特别是夜间突然迫近，在敌出动之前伏击敌人，是打击敌人、执行扰袭的有效办法；游击集团必须与友邻地区、友邻部队建立游击联系制度，以便协同互助尤应在战斗中自动策应，在发现敌人袭击友邻时应立即来报，特别要打击该敌，甚至引该敌到错误方向去，这样是使敌人无法突然袭击友邻；游击集团必须经常袭击敌人，夺粮秣辎重，打击敌人便衣队，捕捉通讯兵，使敌人处于四面楚歌之中，失去耳目手足，饥寒交迫，惶惶不安；游击集团必须在敌人身边接触袭击，了解他一切动静，这样才能在根本上剥夺敌人突然出动的权利；游击集团必须发觉敌人运动突然和伪装撤退、突然指挥转弯的诡计，如果以少数便衣打击敌人，随着敌进退，而本队在游击机动中进击敌人。

第五，游击集团是进行全面游击战争的具体组织，它在反对敌人大“扫荡”中必须发扬其全面作用。游击集团内分两部，一部是我们在敌人背后进行游击的，另一部是对在根据地“扫荡”的敌人游击，后者是在大“扫荡”以前动员民兵新组织起来的，游击经验差，除继续在敌占区去实战锻炼适时归回者外，并应预先在民兵中及其新编的队伍中预行演习，如不可能时则在反“扫荡”中实际苦练，万不可在敌人“扫荡”我们根据地时我们民兵游击队还无准备，今特将其战斗动作分述如下：

游击队是在敌人背后活动者，则应抓紧敌人交通线，在其基本段进行破袭，夺取敌人补给线的资财与文件，特别要查明敌人活动情形及其动态，发现其弱点经常及时报告于正规军，扼住敌人背后补给线活动，破坏辎重与交通，使敌人大军粮秣汽油无法补给，也无法继续“扫荡”，具有战略意义。每个抗战军人要深入了解，坚决到敌人背后交通线上去破击，必须反对正面挡敌等待“囚笼”加身的现象。当敌人在大“扫荡”中，构筑铁、公路碉堡封锁沟时就必须坚决破坏之。对于强迫修路的民众，我们应深入其中或从外面以武装赶救。对其中死心作汉奸的监工必须铲除。“囚笼政策”是敌人大“扫荡”的基础，现在“囚笼”的周密与紧缩的严重性，我们抗战军民必须十分警觉，必须尽力破坏。我们要积蓄力量破坏敌人大"扫荡"的基础。

应集中精力破坏敌建设。如果在游击队中还存在有麻木不仁的现象和不敢接近敌人游击侦察的现象，必须进行斗争，严格纠正。游击集团必须及时查报敌情，防止敌人佯动欺骗。所得敌情必须立即报告正规军并配合他们作战。游击集团须指定民兵或游击队掩护民众生命财产，防止日寇组织汉奸暴动与第五纵队[1]。游击集团在敌人范围内的游击队必须增强其军事政治力量，使之能积极活动伏击敌人。打麻雀战，在不易攀登的山地内组成人数量少而精干带攀登用的绳索与干粮。当射击时，必须伪装，特别准确射击敌军官与用地雷炸敌人部队，地雷应及时设置于敌人必经之路。地雷安放最好以伏击配合之（这种伏击是诱伏）或配置监视哨。村使用地雷时应在埋地雷的上面伪装埋有物资而后以麻雀战的战法去诱使敌人触发。当我们部队通过地雷地区时，县、区、村以上的指挥部须向部队报告以免误踩地雷。潜藏资财要埋在敌人分不清之处，布置极为秘密。

游击队应多方佯动吸引敌人到错误方向去，潜藏处的守备者不要出头外露秘密，只有敌人挖掘财物时才进行直接的打击。可在外线活动，使其在游击战争中把敌人之行动部署及动态不断查明报告本队，应与本队呼应动作。该队并与该分区派在敌占区的便衣队互取联络，并须转达其所得情报。正规军部队在大"扫荡"开始时，应在内线活动，及敌人到达利害变换线（被合击的危险圈）时最好寻求得敌人梳子队形的结合部以转出外线作战。如经过敌人梳子队形中间转出外线时，则须将部队分遣成营或团，直接转到指定地区。此种转移应取不正规的路线，并以游击队宽面的活动迷惑敌动，特别是以本身的便衣队直接掩护之。先头部队应特别灵活机警，侦察非常重要，部队转移外线时应派营或连排内线加强游击，而部队在外线活动应指定在敌占区活动，游击集团以寻求有利的机动（主要攻击其交通补给线）。正规军队应随时寻求敌人弱点，如对分散之敌及侧背之敌集结适当兵力给以有力的打击、胜利的打击。可以错乱其阵势以求得真有利的机动，正规军应有十字镐、圆锹、索桥、索梯、爆破器材以便通过或破坏封锁墙及其交通，在作战时应注意使用地雷。

第六，保守秘密，防范间谍，铲除汉奸。

第七，一切战斗都要节省自己弹药与夺取敌人弹药。

第八，无论正规军或游击队，都应尽量利用夜间行军与战斗，特别是夜间伏击。夜间动作是对付敌机轰炸、梳形合击与夜行晓袭的有效办法。

第九，此指示发至各分区与野战旅为止，由各旅指挥员亲自保存，各级首长应召集营以上干部上课讨论，并分别摘下内容拟文件发部队，特别重要必须实行者，则摘下拟命令发下实行，不得照抄或遗失泄露军机危害我军要害。

刘邓李

二十二日

注　释

〔1〕第五纵队，指一九三六年至一九三九年西班牙内战期间在共和国后方进行反革命活动的叛徒、间谍和破坏分子，后成为帝国主义在别国进行颠覆、破坏活动时收买的叛徒和派入的间谍的通称。

一九四二年的工作方针[*]

（一九四一年十二月十七日）

今年兵员补充，充实了连队。军区建设成绩较大，一般游击观念好，思想上有准备。政治工作条例开始熟练，整军取得成绩，战术得到提高，部队伤亡小。太平洋战争[1]爆发，敌占区将会缩小，这对我们有利。

我们明年的工作方针是：（一）继续进行兵员补充，这项工作主要在上半年进行。（二）在战斗允许的情况下对部队进行整训，使主要的野战兵团按期完成补充后两个月的训练。整训三个月，发展敌占区工作，开展游击战争，重点是加强整训，一定要完成训练计划。

根据野战政治部的方针，我们要加强对敌伪的工作，加强军分区的建设，加强主力部队的兵员充实，提高部队的军政质量和干部质量，加强部队的群众工作，协助地方搞好工作。要继续对干部进行调剂和交流，要加强组织工作，及时总结经验。

注　释

〔1〕太平洋战争，指第二次世界大战期间反法西斯联盟国家与日本在太平

* 这是邓小平在八路军第一二九师军政委员会会议上讲话的要点。

洋地区进行的战争。一九四一年十二月八日，日本未经宣战，以强大的海空军突然袭击美国在太平洋地区的主要海空军基地珍珠港，使美国太平洋舰队遭到惨重损失。同日，美英对日宣战，德意对美宣战，太平洋战争正式爆发。日本军队先后侵占了东南亚的许多国家和地区以及太平洋上的一些岛屿，后来在各反法西斯国家武装力量的沉重打击下，不断遭到失败。一九四五年八月十五日，日本宣布无条件投降。九月二日，日本代表在投降书上签字，战争结束。

时局及对国内政治的影响*

（一九四一年十二月十八日）

国际形势在十二月八日发生了巨大变化[1]。法西斯侵略与反法西斯侵略的斗争明显公开；苏联已开始进入反攻阶段；对中国国内政治产生了重大影响。

一、太平洋战争。

八日四时四十五分，日本向英、美宣战，泰国投降，同时英、美向日宣战，中国也向德、意、日宣战。全世界没有一个角落不在战争。

1. 战争性质：日是侵略者，完全与侵略中国一样，英、美是为自卫独立而战。

2. 战争前途估计：日本在开始时可能会占领一些地区和取得小的胜利，实力方面对比，英、美占优，发展下去日本一定会失败，胜利属于反侵略的国家。首先，战争性质决定它的前途；其次，双方实力对比十比一，财力、物力、人力，日本无一不缺乏；再次，法西斯在全世界是孤立的、无援的；第四，战争是长期的，不能想很快日本就会失败，日本可能会掠夺一些地方，估计可能夺占滇缅路[2]，加剧对中国的进攻。但是，最后胜利是在反侵略的一方。

---

* 这是邓小平在八路军第一二九师召开的干部会议上所作政治报告的要点。

3. 战争影响：第一，全世界两个阵线更加分明。第二，德国在欧战不利，日本发动的战争与欧战不能分离。两方面看，一方面德国与日本牵制英、美，另一方面苏联减少了东方威胁。第三，在国内，打击了亲日、亲德派，暂时收起了他们过去的动摇、投降。中国抗战不是孤立的，抗日斗争会走向胜利，前途是光明的。

二、苏德战争[3]。

苏德战争已有半年，苏联开始进入反攻阶段。德国力量是在下降的，战斗力不够。这场战争是长期的，德国是必然要失败的。苏联人力多、士气高，后方巩固。德国国内矛盾上升，后方不巩固。苏、英、美联合起来就强大了，现在战争是发动机战争，钢、铁、煤、油，超过德国一倍以上。

三、对中国的影响。

1. 中国对日、德、意宣战，结束了妥协。

2. 提高了全国人民抗战胜利的信心。

3. 国内团结更加重要。

4. 给我们准备反攻提供了很好的时机。

5. 敌人和伪组织内部动摇加深。党中央发出了宣言和建立广泛的抗日统一战线的指示[4]。

四、华北局势。

敌军、伪军、伪组织更加动摇，伪币大跌价，群众抗日情绪高涨。但是，对敌斗争绝不能放松，今后的斗争仍是残酷的、长期的。敌人兵力减少，但伪军增加，用政治的、军事的、经济的力量来作战。

我们还会有新的困难，如物质上的困难。要加紧斗争，积蓄力量，准备反攻。要提高军队质量，扩大地方武装，加紧组织发动群众。今后的任务，主要是：巩固抗日根据地；发展敌占区统一战线；加强对敌伪军的工作。

注　释

〔1〕指一九四一年十二月八日，日本偷袭美国海空军基地珍珠港，太平洋战争爆发。

〔2〕滇缅路，即滇缅公路，是从中国云南昆明到缅甸腊戌的公路。

〔3〕苏德战争，即德苏战争，见本卷第315页注〔2〕。

〔4〕一九四一年十二月九日，中共中央发表《中国共产党为太平洋战争的宣言》。同日，中共中央发出关于太平洋反日统一战线的指示。

新的形势与
对文化工作者的希望*

（一九四二年一月十六日）

这次晋冀豫文化人大集会，目的是商讨新形势下的文化工作，以便动员所有文化工作者的力量，发挥伟大的效能，为完成当前的政治任务而斗争。

一

新形势是什么呢？新形势是十二月八日爆发了太平洋战争，二十余国对日宣战。新形势是苏联于十二月初收复了罗斯多夫，开始转入对德的战略反攻。现在反攻的第一阶段业已胜利结束，反攻的第二阶段又已开始，苏联自反攻以来，不断取得伟大战果，其势有如破竹，而法西斯匪首希特勒则节节溃败，呈现出风烛残年的势态。新形势是在太平洋战争爆发之后，苦战五十三个月的中国正式对日德意宣战，给了亲德亲日的投降妥协派以致命的打击。

新形势不仅使"全世界一切国家一切民族划分为举行侵

---

* 这是邓小平在八路军第一二九师政治部和中共晋冀豫区委联合召开的晋冀豫区文化工作者座谈会上的讲话。

略战争的法西斯阵线与举行解放战争的反法西斯阵线，已经最后地明朗化了"，而且"法西斯阵线的最后失败局面与反法西斯阵线的最后胜利局面是已经确定了"[1]。现在对日作战的已经不是中国一国，而是英美荷等二十余国，中国与英美苏等数十国同时胜利的局面，也已经确定了。

现在也看得很清楚，德意日法西斯匪帮的灭亡时期不远了。反法西斯阵线战胜法西斯阵线的时间大大缩短了，因而中华民族战胜日本强盗的时间也大大缩短了。

什么时候可以取得最后胜利呢？这是谁也不能确定预言的，但是我们有充分的现实材料证明，大约在两年期间可以取得这样的胜利。从政治上看，英美中苏等数十国家所进行的战争是正义的战争，这是与各个民族和人民的利益一致的，所以能够动员全体人民的力量以与法西斯斗争。而法西斯强盗所进行的战争则是侵略的、非正义的战争，是与本民族和人民的利益相违背的，因而是绝对没有胜利前途的战争。从人力物力上看，广大的人力和无穷尽的物资资源是握在反侵略阵线手中，而法西斯阵线的人力物力则日益枯竭。特别是反侵略国家的团结日益亲密，无论在军事配合或物资调剂上面，都能收到极良好的效果。而日本和德意则处于被包围被割断的状态中，因而他们是孤立的。从军事上看，反法西斯阵线具有强大的潜在力量，而法西斯阵线则是外强中干的。苏联对德的反攻胜利，固已显示苏德力量的消长，证明苏联的潜在力量之雄厚；即在太平洋战争中，尽管由于英美准备之极不充分，以致日寇在战争初期取得若干胜利，但英美的潜在力量都是极其强大的。美国宣布，在一九四二年内，将以飞机六万架、坦克四万五千辆、高射炮两万尊供给军队，将完成八百万吨之航轮，一九四三年还要大大增加。这种军事生产能力，即德国亦望尘莫及，何况脆弱的日本。由此，我们即将看到太平洋上双方力量的转化，ABCD[2] 的胜利与日寇的溃败。苏联已经宣布在一九四二年内击败希特勒，我们可以说再以一年时间，英美中荷加上苏联的力量，便可以战胜日本。大概两年胜利的估计，当然不是没有根据的。

但是，客观条件的具备，仅仅是问题的一方面。没有主观的努力，不但不能缩短胜利的时间，而且也不会有胜利的到来。我们看到日益接近的光明，尤应看到达到光明前途，还要经历一个艰巨的路程。一方面，德意日虽接近溃败之途，但又作困兽之斗，且其力量亦不可轻视。战胜德意日还要费很大力量才行，战争的长期性并未改变，而胜利的迟早，必视我主观努力而定。另一方面，历史经验证明，愈接近胜利的阶段，常常是最艰难、最困苦的阶段。没有咬紧牙关、克服困难、渡过难关的毅力，还是不能取得胜利的。因此，看不见胜利前途的悲观情绪是危险的；同样，空洞乐观、坐待胜利，也将放过有利时机，而永无胜利之望。这就是对于新形势应有的认识。

二

在新的形势面前，我们的任务是什么呢？中共中央在十二月九日的宣言[3] 中，已经给全国人民指出了明确的努力方向，毋庸再说，只说一说华北敌后的问题。

华北的任务当然与全国任务一样。一方面要以积极的行动配合英美苏联合作战，共同努力战胜法西斯强盗。一方面要从强化对敌斗争中，从各方面去积蓄力量，准备反攻。四年半以来，八路军、新四军和华北、华中的人民，共同坚持敌后的艰苦斗争，成为全国坚持抗战的重大因素。今后不但要发扬过去英勇斗争克服困难的模范，而且要从比过去更艰难的条件下积蓄力量，使我们在将来能够胜任、担负起配合全国反攻的责任，并且一如过去一样起到模范作用。

当然，完成这样艰巨的责任，并非是没有困难的。

首先，敌人是狡猾的帝国主义。太平洋战争以后，敌人从华北抽调了一部分兵力，但敌人至少要在能够维持继续控制现有阵地的条件下，抽调敌后的兵力。今后像晋察冀那样的大"扫荡"，虽可能性减少，但小"扫荡"将会较前更为频繁，特别是敌人将在政治、经济、文化、特务等方面十倍强化，以弥补军事之不足。今年一月一日又已开始了第四次"治安强化"运动，其中心一为在经济上强化对抗日根据地的彻底封锁，对占领区的彻底物资配给制度；一为在政治与军事上强化伪军、伪组织的机构，以达到以华制华的目的。这些说明华北斗争还是非常艰苦的。如果以为太平洋战争爆发之后，我们可以高枕无忧了，可以松一松劲了，这种想法当然是极端错误的。反之，我们必须充分认识今后与敌人的斗争只有更加尖锐、更加激烈。所以，必须加强我们的总力战，从各方面去打击敌人，才能达到积蓄力量准备反攻的目的。

其次，我们本身的困难也是增加的，特别是财政经济上的困难和人民的组织与教育不够的困难。一定要承认，抗战以来我们在建设根据地的事业上是有极重大的成果的，但这不等于我们一切都做得很好，我们还有许多工作做得非常不好。拿财政经济工作来说，我们的困难固然由于敌占城市，我占乡村，敌人对我施行经济封锁，和我们各个根据地之间的交通阻隔所致。但更重要的还在于我们本身的努力不够，我们过去还缺乏认真地从长期斗争着眼来建设我们的财经工作。我们提出了自力更生的方针，几年来我们没有得到中央政府一文钱的帮助，每月给八路军的六十万元也停发很久了。我们依靠了自力更生的方针，依靠了军民的血肉相关的团结，才顺利地渡过了四年半的难关。但我们还未采取更多的有效办法来增加根据地的生产、节约不必要的开支（虽然我们是节省的）及减少人民的负担，增加人民的收入。我们经历了对敌经济斗争，而且也收到不少成绩，但在金融与贸易斗争等方面都还缺少办法。拿人民的组织和教育工作来看，今天抗日根据地人民的觉悟程度、组织力量、政治认识，都是大后方望尘莫及的，但一定要承认这个工作做得非常不够。在根据地内，会门还可发展，不少群众还未组织在抗日团体之内，敌探、奸细还可在根据地大肆活动，鸦片毒品还可在根据地找到很好的市场。难道还不能认明这一点吗？难道黎城离卦道的暴动[4]，还不是对我们敲警钟吗？至于文化的组织与动员工作，我想应该是薄弱的部门之一了。加之敌人正在加剧的强化政治、经济、文化、特务的进攻，我们的困难也会随着斗争的尖锐程度而增加。过去我们在对敌斗争上，许多方面占了下风，甚至有时表现无能，难道不应该引起我们的高度警觉吗？自然，我们的困难与敌人的困难是不同的。我们是走向胜利的能够克服的困难，敌人则是走向失败的不能克服的困难。但是，我们的困难是增加的，这必须有足够的认识。

再次，敌占区敌伪军的工作，我们的成绩太差了，甚至一般对敌占区问题的了解都很差。如果我们不克服这个弱点，就无法积蓄大多数力量以准备反攻，也不能胜利地击破敌人的阴谋诡计。我们切不要忘记了敌后大多数人民是在敌人的奴役之下。

复次，我们的困难还表现于主观主义、形式主义的作风，而且这还是多数同志的毛病。尚空谈、轻实际，尚浮夸、轻朴素，尚铺张、轻切实；会议多于工作，决议多于执行，繁忙的机关工作代替了深入下层的实际工作；命令多于教育，形式多于内容，不做调查研究工作，一切凭主观去决定，所以大多不合实际需要。凡此种种，到处可见。这些风气，过去已使我们受到损失。今后斗争更加艰苦，就应该把它们像敌人一样扫除干净。

最后，也是最重要的，我们最严重的困难还在于许多同志不认识困难。我们认识困难的目的在于克服困难。只要认识了困难，困难是没有不能克服的，因为我们的困难是接近胜利的困难。譬如，我们认识了财政困难，就会懂得如何开源节流；我们认识了敌占区工作的薄弱，就会懂得如何去加强。反之，不认识困难的结果，会使我们丧失革命警觉性与斗争意志。而空洞乐观、坐待胜利，又必然增加不应有的困难，又必然转到悲观失望，丧失前途。

谁不认识光明前途，固然要走到悲观道路；谁不认识困难，也将束手无策、走投无路。

三

如何积蓄力量、克服困难呢？积蓄力量应是多方面的，主要为根据地和敌占区两方面。在根据地内我们必须：

第一，一切以爱惜民力、支持长期斗争为出发，因此要实行精兵简政[5]的方针。现在已经确定军、政、民机关脱离生产的人员不能超过人口百分之三，军占百分之二，政、民占百分之一。这样的标准既适合于当前斗争的需要，也适合于长期斗争的要求。精兵简政不是消极地缩编，而是积极地积蓄力量，提高工作的质量，加速工作的效能，加强军队的战斗能力。它具有丰富的政治意义，消极地了解是错误的。

第二，增加生产与提倡节约。生产才能增加人民收入，增加根据地的财富，才能解决自力更生的问题。所以，增加生产是主要的环节。节约才能减轻人民的负担，才能使我们有限的金钱用于正途，才能攒节一些金钱用以发展生产。因此，我们必须动员全体人民的力量，以高度的积极性来发展工、农、商业；我们必须时时刻刻地注意反对贪污浪费的斗争。

第三，大大提高全体人民的组织性与积极性。这一方面要求加强群众的组织教育工作，一方面还要求大大发展统一战线与强化三三制政权。我们文化工作者在这方面应进行巨大的工作，以动员根据地各阶层、各党派和全体人民为建设与巩固根据地而服务。今天的工作，一方面要抓住群众中的先进部分特别是民众部分的工作，加强人民中的军事教育，既能节约财政又能树立反攻时的军事基础；另一方面，要特别照顾到人民中的落后部分，只有把他们提高起来，才是达到了全民动员的目的。这才最后地打击了敌人和破坏分子的阴谋诡计。

在敌占区积蓄力量的工作，必须放在我们的重要日程之上。假如我们在这一工作上空缺了很长的时间，受了很大的损失，那现在已经是坚决转变的时候了。敌占区工作的方向是：团结一切中国人，加强对敌伪军、伪组织的争取，以孤立日寇和极少数死心塌地的汉奸。因此，发展敌占区统一战线，加强敌占区群众的工作，成为最基本的环节。而团结敌占区知识分子的工作，尤为重要。这不仅是因为知识分子有知识，容易接受宣传，容易走入斗争的行列，而且因为知识分子是开展敌占区群众工作和争取伪军、伪组织的重要的桥梁。在这一工作方面，我们的文化工作同志应负主要的责任。

如果把根据地和敌占区这些工作做好了，我们的困难也就克服了。这些也正是我们克服困难的具体工作。

四

说到对文化工作者的希望。我对文学艺术从来是一个门外汉，对于过去本区的文化工作也缺乏知觉，本不该说文化工作，以免贻笑大方，但亦愿就个人的粗陋感觉，提供几点浅薄意见，以供同志们参考。

我以为，"文化工作的任务，应该服从于政治任务"的原则，不应成为空洞的口号，而应成为实际工作的指标。

无疑的，几年来我们的文化工作同志在敌后斗争中起了巨大的作用，收到了不少的成绩。但同时我觉得过去本区文化工作最大的缺点就是缺乏与现实政治任务的密切联系。我们的文化工作未能在每一个具体的政治任务面前发挥应有的威力，在某些方面还存在着与实际斗争脱节的现象。譬如对敌斗争，因为缺少调查研究工作，我们对敌人的了解是很差的，对敌人的揭露是微弱的，对敌人武断宣传的回答是极不充分的。即以去年敌人三次"治安强化"运动而论，我们就没有尽到耳目喉舌的作用。敌人搬出了土匪、会门、青红帮、中华共进会[6]、孔子、孟子[7]、关云长[8]、徐福[9]、宗教，以至改篡戏剧，派进第五纵队等等，整个的一套来愚弄人民，破坏根据地。但我们在这方面则几乎是丧失了知觉似的。又如对根据地建设的各方面，虽然过去对这方面做了极多的工作，但亦觉缺乏生动与有力，在不少问题上面几乎没有得到文化界的配合。甚至我们学校中的某些教材，也还缺乏与实际的联系。

其次，既然文化工作应该服从于政治任务，应该发挥其巨大的威力，就必须在文化战线上具有广大的批判性。我们要求的不单是对于文艺作品的批判，更重要的是对每个时期执行政治任务以及实际工作中每个优点的传播和每个缺点的揭露。伟大的鲁迅[10]之所以成为我们的老师，也就在于他有坚定的政治立场，强韧的批判性和不屈不挠的斗争精神。我觉得本区文化界在这一方面的工作是做得不够的。在我们过去的作品中，一般是颂扬多于批评。其实我们的模范是很多的，我们的缺点也是很多的，如果我们能把真正的模范表扬出来，把真正的坏事坏人揭发出来，我们将在文化岗位上作出很大的成绩。

再次，我觉得文化工作力量能够强力地发挥，还依靠于全体文化人以至所有知识分子和半知识分子、老知识分子和新知识分子的动员。这里的关键，在于克服关门主义、小团体观念与狭隘的门户之见，真正地发展文化界的统一战线。据我所知，我们现有文化团体的范围，是狭小得很的。农村中（不论根据地或敌占区）大多数知识分子、半知识分子，还未动员出来。这些人，有的是对我们还未了解，有的则是直接由于过去某些地方执行政策的错误而赶走的，但更重要的是还由于我们没有去对他们做工作，这需要我们今后的极大努力。

最后，我觉得我们文化工作应该针对着大众。这方面已经引起一般文化工作同志的注意，但所见效果还是不能令人满意的。我以为要为大众服务，就必须了解大众，一切要切合大众所要求，不可用自己的水平去估计群众的水平，要接近大众才能提高大众。过去许多戏剧、歌曲宣传品不受群众欢迎，而有些木刻却很得群众喜爱的事实，是很值得我们寻味的。

这是我个人对于过去文化工作的一知半解的认识。

现在是接近胜利的但是最困难的两年，斗争的环境要求于文化工作同志者甚大，特别要求文化界环绕于当前的艰巨任务而努力。

我们希望文化工作者以极大努力发展文化界统一战线，把埋没于农村、敌占区的大批知识分子动员起来，为巩固与建设根据地而服务，为开展敌占区工作而服务，为完成从各方面积蓄力量准备反攻、争取抗战胜利、建设崭新的新民主主义共和国的巨大政治任务而服务。

我们希望加强文化战线上的批判性，加强对敌文化斗争。我们需要不疲倦地揭露敌人，打击敌人的阴谋诡计和武断宣传。我们需要对根据地内部展开充分的真实的自我批评，目前应着重于精兵简政、生产节约等等的提倡，着重于反对官僚主义、主观主义与形式主义的斗争，着重于反对贪污浪费、不爱惜民力等等的斗争。

我们希望文化工作同志，在大众教育的事业上尽到自己应有的责任。最近在进行国民公约宣誓运动，尤希望得到每个文化工作者亲身参加与指导。

我希望文化工作同志，切实注意调查研究工作。惟如此，才能克服主观主义，才能与实际斗争、与人民大众相联系。因此我建议每个文化工作同志负责进行一个村（不管根据地或敌占区）的调查研究工作，在三个月以至半年去完成这个计划。这将是对工作的很大的贡献。

最后希望能够把文化团体的作用，百倍地加强起来，以便统一我们的文化斗争，发挥伟大的作用。

这些就是我们的希望。

注　释

　〔1〕见《中国共产党为太平洋战争的宣言》（《建党以来重要文献选编（1921—1949）》第十八册，中央文献出版社 2011 年版，第 729、730 页）。

　〔2〕ABCD，指美国、英国、中国、荷兰。

　〔3〕指一九四一年十二月九日中共中央发表的《中国共产党为太平洋战争的宣言》。

　〔4〕一九四一年十月，山西黎城封建迷信组织离卦道的数百名教徒，在汉

奸、特务的操纵下，发动武装叛乱，企图占领县城，推翻抗日政府，组织伪政权，投靠日本侵略者。中共黎城县委、黎城县政府当即领导抗日军民平定这一叛乱。

〔5〕一九四一年十二月，中共中央发出"精兵简政"的指示，要求切实整顿党、政、军各级组织机构，精简机关，充实连队，加强基层，提高效能，节约人力物力。这是在根据地日益缩小的情况下，克服财政经济严重困难和休养生息民力的一项极其重要的政策。

〔6〕中华共进会，是日军在华北"治安强化"运动过程中，以青红帮为基础建立的敌伪组织，直接受日本顾问领导。

〔7〕孟子，名轲，战国时期思想家。

〔8〕关云长，即关羽，东汉末年名将。

〔9〕徐福，秦代方士。

〔10〕鲁迅，文学家、思想家和革命家，中国现代文学的奠基人之一。

对太岳区工作的几点意见[*]

（一九四二年三月三十日）

听了此次太岳区军政党委员会诸同志关于太岳区过去工作的检讨及今后工作方针的发言以后，对太岳区各方面的情形，有了较前更多的了解。由于来到太岳区的时间还太短，所得的材料还太少，了解仍然不够十分具体。兹就已见所及，对太岳区的工作提出一些意见。

一　对太岳区工作的认识

太岳区一年来的工作是有进步的。进步主要表现在哪些地方？我认为：第一，表现在对敌斗争的加强；第二，表现在民兵工作的某一时期的活跃；第三，表现在贸易政策上混乱现象的停止。但同时也应指出，这些进步是不巩固的，而且进步的速度也是不够快的。

否认这些进步是不对的，因为这将会使我们失掉工作的信心；但过高地估计这些进步，也是不对的，因为这将会使我们趋向盲目的乐观，以致麻痹了自己。我觉得对太岳区工作予以正确的、恰如其分的估计，是非常必要的，过高或过

---

* 这是邓小平在山西沁源阎寨村召开的太岳区军政党委员会会议上的讲话。

低的估计，将会使我们不可能正确地解决目前本区工作中的许多症结，不可能适当地规定今后本区工作的方向与方针，这对于我们的工作是有着很大的损害和危险的。

我觉得太岳区的同志们对去年一年的工作，似乎过高地估计了自己的进步。譬如，我最近看了三分区的一个关于对敌斗争的报告，对自己的成绩就有着过分乐观的估计。这个报告中不止一次地说到该区的对敌斗争有了"伟大"的成绩。但据我看来，这是夸大的。是的，该区——整个太岳区也同样——去年一年的对敌斗争，在军事行动的活跃及一般的对敌宣传工作的加强上，是相当地起了兴奋敌占区群众的作用的。但在运用革命的两面政策，争取伪军、伪组织及开展敌占区社会统一战线工作上，却并未做出什么切实的成绩；同时敌人三期"治运"[1]在太岳区也不能说未获得若干成效。然而报告中却未指出这些，而只是强调成绩的"伟大"。这叫作只看见光明的一面，看不见黑暗的一面，对于我们的工作是有害的。

因此，虽然北方局最近曾指出太岳区一年来有了基本的转变，但太岳区的同志们仍应严重反省。北方局对太岳区这种指示，可能是带着若干促使太岳区工作更加上进的鼓励的成分，而我们太岳区的同志们却更应深刻检讨自身工作中的缺点。

我觉得太岳区工作最大的缺点是凌乱。对于许多重要工作没有根据细密的研究而确定明确的一致的方向，更没有根据明确的一致的方向规定一套具体办法。这表现在三三制的执行上，表现在武装政策的执行上，表现在群众工作与群众运动上，等等。总之，政治上、组织上及工作上的凌乱，是太岳区工作中最严重的一个缺点。

太岳区工作其次的一个缺点是缺乏政治的远见。由于反对以前的政治空谈的倾向可能过火了些，因而造成以后不注意与不研究政治问题的另一倾向。这就易于使我们的同志迷失方向。这表现在对太平洋战争后之敌后形势过分乐观的估计，表现在对许多工作只看到一时的现象，表现在考虑与决定政策时，往往只看到当前的需要，而不能更远地看到当前的需要与将来的需要之联系。

太岳区工作再次的一个缺点是严重的不平衡。指出不平衡这一缺点是有很大意义的。这就说明了千篇一律的、一般化的工作方式应该宣布死刑，而必须代之以多种多样的、切合各种不同情况的、具体的工作方式。

造成太岳区这些缺点的原因是什么？

第一，对中央与北方局历次的指示与决议研究得不够，对政策研究得不够，把中央与北方局的指示与决议和实际情况配合起来研究得更不够。譬如最近区党委对于中央关于土地问题的指示[2]之讨论与研究，就是很不够的。没有提出更多的实际问题，结论也不具体，只是重复了这一指示的一些词句。今后，对中央与北方局的指示应该精细地研究，而不应等闲视之，对政策也应研究得更深更远，而不应头痛医头、足痛医足。

第二，对本区实际情况了解得不够。本区一般性的材料就太少，当然更谈不到什么深入的研究了。这样，本区的上级领导同志们对本区许多问题只有概念的了解，因之在处理与决定问题时也就流于以概念代替政策而失之空泛。譬如本区去年规定标准产量的问题，就是如此。因此，领导同志们的感觉就愈来愈不锐敏，传达经验教训也就愈来愈不灵敏迅速。

第三，本区领导同志间的观点与意见往往缺乏高度的一致性，这就影响了本区领导的统一性，因而也就影响了本区各种工作步伐的统一性。这一点是非要坚决克服不可的。本区最高领导机关在克服这一缺点上首先应起模范作用，否则下级在这点上将会尤而效之甚至变本加厉起来。党内一团和气是要不得的，但意气之争也是要不得的。争论在党内是必要的，但争论的立足点必须站在党的整体的立场上，否则，立足点稍有偏倚，都不能得到正确的结果。认识与处理问题的正确与否，就决定于立足点站在党的整体的立场与否。今天本区所谓党政军民的关系问题，实质上就是地方党与军队党的关系问题。因之，欲求得地方党与军队党关系的密切与正常，只有大家都站在党的整体的立场来解决问题才成。

第四，本区存在着松懈散漫的不良作风，缺乏高度的坚持性与战斗性。对于此种不良作风，应坚决克服。

二　太岳区今年的中心工作及今后努力方向

今年的中心工作有二：一为群众工作，一为财经任务。这二者不是分离的，而恰恰是互相联系的，只有以充分的群众工作，才能保证财经任务的完成。

首先谈财经任务。从今年开始，太岳区在财经上要做到自给自足，而不可能依靠太行区的帮助。因此，太岳区在这一方面的困难还仅仅是开始，太岳区的同志们应该准备以很大的毅力与努力来克服财经任务的困难。但同时应指出：太岳区自给自足的条件是存在的，它的实行是可能的。现在的问题就在于如何以正确的财经政策来实现我们的财经任务。今天的困难还不在于财经任务数目字的庞大，而在于我们缺乏明确的财经政策，缺乏一套明确具体的财经工作的办法。关于这一方面，我提出几点意见：

第一，应根据中央的指示，着重加强组织与领导春耕工作，特别注意对春耕的检查工作，军队应尽力帮助春耕，不仅要帮助下种，还要帮助耘苗锄草。

第二，我看到太岳区今年的财政收入计划九百万的数目内，合理负担的数目占三百五十万。这在太岳区今天的经济条件下是值得考虑的，恐怕难以如数完成。因此，为补救计，应该加强对本区粮食的控制，加强对本区粮食贸易的有计划的控制，这对于本区金融的流通和收入的增加都是重要的。此外，在司法罚款上、契税上，只要我们抓得紧，做得好，也可以在收入上增加一些，但为数恐怕也不会很多。增加财政收入基本上还应依靠于对本区粮食的控制。为此，就应加强工商管理局的工作，就应实行粮食专卖。再则，对棉花、食盐及山货贸易的控制，也是必要的。为了达到这种贸易的控制，必须实行纵深的缉私，加强缉私队的工作。

第三，工业生产应注意纺织业的发展。公营纺织业应到太行区去学习技术和办法，但更多地应发展农村家庭的纺织业。妇救会应以最大努力来号召与组织农村妇女的纺织业。

其次谈群众工作。今年群众工作的出发点，应该是坚决执行中央关于土地问题的指示。在执行这一指示的问题上，我提议应组织一工作团，这个工作团应配备坚强的干部，并予以必要之训练。其任务首先是检查与推动减租减息的工作；其次是实行丈量土地，藉此正确地规定合理负担的分数，并奠定将来实行统一累进税[3]的基础。同时就在切实进行以上两种工作中，展开真正的群众运动，在这个过程中改造党的支部，改造群众团体。这样就是把财经任务与群众工作最具体最实际地联系起来。只有这样，才能保证财经任务的完成。也只有这样，才能推动群众运动的展开。此外，在群众工作上，太岳区的同志们尤其是领导同志们应更多地注意与研究群众具体的实际的疾苦与利益，应该善于说服群众，善于引导群众，和群众一齐前进，而不要脱离群众，一意孤行。只有更进一步地依靠群众，才能开展群众运动，巩固抗日根据地。

再次谈谈三三制问题。在太岳区，所谓"最高方面"的现象是存在的，这不是党的领导，而是党的包办。应该教育党员，党员没有任何特权，党员应成为遵守政府法令的模范。党员违反政府法令，那就是违反党的意旨与党的利益。党应该保证同级政务任务的执行与完成，而不是横加干涉与修改。三三制的执行主要还不在于形式上的问题，而是在于各种工作中真正贯彻了三三制的精神，真正与各阶层人士协同商议，真正采纳各阶层人士的意见，真正照顾到各阶层的利益。我觉得关于三三制的问题应该根据中央与北方局的决定与指示，向全体党员重新作深入的教育。此外，县参议会的成立，在本区也是必要的，这对于争取与团结一些士绅名流有很大的作用。村选工作也可配合减租减息、丈量土地等中心工作来进行。

复次谈谈武装问题。首先应确定当前我们的战略战术方针基本上是群众性的、广泛的、有力的游击战，不放弃有利条件下打击敌人一路的运动战。但必须指出，今后运动战的可能是大大减少了。要反对以打运动战为快，不打运动战就不过瘾的"左"的冒险主义的倾向。但同时也要反对作战不积极、逃避战争的右的保守主义的倾向。因此，除了加强地方武装及民兵工作，以广泛开展群众性的游击战外，正规兵团也应学会灵活的顽强的游击战术，在反"扫荡"中积极袭扰敌人、疲困敌人，制造有利机会给敌人以严重的打击，并以灵活、顽强的游击战术来保护群众的利益，减少群众的损失。在敌强我弱的形势未有根本改变以前，我们只能做到减少群众的损失，而不可能使群众丝毫不受损失。必须把这一在当前确定不移的战略战术指导原则，对我全体干部及全区群众作深入广泛的教育解释，使之对这一问题都能有正确的认识。其次，应确定军队与党政民的关系。在这里应该着重指出，党政民应该特别加强爱护自己的军队，应该强调这一点，这是党的方针。当然，军队方面也应该加强群众纪律的整饬，加强对群众利益的爱护，加强对地方党、政府与群众团体的尊重。但对党政民加强爱护自己的军队这一点，应该特别着重地指出。对军队的爱护主要应表现在对兵员的补充与物质供给问题的关心帮助上面。在太岳区，必须至少保持三八六旅和决一旅成为两个精壮的正规旅，太岳区的党政民工作同志在对兵员补充与物质供给上，必须至少朝着这个标准努力以赴。我认为太岳区军队的负责同志不必因为目前兵员补充成绩不好和军费筹措困难而表示急躁。但党政民的工作同志如果忽视这个任务，在执行这个任务时不够努力，则应当受到责备。然而，如果是由于本区群众工作的薄弱以致不能完成兵员补充和军费供给的任务，则急躁埋怨都是无用的，而需要党政军民一齐警惕起来，一致努力加强群众工作。同时，关于对军队的兵员补充与物资供给的问题，应向党政军民各级干部作深入精密的教育，使其了解这一问题的严重性。再次，关于地方武装，应该加以培养，提高其质量。地方党必须对地方武装更多负责，正规军也应派人帮助。应该积累建设地方武装的经验，应该加强地方武装的干部。最后，关于民兵工作，应该朝着晋冀察之自愿义务兵役制的方向迈进，目前则应加强民兵工作中民主的工作方式，因为只有这样，才能求得民兵的大量发展。

最后谈领导问题，党政军民四位一体的问题。第一是军政党委员会的任务问题。军政党委员会是党的机关，是党的领导机关之一，但不是工作机关，它所决议的工作应该交给各工作系统去具体执行。它不是简单的配合机关，而是结合党政军民四位一体保证任务完成的机关。因此，它主要是讨论政策、法令、上级党的指示，决定本区的大政方针、总的工作方向以及一切重大问题，同时应定期检查它所决定的问题是否已付诸实行及实行的程度如何。它讨论与决定问题应该具体，但不必干预各工作系统的日常工作，也不必牵涉到过分琐碎的问题。各工作系统认为军政党委员会的决定在执行过程中有加以部分变动之必要时，应通知军政党委员会。如果问题重大，则应重新讨论；如问题不关重要，则不必每事都非要重新讨论不可。第二是区党委应该有定期的会议，加强集体的领导，下面同志来区党委报告工作时，区党委应该召集常委会议，共同听取报告，共同解决问题。区党委的执委必要时也可以而且应该参加区党委的常委会议。第三是各级领导机关应该发扬自我批评、自我检讨的精神，克服党内庸俗的一团和气的倾向，反对猜忌心理在党内的滋长；领导同志必须站稳足跟，大公无私，防止感情冲动，考虑问题要冷静，解决问题要理智。应该反对党内一般同志随便谈论领导同志的长短甚至流于谩骂的所谓"小广播"的恶习。这是小资产阶级无政府主义意识在党内的反映，是违反党章党纪的现象，应坚决克服之。但同时领导同志自身也应检点一些，慎重一些，不要太随便，给予干部与群众以不好的影响。第四是领导机关应该多讨论一些具体办法，多考虑与多解决下级同志的困难，在工作中多给下级以具体的实际的帮助，这是密切上下级关系、克服上下级脱节倾向的有效办法。当然，对于下级同时也应严格要求其完成上级给予的任务，不能容许自由散漫作风在党内的存在与发展。

至于对敌斗争问题，因为材料太少，我不可能有更多的意见。只指出今后太岳区对敌斗争的环境必将更加严重，而今后对敌斗争的方向主要的不是别的，是政策问题，如在敌占区运用革命的两面政策，开展社会统一战线政策的问题。

注　释

〔1〕"治运"，即"治安强化"运动，见本卷第 291 页注〔1〕。

〔2〕指一九四二年一月中共中央发布的《关于抗日根据地土地政策的决定》及关于地租及佃权问题、关于债务问题、关于若干特殊土地的处理问题等三个附件。

〔3〕统一累进税，是抗日战争时期抗日民主政府实行的税收制度。这种税制把对农村同时征收的几种资产税与收入税统于一种税中。税率按纳税富力分等累进。

争取中条区成为
巩固的抗日根据地[*]

（一九四二年五月二十七日）

北方局在去年给中条区的任务是要把中条区变为巩固的抗日根据地，这个任务在今天是否改变了呢？我的回答：变了，也没有变。为什么说是变了呢？在日本进攻苏联、中央军大举北渡，在全国有利条件下，我们可能退出此区。因此，今天还要在许多方面准备应付万一事变。为什么又说没变呢？今天中条根据地的性质是游击性很大，如维持会之存在，我们政权还不巩固，我们要采取切实的办法，力争中条区为巩固的抗日根据地。

一、基本的环节，是要从各方面大量地发展组织，积蓄力量。同时，在组织上，首先在党的组织上及群众的组织上，采取党的绝对精干隐蔽政策，隐蔽地积蓄我们的力量。但发展力量与隐蔽政策二者不是矛盾的，而是公开工作与秘密工作的配合问题。只有如此，才能应付上面两种情况。目前，要在这间隙上积极地积蓄力量，才能力争中条区成为巩固的抗日根据地。这种可能，国民党固然是一个重要的因

素，可是我们的力量发展到一定程度，将成为决定的因素。因此，在目前，我们可利用高桂滋一个连一个连北渡的空隙，积极发展我们的力量，站稳我们的脚跟。

即使中央军北渡，我们退出此区，但还有可能有第二个五月会战[1]，我们还有可能再来此区。因此，目前应争取一部分知识分子参加抗日工作，将来即使退出此区，这批知识分子可到太行太岳根据地工作，若是再来此区，这批知识分子仍可继续工作。

今天是各方面都在积极地组织力量。我们虽也在组织力量，但是还赶不上其他方面力量的发展。所以，我们力量的组织，对于将来形势的变化，是有决定意义的。

发展力量、积蓄力量是各方面的，且互有联系的。即是说党的、政权的力量都要发展，包含统战力量及争取可变的顽固分子，争取伪军、伪组织。但是，武装力量（包括收集资材）是决定的因素。

二、发展武装力量，开展游击战争。仅只了解其重要性还是不够的，须要有具体办法，这就须吸收抗战开始在华北发展武装基本成功的经验，抛弃那时错误的经验。即用各种形式组织武装，组织各种各样的游击队、保安队：由军队本身组织游击队；或以地方上有威信的人士及已公开的共产党员组织游击队；联办、县、区、编村亦可组织游击队，由政权负责的人兼游击队的队长；甚至争取会门及组织脱离生产的国民兵团，等等。在此区域发展武装，不能以百分之几来限制，愈多愈好。同时，也不要怕游击队破坏群众纪律束缚自己，即使有少数破坏群众纪律的，能即时纠正，在群众中进行解释及赔偿工作，就没有多大问题了。但是，必须注意：1. 在发展的过程中注意成分的选择，坚决不要地痞流氓，多多地吸收劳动生产的农民参加。2. 游击队必须建立政治工作及党的工作，才能巩固掌握得住。3. 对游击队不能随便地改编，犯急性病，防止吞并，否则正规军也巩固不住，游击队也坍了台，这是晋冀鲁豫边区过去的基本经验教训。

解决游击队枪支问题的办法应是向各地人民中去收集，在人民中进行深入的动员，加上金钱收买。不仅是以金钱收买枪支弹药，而且要收买如流氓及中央军在此安家的一类人，将这些人买通，就能发现很多的线索。同时加强对收集资材人的教育，研究资材埋藏的规律，即时传播收集资材的经验，研究各种各样的办法。但是要坚决反对像土匪那样的强制吊打群众，反对一切只往上级要、不往下面收集的观点。

三、政权的建设与改造。有武装就必须有政权，才能养活军队。以政权的组织形式才便利进行各种工作，如争取会门、发展统战、实行税收等。没有政权，形成军队与人民的对立，是不利的。军队不关心政权工作，地方党秘密工作的同志认为做政权工作是一种侮辱，这两种对政权认识不够的观点应很快纠正。目前，应首先建立政权，愈快愈好。

政权的基本职务应掌握在进步分子及共产党员手里，这点在政权开始建立时更属重要。中条区在一定的阶段里是允许吸收个别顽固分子工作的，但不是使顽固分子直接参加政权工作，而是以政府名义聘请为参议、咨议。县可用行政委员会，区、村亦可用代表会形式请个别顽固分子参加，给一定职务，尊重其人格。经常开会讨论政策，过年节送些礼物，军队甚至亦可用太岳支队名义聘请为参议，用这些过渡办法，也只能是过渡办法，来扩大我们影响，争取顽固分子。

县、区、村政权的建设，以推选或委任皆可。但是，县级的科长及编村村长，至少应掌握在进步分子手里。至于干部问题，应大量地开办各种训练班，如小学教员训练班、自卫队长训练班、村闾长训练班。同时，利用此公开的形式进行党的秘密教育。

政府实行政策的办法，如合理负担、税收等，由简单的办法进入复杂的办法，多多解决群众的困难，同时也可出些布告，稳定人心，提高群众依靠我们的情绪。

工作方法上要轮番地、更多地到下层解决群众问题，推行政策，召开士绅座谈会，宣传解释我们的政策。

四、群众组织。由于此区不同于其他根据地，为了准备应付万一事变，群众组织也是应有各种各样的形式，尤其是群众现有的组织形式。我们钻进去工作，如打进会门工作，一方面逐渐改造会门，同时也要阻止会门的发展，以求最后消灭之。

新的群众组织形式也是可以建立的，如妇救会、青救会等，在万一事变的条件下，也不会受到很大的损失。党员也可参加一部分，但应以积极的群众面目出现。

五、党的秘密工作如何配合公开工作呢？党的秘密系统不能与军队公开机关发生关系。党的政策经过党内传达，党员以赞助的面目出现，保证党的任务实现。

敌占区的党，应打进伪军、伪组织里工作，与人民站在一起，减轻人民负担，积蓄我们的力量。只有这样，才能隐蔽。这里，公开工作与秘密工作一方面应严格分开，同时应有恰当的配合，是非常重要的。

六、发展力量包含统一战线的扩大。发展力量与统战的扩大，二者是不矛盾的，发展力量也就是统战的扩大，统战的扩大也就是更加发展力量。在农村中只有把地主压下去，使农民抬头，才能巩固农村中的统战。所以，统战应贯彻到各个环节上去。正确地运用统战政策，才能更加发展力量。但在每一斗争中，必须照顾中间势力的利益，争取中间势力的同情，争取统战中的大多数。

统战对象是否包括死心汉奸呢？虽然争取伪军、伪组织是统一战线的一部分，但我们打击对象是日寇与死心汉奸。因此，将统战使用于死心汉奸及坚决反革命分子，甚至还用于犯罪行为，是错误的。无怪连国民党也说我们太宽大了，形成政府无力，给顽固分子以藉口。所谓宽大不报复，是指过去而言，甚至连过去横行霸道的人抓住现实材料惩办一二个也是可以的。今后凡是政府法令必须执行，破坏抗日政府法令的人及死心汉奸必须依法治罪。

总之，推行宽大政策才能争取大多数，打击最少数的顽固分子。这是长期的政策，不仅今天适用，将来也还是适用。中条区是这样，其他根据地亦是这样。今天是纠正对宽大政策的误解，今后对死心的汉奸及坚决反革命分子必须予以打击，同时也要防止不宽大杀他几个的倾向。

七、发展力量与对敌斗争是不可分离的。今天对根据地的维持会，以马虎的态度暂时允许它的存在，但不能给敌人送粮送钱，待我们工作到一定程度，即不能允许其存在。在接敌区、敌占区主要是展开政治攻势，建立革命的两面政策，减轻人民负担。

军事上在不过分刺激敌人的原则下，多打小埋伏战斗，截击给敌人运送的资材粮食。

八、发展力量决定于正确的政策及一套办法。发展力量必须研究每一政策在具体问题上的应用，克服主观主义。学习其他区域的经验，运用适合本区的环境，大胆地打开场面工作，如开训练班、建立税收，等等。把大刀阔斧与一点一滴的作风恰当地配合起来，党政军民有机地配合起来，抓住中心环节，研究具体实施的步骤，保证每一任务的实现。同时，还要有一套宣传办法，大量地印发宣传品及口头宣传，深入解释党的政策。

九、发展力量决定于我们的干部。加强现有干部的质量，同时大量地吸收大批知识分子，反对农民的狭隘以及知识分子排挤知识分子的不正确的观点。这批知识分子在开辟工作时作用很大。为争取这一批知识分子，不一定要采用津贴制，稍微宽大些或送礼、食餐都是可以的。在群众运动中，也要注意创造培养一批干部。

总之，中条区的斗争是复杂的，任务是繁重的，环境是艰苦的。中条区的每一个同志要以最高度的积极性，在党中央、北方局、朱彭总副司令的正确领导下，积极地发展力量，积蓄力量，争取中条区成为巩固的抗日根据地！

注　释

〔1〕五月会战，即中条山战役。一九四一年五月，日军在山西西南部中条山地区发动进攻，后国民党军溃退，日军随即占领中条山地区。

巩固与扩大中条地区
抗日根据地[*]

（一九四二年六月十七日）

一、中条地区广大，但现在我掌握者仅阳城、沁水南部及翼、绛、曲、晋、济[1]各一小部。这些区域，中条战役[2]后，全部被敌维持，人民生活恶化，溃兵、土匪到处蜂起。豫北地区已全部伪化，条西大部为敌控制，现仅一隅有我之游击队及中央军一部活动。晋南地区有九十军李文[3]及阎[4]系三十四军活动。我控制中条地区仅人口二十万，而我基本地区仅五万人。我军南下后，确系救民于火水，特别在我宽大政策争取影响之下，群众对我印象极佳，开始有了生活兴趣。

二、根据目前我军影响和中央军尚未大举北渡的情况，确定确实巩固和掌握中条现有地区的力量为抗日根据地，积极组织力量，使我在各方面争取优势；确定豫北、条西长期隐伏，积蓄力量，以待时机。以一切力量对伪军、伪组织进行长期工作，但我们允许集中力量到豫北或条西逛一逛，进行宣传，扩大我军政治影响。我们应基本上认识目前尚无力

---

* 这是邓小平在中条山召集中共晋豫区委、豫晋边区人民抗日联防区、豫晋边区人民抗日联合办事处负责人座谈时讲话的一部分。

量到豫北、条西长期立脚，以建设根据地。目前主要任务是
打通岳南、中条之联系，确定六旅以一个团，置于端氏附近
地区，维持中条、岳南联系。我们所以如此，主要是依据不
过于刺激敌人，致敌集中力量对我，放手让中央军北渡，而
增加我工作上之困难。

三、中条工作的缺点。

（一）五月中条会议[5]时，我即提出，对发展力量无足
够认识应引起注意。二月指示[6]及最近中条本身工作之决
定均未指出发展力量。在历次工作指示、决定中，也未指出
一个区域的发展主要是发展武装与掌握政策。我们有些同志
将统战工作与发展力量对立起来。我们开始南下之时，因情
况不了解，工作上"左"或右一点都无大关系，但当我情况
明了之后，就应有正确的方针。我们直到现在的宽大政策，
虽然基本上是对的，但在运用上还有些不适合。

（二）缺乏政权观念。在政权上未能给群众以新的印象，
不是执行三三制，而是争取某些旧政权整套机构，如垣曲为
了争取旧政权，迟延至今未建立我政权，沁水仍为旧形式的
一套。我们的政权必须是三三制的，其领导必须掌握在我们
的手里，最低限度亦应以有正义感的人去领导，绝对不允许
让顽固分子来掌握。我们错误了解了宽大政策，企图争取国
民党少数分子，而忽视了广大群众的力量，对某些坏分子未
能给以必要的镇压，死心汉奸未杀一个，政权软弱，使群众
日渐脱离我们。对财经问题也未提及，部队食盐困难，并未
设法积极解决，正式税收不去征收。

（三）武装政策上，束缚野战军发展。区基干队机械规
定三十人，我所掌握武装、枪支不及半数，未能积极设法收

买。我军南下后，不但未扩补野战军，实质上削弱了我们的力量。收集资材办法少，未引起党政军民之全体注意，未发动成为群众运动。近来如规定之交款可以子弹代替是对的，我们还应多方设法，太岳如能运送一部分盐去更好。

（四）群众工作上，我们的工作束缚得很紧，局面未打开。我们的政策基本上是对的，但有些缺点。我军政治力量虽有发展，但对组织群众工作尚未开始，不会利用旧形式，加强其内部工作，使其变质，改造成为我们的力量，如对民团等。发展力量掌握得不够。因此，目前中条仍需采取大刀阔斧的办法，如大量组织青年训练，组织工、农、妇、救亡团体干部训练班等。这是目前急需进行的工作。

（五）党的工作，组织恢复过迟。在我基本区四个月内仅恢复九十个党员。所以，目前我应迅速恢复党的组织，加强训练，好好进行教育。

在晋豫工作的同志，缺乏创造根据地的经验，亦缺乏根据地之观念，过高估计了晋豫工作的成绩及其他根据地之缺点。因此，客观上形成拒绝接受其他抗日根据地的经验，而着重在秘密工作。对财经建设毫无建树。这种现象，在晋豫区干部中普遍地存在着。党政群众干部均缺乏，就是有干部的，使用上亦有些不适当。

四、今后工作。

（一）应大量发展自己的力量，其中包括争取中间势力及较进步者。凡是估计我党将来不能隐蔽的干部，都可出来公开组织武装与进行公安系统的工作。在群众中有威望之党员，均应组织武装，即是编村村长，只要是我党党员，亦可组织游击小组性的武装。但注意不应过早改编游击队，防止性急，应进行长期工作。

（二）收集资材，应成为群众运动。我们基本上应依靠群众收集，多方设法，如召开座谈会等。如确知有资材处，必要时给看守者一部分钱而收买之。

（三）财经，应进行税收，财经粮食制大体与岳北同。

（四）中条政权，本身游击性大，除在一定位置，以少数人员工作外，应尽量到下面进行工作，召开群众大会，普遍开办训练班，利用群众中现有武装，如民团，加强其训练。妇、农、工、救等群众团体，应用各种名义出现，恢复其工作。

（五）军队本身战斗手段，多采用伏击，多打小胜仗，目前主要任务是保护夏收。

（六）豫北、条西应动员大部力量，打入伪军、伪组织中进行工作。这点我们做得远不及国民党。国民党的工作，在敌占区及我根据地内，较其统治区为好。有政权的党容易腐化、骄傲，排外性最厉害，这点应引起我们高度的警惕与注意。

（七）干部问题。供给、卫生干部缺乏，最近应将各团卫生员配齐；支队应物色一个参谋；五十七团配齐政治干部。岳北应尽量输送一批党政干部去，派几个县长更好。尽量经过岳南送一部分食盐以解决困难，应组织运输队将收集之资材经常地运送给纵队，并应节约合作社干部，送往中条做税收及供给工作。

注　释

〔1〕翼、绛、曲、晋、济，指山西翼城、绛县、曲沃、晋城和河南济源。

〔2〕中条战役，即中条山战役，见本卷第377页注〔1〕。

〔3〕李文，当时任国民党军第九十军军长。

〔4〕阎，指阎锡山。

〔5〕五月中条会议，指一九四二年五月二十七日中共晋豫区委在山西阳城上河村召开的中条区高级干部会议。会议研究开辟中条山抗日根据地的方针政策问题。

〔6〕二月指示，指一九四二年二月二十五日中共中央北方局、中央军委华北分会发出的关于对付敌人大规模"清乡"的指示。

纪念我们的战友左权同志[*]

（一九四二年七月四日）

中国共产党的优秀党员，八路军的杰出将领——左权同志，不幸在指挥太行山反"扫荡"作战中，以三十六岁的壮年牺牲了。这不仅是中华民族、中国人民和我党我军的重大损失，就在同志的感情上，个人的友谊上，也使我们失掉了一个最亲切的战友，我们的悲伤是不可以言语形容的。

左权同志在苏联中山大学与小平同学，毕业后到陆军大学与伯承同学，归国后在红军中和五年抗战中与我们共事达十余年之久。无论在学习期间或参加实际斗争期间，他给予同志们的感召都是很大的。

在中大、在陆大的时期他就表现了始终是一个最进步、最诚朴、最本色的同学。记得他在学习中，凡教员所指定的参考诸书，必一一阅读，并以红蓝铅笔标出要点。故其在军事政治试题中，常能以旁征博引，阐其旨趣。我们在高加索战术作业时，战术指导员很器重其谨厚而守校规，常称扬之于同学中。他在自修与教学时，非常勤勉虚心，笔记、教材都整理有次。近年在敌后抗战的环境下，常从政治分析，作

---

    * 这是邓小平和刘伯承发表在中共中央北方局一九四二年七月四日出版的《新华日报》（华北版）"七七"特刊上的纪念文章。

出军事论文，使同志在学习战术中，启发其与政治工作的联系进步。也常译述，曾以译文嘱伯承核对，偶有改动处，必细心研究之。其诲人不倦与自修虚心如此。

曾记得十二年前同在地下工作时，伯承被日寇密探"盯梢"，恐连累他人，故不愿与左权同志晤谈，然他必乘隙暗示警号，其对同志的真诚爱护可见一斑。

他的生活很刻苦，没有特别嗜好的事物，这种对个人物质生活"淡泊"的精神，所谓"士志于道，不耻恶衣恶食"[1]的精神，使他更易集中自己全部精力，使用于革命事业。在工作上，他负责、吃苦，任劳任怨，对党的指示、上级的命令，能细密地研究、忠实地执行，对下级处处能以身作则，常以自己的模范，去影响同志完成任务。近年修河滩的工作，他是经常拨冗参加的，这不过是千万事实中之一例。左权同志这些美德，对于我们坚持华北敌后抗战的每一军人，有其特别重要的意义。

左权同志是一个很好的军事指挥员。他在任职红一军团军团长时，就曾写下了山城堡战斗[2]胜利的史绩。他在中国红军及八路军中任参谋长达十年之久，对参谋工作，无论是对作战部门、侦察部门或后勤部门的工作，建树甚多。抗战后，辅佐朱彭总副司令，参预全盘戎机，对华北抗战的各方面，特别是战术指导方面，更有其卓著的功绩。他肯研究政治，在处理和解答军事问题时，能够敏锐周详地照顾到政治的一面，善于从经验中抽取与总结出原则理论，发现规律，来指导新的实践。诚如朱总司令所说，左权同志为我八路军最优秀的将领之一，其人格与其对中华民族、中国人民的忠诚和贡献，决非我们一短篇纪念文所能尽述。

正当中国处在接近胜利的困难，日寇正作垂死时的疯狂挣扎，尤其是对华北敌后抗日的军政民，必欲摧毁其生存条件，使其绝灭无遗之际，左权同志遽尔牺牲，诚然为不可补偿的损失；然而中国必胜，日寇必败，而且这胜败的清算时期只在今后两年的真理，却丝毫没有变动。我们沉痛地纪念左权同志之死，但左权同志毕生努力的中华民族和中国人民的解放事业，已经接近胜利的时候了。这个胜利之果，正是我们亿万烈士的鲜血灌溉成的。

最好的纪念，不是在死者血泊的周围踟蹰，而是踏着他的血迹前进，向死者与我们所共同坚信的真理前进！

注　释

〔1〕见《论语·里仁》。原文是："士志于道，而耻恶衣恶食者，未足与议也。"

〔2〕山城堡战斗，指一九三六年十一月，中国工农红军第一方面军、第四方面军一部，在第二方面军配合下，在甘肃环县山城堡击败国民党军进攻的战役。这次战役全歼国民党军胡宗南部一个多旅，使国民党军基本停止了对陕甘宁革命根据地的进攻。

政治攻势与敌占区同胞的关系 *

（一九四二年八月二十日）

确实掌握华北，使华北成为"大东亚战争的兵站基地"，利用伪军伪组织做统治的工具，这是敌人今天对华北的最主要的阴谋。在这个阴谋之下，目前敌人在平汉路东某地，正实行大乡制[1]，企图增强它在占领地的统治。同时在平汉线上，越是靠近敌人据点的所谓治安区[2]，"配给"的必需品越少；越是当"顺民"的村庄，敌人的压迫越不堪忍受，尤以征兵制、轮流训练、拉壮丁、编伪军，使人民感到很大的痛苦。

敌占区同胞的灾难愈深，他们对祖国的怀念将愈切。目前我们所发动的政治攻势，就是要拯救他们，帮助他们，反对敌人的掠夺，保护他们的生命财产，也就是保护国家的力量，以为将来配合反攻的准备。这里，敌占区同胞应该认清，政治攻势不仅是抗日军、抗日党派的事，更应是敌占区人民自己的工作，是伪军伪组织内中国同胞的工作。如真正是"身在曹营心在汉"的人，就应做抗日准备工作，欺骗敌人，反对强编，打击死心塌地的汉奸。现在，保存一分抗战

---

* 这是邓小平为推动晋冀鲁豫全区展开对敌政治攻势发表的谈话，发表在中共中央北方局一九四二年八月二十日出版的《新华日报》（华北版）。

力量，就是增加一分反攻力量。

在敌人压迫之下的壮丁、伪政府人员，假若不能生存，可以到根据地来。我们一定要为之介绍工作，使之安家立业。不要相信敌人到根据地就得当兵的鬼话。伪军兄弟，如果不能生存，也可以过来，对你们绝对原谅，不咎既往，像抗日军一样看待，绝对遵守朱、彭总副司令早已宣布的三大条令：不缴枪，不编散，帮助扩大抗日武装。我们的敌人只有一个，就是日本法西斯。所有的中国人，只要不是死心塌地的汉奸，都应该一致起来，反对接近死亡的敌人。

八路军是华北人民的子弟兵。它不仅是属于根据地人民的，同样也是属于敌占区人民的。过去五年来，八路军为华北人民争取解放，艰苦奋斗，浴血抗战，已为根据地人民所共晓，但敌占区同胞对这一点认识尚不够充分。而今抗战道路更加艰苦，但胜利曙光已经在望，希望敌占区同胞与根据地人民密切结合，形成一个巨大的斗争力量，迎接行将到来的光辉灿烂的明天。

全区政治攻势开始后，已收到了初步成效，它虽有一定时间，但期满之后，应成为经常工作。希望出发到前方的部队，按照这个宗旨，团结敌占区同胞，耐心工作，严格遵守纪律。虽然任务比较艰苦，但只要鼓起劲儿，一定可以完成北方局、野政对我们的热烈号召。

注　释

〔1〕大乡制，是日本侵略军为加强对华北占领区人民的统治而采取的户籍制度。即若干户为一甲，若干甲为一保，设甲长、保长，若干保组成大编乡。

〔2〕治安区，即敌占区，是日本侵略军在华北推行所谓"治安强化"运动时划分的区域。他们在治安区内，以"清乡"为主，强化保甲制度，推行连坐法，建立治安军、警备队、保安队等伪组织，以禁绝抗日活动。同时实施怀柔政策，进行各种欺骗宣传，以图掌握民心，巩固统治。

太行区国民党问题 *

（一九四二年八月二十三日）

应有认识是什么

第一，国民党在太行区根据地内，有一万以上的党员，党的基础与地主阶级，以至富农阶层，具有密切的联系。广大的知识分子在国民党手中。因为有知识，所以该党的素质不弱，战斗力不弱，策略运用比较灵活，斗争方式比较巧妙，而且还在发展着。所以我们绝不能轻视这一存在的政治力量。

第二，在根据地内的力量我们自然是占优势的。固然我们不应过分夸大国民党的力量，但在不少地区如元氏、武安、沙河诸落后县份及各县中的落后村庄，都是国民党的活动园地，都是国民党力量比我党为优势的区域。

第三，国民党对我根据地的方针，是对立的方针，是破坏的方针，是反共第一的方针。特别是太行友军的存在

---

　　* 这是邓小平在中共中央北方局扩大会议上讲话的节录。全文包括八个部分：一、国民党的组织机构；二、国民党在太行区力量的分布；三、国民党在根据地的活动；四、国民党在敌占区的活动；五、国特与日特的关系；六、应有认识是什么；七、从国民党活动来看我们的政策的运用；八、我们的对策。本文节录的是讲话的第六、七部分。

早已成为太行国民党的精神依靠，对该党活动有很大的刺激。所以，争取国民党与我共同坚持和建设根据地，是必须的，但是艰难的，不经过严重斗争的过程是达不到的。同时，也说明国民党力量的过大发展和无限制的活动，对我是不利的。

第四，国民党在根据地的方针，也是积极积蓄力量以待时机的方针，其活动多带特务方式，但如以为只是特务工作则是错误的。它也包含争取群众、团结群众、思想斗争、帮会斗争等日常的政治斗争。过去一般只看到国民党的特务活动，忽视了正常的政治斗争，我们是吃了亏的。

第五，同国民党斗争的范围，会在各个区域、各个问题中表现出来。斗争是复杂的，对方的斗争能力是不弱的，所以我们不应有丝毫的骄傲与松懈，我们要从全部政策的运用，充分的统战工作、帮会工作、落后区工作，党的思想行动之统一等各方面发挥力量，才能进行顺利的斗争，也才能达到争取国民党大多数团结抗战的目的。而充分发动群众，乃是最重要的环节。

第六，由于这一时期，国民党内最反动的部分特务，已有相当的暴露，国民党内部党部与党员、党务系统与特务系统、党员与党员、这级与那级，并不能认为是一致的，并非所有党员都是顽固分子。所以，与国民党斗争，争取大多数团结抗战是能够顺利进行的。我们真正的困难，还是对国民党了解太差了。

第七，在敌占区、游击区，我们的工作太弱了，应急起直追，那里对国民党的策略应是不同的。

第八，无论根据地、敌占区，都必须估计到国民党有其阶级基础，所以认为一下可以解决国民党问题的观点是错误的。必须了解这是一个长期的、复杂的斗争，而我们的目的，则是经过复杂的斗争与策略的运用，达到合作抗战、合作建国的目的。

以上是研究了现在的国民党材料之后得出的几点认识，而且只能说是初步的认识。

从国民党活动来看我们的政策的运用

这是很有意义的，因为国民党的发展与活动，与我们每一时期的斗争情况具有密切的联系。

从国民党的发展过程看，我们政策有毛病的时候，就是国民党大发展大活动的时候。凡是我群众工作消沉的时候，就是国民党大发展大活动的时候；凡是我们工作基础薄弱的地区，就是国民党发展与活动的阵地。

十二月政变[1]前的整个时期，是我们的大发展时期，也是国民党开始建立组织、恢复组织和局部发展时期。在冀西，国民党在鹿、朱、张、侯[2]的统治下有了很大发展。此时由于我们在根据地建设方面还没有一套办法、一套政策，各种制度都是混乱的。财粮负担很重，故有基础的区域，都是放在地主富农身上，所以地主富农对我不满逐渐增长。同时加上我们严重的关门主义，农村统战工作开展得很差。而牺盟会的组织，一方面固然团结了一部分先进层的青年知识分子，另一方面也因为浓厚的宗派思想，排挤走了大批的知识分子，这就逐渐扩大了国民党的社会基础及发展的园地。

十二月政变及接着的反顽固斗争是一大关键。它的好处在于发动了广大群众的斗争，进行了比较好的群众阶级锻炼，从斗争中提高了基本群众的积极性。因而也打击了国民党的反动活动，不少地区的国民党坍台或停止活动，抗日根据地进一步巩固了。但是这一时期的斗争存在着严重的弱点，主要是：只有打、没有拉，加之干部包办的"左"的行为，造成了社会不安的状态，逼走了一部分地主知识分子到敌占区和友区，因而在另一方面也进一步地扩大了国民党的社会基础和活动园地。

十二月政变前后的干部蛮干的"左"的错误和统一战线中严重的关门主义，打下了国民党下一阶段发展的基础。

黎城会议的功绩，正在于坚决地克服了这些混乱现象，把根据地的各方面建设纳入正轨上，有计划有系统地进行起来。没有黎城会议的转变，我们根据地的坚持都是困难的。但黎城会议亦有其严重的缺点，如军队建设中过于集中的偏向；忽视了根据地内的不平衡状况，因而在指导上犯了一般化的毛病；一般地忽视了发动基本群众的工作，实际上停止了农民要求减租减息与合理负担斗争，因而群众消沉了；在统战策略上又犯了相反的错误，即只拉不打，只联合不斗争的错误，即使有名的保障人权法令之执行，也带有严重的片面性的缺点。

黎城会议后，国民党曾经过一时期的观望，接着就利用了我们下级干部和群众的消沉，利用了人权保障法令，利用了我们干部怕"左"的心理，利用了自己的社会基础与我们帮助国民党准备的社会基础，在整个一九四一年到现在，取得了很大的发展和便利的活动。这是国民党的大发展时期，由秘密活动转为半公开活动的时期。

近几个月来，我们执行中央农民土地政策指示和开展反维持斗争，重新发动群众，群众开始斗争了，实际上许多斗争的对象是国民党员，国民党的活动谨慎得多了。但由于国民党有了相当大的组织力量和相当丰富的斗争经验，所以斗争的形势与初期大大的不同。到处有国民党的灵活而顽强的对抗，到处有剧烈的多样性的斗争，所以斗争更加复杂化了。

这是从历史上来看问题。

再从几个与国民党问题最有关系的具体政策来看：

先说发动基本群众问题。不从减租减息、合理负担等农民土地问题，把基本群众发动起来，则根本谈不上农村统一战线。这一片区域，必然是地主阶级的统治，国民党的势力也一定是很大的。武安、沙河等县于开辟时期（朱怀冰等退出后）即处于黎城会议的转变时期，黎城会议没有估计到这些区域的落后，也在这些区域反对"左"，结果群众始终没有发动起来，国民党在乡村里占着优势。再者，过去干部包办的"左"，既不能巩固农村统一战线，反为国民党发展准备下基础；又不能锻炼群众的斗争意志，结果也必然会使我们自己孤立起来。黎城会议以前的"左"和黎城会议以后的放松群众，都帮助了国民党的活动与发展，特别是机械地执行负担户百分之八十的决定之后，国民党甚至可以利用基本群众来反对我们。

其次，说知识分子问题。在抗战初期，一般知识分子是倾向我们的，在牺盟会的形式下，也团结了一批知识分子青年。但是，我们只团结一部分比较前进的知识分子，而在党内存在着浓厚的关门主义和宗派主义，结果大批知识分子被排挤出去而远离我们，国民党乃乘机发展，在知识分子中占据了强大的阵地。以黎城为例，黎城在抗战前即有学生运动，一般学生青年对我党是同情的，抗战后许多参加了工作。但是过去知识界中就有许多派别，而加入党的只是先进的一部分，这些同志把过去那些传统的宗派观念带到党内来，党也未采取应有的步骤去团结各派知识分子。结果十二月政变之后，许多非党知识分子被排挤出去了，有的到友区，有的到大后方，有的消极不满了。国民党乘机发展不少知识分子入党，这个现象其他地方也差不多。至于我们在政策上、在方法上过去都注意不够，都是使知识分子离开我们的原因。

再次，说锄奸问题。黎城会议前是混乱现象，黎城会议后又走到消极状态，两个时期都有偏向，都是在客观上帮助了国民党的活动，两个错误都不可能得到基本群众的拥护。公安局之极不健全、司法机关之配合很差等，都是日特、国特能够大肆活动，且未得到多少打击的重大原因。最近由于群众运动的开展，又发生不少干部包办的"左"的行为，这又有可能被日特、国特利用，造成混乱局面，以便利其挑拨破坏的目的。这是应该引起我们警惕的。

这些证明：在统战政策中，只斗争不联合，或者只联合不斗争，都可以帮助国民党的破坏活动与发展。基本群众不发展起来，群众的锄奸斗争不发动起来，也就会便利了国民党的破坏活动与发展，也就会便利了国特的破坏活动。党内的关门主义，实际上帮助国民党开辟了活动的园地。

注　释

〔1〕一九三九年十二月三日，阎锡山调集四个军又一个师、一个旅的兵力围攻驻守在晋西地区的山西青年抗敌决死队第二纵队及八路军第一一五师晋西独立支队，惨杀隰县等六个县的抗日民主政府和山西牺牲救国同盟会的干部及八路军伤病员数十人。十二月八日至二十六日，阎锡山所属孙楚部联合蒋介石的中央军向活动在晋东南的抗敌决死队第一、第三纵队发动进攻，摧毁沁水、阳城等七个县的抗日民主政权和人民团体，屠杀共产党员和群众五百余人，逮捕千余人，并策动抗敌决死队第三纵队部分反动军官叛乱。这些反共事件统称为十二月政变。

〔2〕鹿，指鹿钟麟。朱，指朱怀冰。张，指张荫梧。侯，指侯如墉，当时任冀察战区挺进第四纵队司令。

反对自由主义，
用正气压倒邪气 *

（一九四二年十月十五日）

第一个问题：为什么中央在现时发出这个指示[1]？我想理由很简单。

（一）中央现在发出这个指示，正是估计到我党内原四方面军干部大多数进步了，大多数同志已经了解党几年来对原四方面军干部正确政策的态度。指示为的是使全党更清楚了解党的正确政策，以此来教育干部。同时，今天提出也必为大多数同志所了解接受。这正是中央处处关怀、正确按照进步程度引导、教育、培养干部的苦心。

（二）今天极大多数干部进步了，发这个指示是为了更进一步推动前进，提高干部水平。正如指示所提出的，要求所有干部，在军事、政治、文化、党性锻炼、工作能力各方面大踏步地再进一步，以适应艰苦的革命环境。

（三）虽然大多数同志进步了，但党内还有个别落后的同志还不了解、有疑心，这可能给人以迷惑，党必须明白地作答复，而今天正是需要答复的时候。

（四）斗争更困难，敌人对我们的挑拨更厉害，以我内

＊ 这是邓小平在八路军第一二九师师直机关干部讨论会上的讲话。

部的小缺点去向落后干部进攻，以金钱、地位、女色来勾引、欺骗、收买，向我内部积极活动。在今天斗争困难的条件下，更要求我们高度一致与团结。在困难下面容易发生不团结的怪现象，动摇、熬不过困苦关头。所以，中央发出这个指示正是时候，解决了许多问题，使前进的更加前进，少数落后层也随着进步，击破特务机关对我们的破坏与挑拨。

有人认为这是共产党内争论的问题，这种说法是不对的。这种意见不管主观上如何，客观上即是说有两个意见在争论而没有作结论。什么叫争论？争论是在党没有作结论以前，双方才可争论，但作了结论以后则要服从。如果不服从，则是违反党的纪律，党和党员都要反对他。所以，以为这是少数人的争论是错误的，这是自由主义者看问题的方法和态度。

今天我们讨论指示，大家应该以什么观点来对待中央指示呢？应该是如何执行这个指示，如何认识这个指示，与一切困难作斗争，而不能有别的。有人说："我还要考虑对不对"，这就错了。我们只能问："为什么是正确的？""为什么必须这样做，如何执行？"我们对待中央一切指示决议都应该以这种态度。而自由主义者的态度则是问党的东西"正确否"，而不问如何执行，如何了解。我们大多数同志是正确了解的，但少数的人还不是如此了解，这是错误的。

应该如何了解、保证正确地执行指示？这些在师军政委员会的指示里都说明了。首先来看，一二九师的干部政策是正确的还是错误的？我们肯定地回答，是正确的，但是有缺点。这不是干部政策问题，而是执行中干部工作的问题，在干部工作中还有不少的缺点。如拿我师来说，干部政策的正确表现在：耐心教育培养干部上是有成绩的，从各种统计数字上都可证明；在提拔干部上是按照德才资提升分配的；在提高干部水准、吸收知识分子、工农干部与知识分子干部的团结上，都做了许多工作，是有成绩的。就部队中工农干部来说，政治文化水准是提高了，如果没有知识分子的帮助是不可能的；知识分子干部本身也有进步，但还有缺点。工农干部和知识分子干部互相轻视的观念是克服了，但还表现在不融洽，格格不入。在照顾干部上，总的方向是对的，一切以制度安排干部，总部曾通令全军学习一二九师这一原则。这对干部本身也有好处，防止将干部引到庸俗的观点。但在制度范围内还有照顾不够的地方。我们也早在七月间就采取了许多办法，如在分区、旅开办休养所来改正这个缺点。我们干部政策是正确的，但执行工作中还有缺点。

在讨论中有人说，王德胜、沈成富[2]的逃跑不是对两年胜利怀疑，而是物质问题不解决。这种观点是错误的。假如一个人在政治上不动摇，谁能逼他到汉奸路上去？王德胜、沈成富不是动摇吗？不是等看苏德战争发展情况吗？他们有什么物质困难呢？这正是庸俗的观点。这种意见本身是同情逃跑的人的，是一种毒素，要坚决反对这种观点。如果这样认识，那么干部政策就是错误的。这些人是否看到了，沈成富在三四四旅逃跑，对他开了公审会，永远开除党籍；王德胜历来意识不好，存在着浓厚的资产阶级观点，曾给予他许多教育工作而没有转变。有人或许说，让他仍当团长不是就好了吗？这正是我们在干部政策中还有灵敏性，不能将许多指战员交给这种人。也有许多同志认为不要斗得过火了。这不仅存在于一部分老干部中，也有一部分知识分子干部是如此想的，这恰恰是庸俗小资产阶级的观点，是没有受过革命斗争的人的小资产阶级散漫无组织性。这种观点正是无产阶级最危险的敌人。它可以破坏意志的统一，消解战斗力，正如列宁所说的，帮助了阶级的敌人。我们不能同意这种观点。当然，我们干部工作中还有照顾不够、物质供给解决不迅速的问题。但这些问题能否造成一个人叛变？他是为谁而革命？这是毫无根据的。无论从哪方面看，一二九师在培养教育干部上总从使干部提高上面用功夫、想办法，这与张国焘[3]的愚民政策是完全相反的，此种办法才能提高、爱护干部。在张国焘的愚民政策下，四方面军的干部是吃了很大亏的。许多同志都说到，假如那时学习政治文化，哪能有今天这许多困难呢？总之，我们干部政策是正确的，工作中还有缺点，而且越到下面就越多。

第二个问题：今天在干部中存在着什么问题？

正如指示说的，今天极大多数干部进步了，还存在着一小部不愿前进反向后退的落后层，这是干部中一个重要问题。干部工作中最大的缺点是照顾落后层不够，一般化，没有具体了解每一个干部落后的程度与性质。详细了解以帮助教育、甚至以斗争纪律来抢救做得不够，是重要缺点之一。

什么是落后层？我不同意有人说"就是政治不开展的人"。落后层应该是政治倒退、落后，甚至动摇或开始动摇，思想上一切看着个人，不顾整体，一切为个人享乐、个人利益，不服从纪律，而且始终不转变，这就是落后分子。我们的方针是抢救他们。要警告落后层的同志，你们的脚已踏入泥坑，但还来得及挽救，否则就爬不出来，有淹死的危险。告诉落后层的同志要及时警觉，党要纠正他的错误，在政治上、组织上想办法帮助他，一方面是党的全体同志帮助落后的同志进步，抢救他们；另一方面，落后同志要自己警觉，快快转变。

最近有些地方常为落后舆论所统治。这些舆论没有受到打击与斗争，因此造谣、鼓动就相当发展。此现象是不能容忍，也不能再继续的。在一切说坏话的人中，一定有坏分子，同志们要警觉。我们几年来在这方面是相当麻木的，如不警觉则不能抢救回头，给敌人挑拨、内奸政策造空隙。所以，要抢救落后层，必须从三方面去注意：（一）党及领导机关改善自己的工作，更多照顾，具体了解，或以教育说服，或以斗争、批评纪律来抢救，队务组织部门更要耐心。（二）落后的同志自己应切实反省，改正错误，不要作敌人的应声虫，改变破坏党、破坏军队的言论行动。（三）所有同志要有警觉，有责任帮助说服教育他们去认识改变错误，遇有不正确的言论行动即批评、斗争，反对自由主义。从这三个方面去照顾落后层，提高他们，抢救他们。

第三个问题：反对自由主义。如果说要将干部工作及一切工作做好，必须克服自由主义。

自由主义现象在我们部队内是严重危险的问题，造谣、挑拨、落后，都是自由主义培养起来的。如无自由主义，落后即不会发展，不会使邪气统治舆论、帮助它发展错误。如再让自由主义发展下去，就会断送我们的队伍。

自由主义的来源，在我们队伍中恰恰是很便利的，农民及小资产阶级知识分子占有很大部分。要帮助落后同志，保证党政军的团结一致，执行中央及师的指示，首先就要克服自由主义。知识分子及农民同志最易犯自由主义，必须好好研究毛主席反对自由主义十一条[4]、红四军决议[5]，好好地反省检讨。自由主义本身就是机会主义。许多同志见反革命活动言论而不管，那他本身对革命就是不坚定的；犯自由主义的人，本身在政治上，至少在这一问题上是不坚定的。我们要把反对自由主义放在第一位，以正气压倒邪气，真正的共产党员要在这方面来表现。

第四个问题：团结问题。今天我们基本上是团结的，但是还有一些不好的现象，只要我们注意就能够克服。

今天要加强纪律，决定了的工作一定要去做，宣布了的事情一定照办，需要处罚的一定处罚，不能容许一切无纪律的现象存在。这些问题只要大家引起注意就容易解决。比较难解决的是工农干部与知识分子干部的团结问题，现在互相公开排斥是没有了，但还表现在不够融洽。这次大会的成功是有许多同志提出了一些很好的意见，这是保证大家进步的重要条件。当然，也有因来历不同造成的隔阂。共产党员、八路军人应该认为我是共产党的一员，人民军队的一员，任何隔阂都是错误的。要如刘伯承师长所说的，我们革命军队要更无痕迹。我们应将自己看成是党的干部，而不是哪部分个人的干部，要团结一致。现在之所以还未达到完全融洽，首先即是没有提到党的地位上来认识。互相认为都是党的财富，则能互相帮助，克服短处，学习长处。

总的精神只有两句话，第一句，号召所有同志反对自由主义，坚决与一切错误言论、行动作斗争，用正气压倒邪气。第二句，所有的同志，不管前进的或落后的同志，要有高度的警觉性，在斗争更困苦时更要保证团结一致，更要提高警觉，防止敌人特务以一切方法对我进行破坏，以高度的团结来粉碎敌人的一切挑拨破坏。

注　释

〔1〕指一九四二年七月二日中共中央发出的《关于对待原四方面军干部态度问题之指示》。

〔2〕王德胜，曾任八路军第一二九师第三八六旅第七七二团团长，一九四二年四月因作战消极被撤职。沈成富，曾任八路军第一一五师第三四四旅第六八七团第三营营长。

〔3〕张国焘，一九三一年后任中共鄂豫皖中央分局书记、中华苏维埃共和国临时中央政府副主席等职。一九三五年六月红军第一、第四方面军在四川懋功（今小金）地区会师后任红军总政治委员。他反对中央关于红军北上的决定，进行分裂党和红军的活动，另立"中央"。一九三六年六月被迫取消另立的"中央"，随后与红军第二、第四方面军一起北上，十二月到达陕北。后成为中国革命的叛徒，随即被开除出党。

〔4〕指毛泽东在《反对自由主义》一文中所列举的自由主义的十一种表现。参见《毛泽东选集》第二卷，人民出版社1991年版，第359—361页。

〔5〕红四军决议，指一九二九年十二月在福建上杭古田举行的红军第四军党的第九次代表大会通过的决议，又称古田会议决议，是毛泽东根据一九二九年九月二十八日中共中央给红军第四军前委的指示信的精神，结合红四军的实际情况，总结红军创建后的两年多时间里所积累的丰富经验写成的。它是中国共产党和红军建设的纲领性文献，对党和军队的建设发挥了重大作用。

图书在版编目(CIP)数据

邓小平文集. 一九二五——一九四九年. 上卷 / 邓小平
著. -- 北京 ：人民出版社，2024.8. -- ISBN 978 - 7 - 01
- 026799 - 9

Ⅰ. A491

中国国家版本馆 CIP 数据核字第 2024HU2283 号

邓 小 平 文 集
DENG XIAOPING WENJI
（一九二五 —— 一九四九年）
上 卷

邓小平 著

人民出版社 出版发行
（100706 北京市东城区隆福寺街 99 号）

北京新华印刷有限公司印刷 新华书店经销

2024 年 8 月第 1 版 2024 年 8 月北京第 1 次印刷
开本：680 毫米×960 毫米 1/16 印张：26 插页：1
字数：291 千字 印数：00,001—20,000 册

ISBN 978 - 7 - 01 - 026799 - 9 定价：80.00 元

邮购地址 100706 北京市东城区隆福寺街 99 号
人民东方图书销售中心 电话 (010)65250042 65289539